高等学校教师教育规划教材

现代教育思潮

主　编　王铁军
副主编　诸东涛　邬春芹

南京大学出版社

图书在版编目(CIP)数据

现代教育思潮 / 王铁军主编. —— 南京：南京大学出版社，2020.1
ISBN 978-7-305-22847-6

Ⅰ.①现… Ⅱ.①王… Ⅲ.①现代教育—高等学校—教材 Ⅳ.①G40-06

中国版本图书馆 CIP 数据核字(2019)第 300474 号

出版发行 南京大学出版社
社　　址 南京市汉口路 22 号　　邮　编 210093
出 版 人 金鑫荣

书　　名 **现代教育思潮**
主　　编 王铁军
责任编辑 胡　豪　　　　　　编辑热线 025-83596027
照　　排 南京南琳图文制作有限公司
印　　刷 南京京新印刷有限公司
开　　本 787×960　1/16　印张 16.25　字数 270 千
版　　次 2020 年 1 月第 1 版　2020 年 1 月第 1 次印刷
ISBN 978-7-305-22847-6
定　　价 40.00 元

网址：http://www.njupco.com
官方微博：http://weibo.com/njupco
官方微信号：njupress
销售咨询热线：(025) 83594756

* 版权所有，侵权必究
* 凡购买南大版图书，如有印装质量问题，请与所购
　图书销售部门联系调换

目 录

第一章 教育思潮的形成与发展 ………………………………… 1
  第一节 教育思潮概述 ……………………………………… 1
  第二节 现代教育思潮的形成与发展 ……………………… 8
  第三节 研究现代教育思潮必须把握的基本观点 ………… 14

第二章 行为主义教育思潮 ……………………………………… 18
  第一节 行为主义教育思潮的产生及特点 ………………… 18
  第二节 行为主义教育思潮的主要代表人物 ……………… 21
  第三节 行为主义教育思潮的影响及评价 ………………… 32

第三章 实用主义教育思潮 ……………………………………… 36
  第一节 实用主义教育思潮的形成和发展 ………………… 36
  第二节 实用主义教育思潮的主要内容 …………………… 41
  第三节 实用主义教育思潮的影响及评价 ………………… 47

第四章 科学教育思潮 …………………………………………… 51
  第一节 科学教育思潮的形成和发展 ……………………… 51
  第二节 科学教育思潮的主要内容 ………………………… 57
  第三节 科学教育思潮的影响及评价 ……………………… 67

第五章 人本主义教育思潮 ……………………………………… 71
  第一节 人本主义教育思潮的形成和发展 ………………… 71
  第二节 现代人本主义教育思潮的理论基础与主要观点 … 74
  第三节 人本主义教育思潮的影响及评价 ………………… 84

第六章 全民教育思潮 …………………………………………… 93
  第一节 全民教育思潮的形成和发展 ……………………… 93
  第二节 全民教育思潮的内容 ……………………………… 100
  第三节 全民教育思潮的影响及评价 ……………………… 107

第七章　生活教育思潮 ……………………………………… 112
第一节　生活教育思潮的形成与发展 …………………… 112
第二节　生活教育思潮的主要内容 ……………………… 118
第三节　生活教育思潮的影响及评价 …………………… 123

第八章　终身教育思潮 ……………………………………… 128
第一节　终身教育思潮的形成和发展 …………………… 128
第二节　终身教育思潮的内容 …………………………… 132
第三节　终身教育思潮的影响及评价 …………………… 138

第九章　教育现代化思潮 …………………………………… 145
第一节　教育现代化思潮的形成和发展 ………………… 145
第二节　教育现代化思潮的内涵及基本特征 …………… 148
第三节　教育现代化思潮的影响及评价 ………………… 160

第十章　教育产业化思潮 …………………………………… 164
第一节　教育产业化思潮的形成和发展 ………………… 164
第二节　教育产业化思潮的内容 ………………………… 178
第三节　教育产业化思潮的影响及评价 ………………… 187

第十一章　个性全面和谐发展教育思潮 …………………… 195
第一节　个性全面和谐发展教育思潮的形成和发展 …… 195
第二节　个性全面和谐发展教育思潮的主要内容 ……… 199
第三节　个性全面和谐发展教育思潮的影响及评价 …… 212

第十二章　素质教育思潮 …………………………………… 217
第一节　素质教育思潮的形成和发展 …………………… 217
第二节　素质教育思潮的主要内容 ……………………… 220
第三节　素质教育思潮的影响及评价 …………………… 230

第十三章　当代教育思潮与我国教育改革 ………………… 236
第一节　当代教育思潮的基本特点 ……………………… 236
第二节　当代教育思潮对我国教育改革的启示 ………… 242
第三节　当代教育思潮的未来发展趋势 ………………… 250

再版后记 ……………………………………………………… 254

第一章 教育思潮的形成与发展

  教育思潮是指在一定历史时期流行的,反映一定社会阶层的利益要求和心理愿望的教育思想潮流。教育思潮是时代的产物,它不仅吸收了某一时代的许多人的思维成果,而且也得到了一部分人的认同和接受。

  任何教育思潮都是社会历史的产物,在不同历史时期的不同教育家提出了各具特点的教育观点和教育理论,有的发展成为影响较大的教育思潮。教育思潮的形成和发展划分为三个历史阶段:古代阶段、近代阶段和现代阶段,每个阶段的教育思潮都表现出不同特点,特别是在近百年世界教育发展中,世界性的教育改革此起彼伏,高潮迭起,汇合成百年教育思潮的交响曲。在处于社会快速发展的新时代,研究教育思潮有助于我们理解当今世界性教育改革的内涵,把握世界教育改革的发展方向。

第一节 教育思潮概述

一、教育思潮的内涵及其特征

  社会思潮是在一定的历史条件下产生的带有历史特征的社会意识,充分反映了当时人们的共同愿望、要求和思想倾向,是人们对社会生活的客观反映。人们在一定经济基础上形成的种种社会关系都会在社会思潮中表现出来,教育思潮只是整个社会思潮的一个方面。教育思潮是指在一定历史时期流行的,反映一定社会阶层的利益要求和心理愿望的教育思想潮流。教育思潮是时代的产物,它不仅吸收了某一时代许多人的思维成果,而且也得到了相当一部分人的认同和接受,逐步流行开来。任何教育思潮都是社会历史发展的产物,现代教育思潮发展的轨迹更说明了这一问题。随着科学技术突飞猛进,知识经济已见端倪,国力竞争日趋激烈,教育改革运动不断兴起,各种教育思潮风起云涌,异彩纷呈,相互激荡,都反映了一定的政治经济利益和在一定历史阶段下人们的心理愿望,如终身教育思潮的发展充分证明了这一论点。现代社会是一个学习社会。在学习社会中,终身教育既是社会组织创新、发展的客观要求,也是个体自身发展的需要。自20世纪60年代开始,联合国教科文组织就大力提倡终身教育和学习型共同体的观念,美、英、法、日等国都在本国的教育改革中体现了这一精神。世界上许多国家和地区建立了终身教育团体,如"欧洲终身学习促进会"、"世界终身学习促进会"、"英国终身学习协会"、"美国学习资源网络"等,学习共同体如雨后春笋般涌现,学习型社会已成为世界各国追求的目标。这也代表了当今世界教育发展的新潮流。

教育思潮发展过程向我们呈现出以下一些特征:

1. 时代性

教育思潮的形成和发展离不开时代和社会发展的背景。任何一种教育思潮都是与某一时代的社会经济、科学技术及文化教育发展相适应的。教育思潮和社会思潮遥相呼应。时代的发展是各种教育思潮产生、形成的社会历史动因,它赋予了教育思潮时代的特征。

2. 独特性

不同历史阶段,不同教育家提出的不同教育主张都带有鲜明的个性特点,也正是因为有其个性特点,也才出现这样或那样的教育思潮。任何一种教育思潮,都是教育改革发展的必然结果。教育思潮的产生,都直接针对着当时教育上的某种弊端,都是为了满足某种教育实践、教育改革的需要,都是为了给教育提供一种新策略。因此,也就各自具有自身的独特性。

3. 代表性

一种教育思想之所以被称为思潮,是因为它代表了一种当时人们共同的愿望、倾向、潮流,在某一历史时期占据了主导地位,并代表了当时教育思想发展。教育发展到今天,出现了一种科学主义和人本主义融合的趋势。但在这之前,科学主义教育思潮和人本主义教育思潮却各执一端,相互对峙,在教育史上,各有占据绝对优势的时期,科学主义在20世纪20年代前形成了稳定的规模并取得了统治地位,人本主义思潮在20年代至40年代的世界教育改革占有主导地位,二次世界大战后,科学主义又占据了绝对优势,世界发展到今天,又走向了人本主义和科学主义的大融合。这反映出,不同历史时期,不同的教育思潮占据主导地位,发挥其导向作用。

4. 继承性

不同教育思潮都是探究某一特定社会历史时期的教育的产物。在不同历史时期的教育思潮之间存在一定的继承性。也可以说,正是站在前人的肩膀上,后人的教育思想才得以进一步发展。如赫尔巴特的主知主义教育思潮和杜威的实用主义教育思潮分别是"传统教育"和"现代教育"的标志,主知主义教育思潮就是接过瑞士教育家裴斯泰洛齐"教育心理化"的口号,并通过自己的教育实践和理论探索,创建了一个完整的理论体系。由于赫尔巴特将自己的教育学说建立在观念心理学基础之上,并把"知"放在首要地位,故称"主知主义教育思潮",并被作为"传统教育"的理论标志。在实用主义教育思想中,可以清楚地看到杜威对柏拉图、亚里士多德、洛克、卢梭、裴斯泰洛齐、福禄培尔、赫尔巴特、斯宾塞、蒙台梭利等教育家的理论进行的批判和继承,并对它们的利弊进行了深入的分析和综合。在《明日之学校》中,杜威多次引用卢梭的教育观点论证自己的思想。

5. 系统性

教育思潮发展的轨迹清楚地表明,教育思想的发展历史不仅有一个完整的有机过程,而且都是自成体系的。如实用主义教育体系,它以实用主义经验论、机能心理学和民主主义理论为理论基础,对教育本质和目的、教学论、道德教育、学校生活与组织、儿童和教师等方面进行了系统而深入的论述。任何一种教育思潮,在其形成、发展过程中也都表现出了独特的系统性,也正是这种系统性的存在,才使每一种教育思潮表现出其生命力及对社会发展的作用。

二、教育思潮发展的阶段

在不同的社会背景中,或在自己教育实践的基础上,或在总结前人、继承发展的基础上,一些教育家提出了各具特点的教育主张、观点、理论和方法。有的形成了一个流派,有的成为某个历史时期或历史阶段流传较广或影响较长的教育思潮。自从人类步入奴隶社会以后,由于学校的产生,教育实践的不断发展,人们开始对教育实践中所积累的经验进行概括和总结,对教育这一社会现象进行思考。教育思潮的发展历史可分为古代、近代、现代三个历史阶段,在每一个历史阶段教育思潮又表现为不同的特点和内容。

(一) 古代阶段

时间的划分大概从公元前7世纪开始到公元16世纪,这一时期在西方是古希腊、古罗马文明时期和欧洲中世纪及文艺复兴时期。在中国则正是从奴隶社会往封建社会的历史转型和发展时期。

在公元前7世纪到公元5世纪这一历史阶段,教育思想发展的特点是仅仅有某种教育思想存在,还未完全形成一种教育思潮,但出现了很多杰出的教育思想家,他们对教育问题进行了大量的探讨,并提出了许多有价值的教育观点和教育主张,为人类积累了丰富的教育遗产。古希腊、古罗马的教育思想拉开了西方教育思想发展史的序幕,在古代教育实践基础上形成和发展了古代希腊教育思想,对人类社会的教育产生了深远的影响,这个时期的代表人物是智者派、苏格拉底、柏拉图和亚里士多德。古代罗马教育思想从古代希腊教育思想中直接汲取了许多东西,是在古代罗马教育实践的基础上形成的,从而在雄辩家教育及教学理论研究和探讨方面反映了古罗马教育的特点。古罗马时期教育思想的代表人物是西塞罗、昆体良、普鲁塔克。在中国则是以孔子、孟子、荀子等人为代表的儒家教育思想的形成和发展时期。但是,他们的教育思想都没有完整的科学体系,都是融合在他们的哲学、政治学和文学的著作之中的。孔子的弟子整理的《论语》和古希腊柏拉图的《理想国》等著作中包含丰富的教育思想,就体现了这样的特点。这种总结和概括往往停留在描述和简单的形式逻辑上,带有主观随意性,缺乏系统的科学和理论依据。但是,他们的思想对其后的教育实践产生了重要的影响,西方教育家大多把古希腊教育思想与实践作为现代教育的渊源之一。

到了公元5世纪后,西方社会进入了史称"中世纪"的历史时期,从公元476年西罗马帝国灭亡至公元1453年东罗马帝国灭亡,历时近1 000年,是西欧封建社会的形成和发展时期。实际上,这一时期也是从奥古斯丁的教父哲学到托马斯·阿奎那的经验哲学的演变过程,正是在这个演变过程中,具有深厚宗教神学色彩的经院主义教育思潮产生了,并在学校教育领域中占据了统治地位,其目的是培养为教会服务的人才。经院主义教育思潮的产生,使教会垄断了文化和学校教育,神学思想渗透其中,导致了中世纪文化教育的停滞和衰退。尤其需要指出的是,烦琐形式主义和严重脱离生活实际的经院主义方法,不仅对当时,也对今后西方教育产生了消极影响。这一时期的中国,正是封建社会发展的鼎盛时期,经历了隋唐、宋、元、明等朝代的变迁,其间,在韩愈、朱熹、王阳明、王守仁等人的不断发展和补充下,儒家教育思想达到了登峰造极的发展境界,对中国封建教育发展产生了极大的影响。作为封建统治阶级的立国教育思想,儒家教育思想从它产生那一天起便被打上了封建教育的阶级烙印。作为一种教育思潮,它长期对中国封建社会以至以后的教育产生深刻的影响。

从公元1453年东罗马帝国灭亡至17世纪英国资产阶级革命,是西欧封建社会向资本主义社会过渡时期,史称"文艺复兴"。这一时期倡导人本主义文化,强调新的人文学科。正是在这种社会背景下,反封建和反神学的人本主义教育思想产生了,并成为在文艺复兴时期占主导地位的教育思潮。它不仅打破了教会垄断文化教育的局面,而且开启了近代西方教育理论的先河。其代表人物是意大利的维多利诺、法国的拉伯雷、蒙田及伊拉斯谟,强调人的身心全面发展,主张拓宽学科课程内容和学科范围,提倡使用新的教育思想和教学方法。文艺复兴时代是欧洲社会由中古到近代的过渡,在教育思想上,它是继古希腊罗马在欧洲出现的第二次思想高潮。正因为如此,恩格斯说:"'文艺复兴'是一次人类没有经历过的最伟大的进步变革,是一个需要巨人而且产生了巨人……在思维能力、热情和性格方面,在多才多艺和学识渊博方面的巨人时代。"在这次变革中,许多人本主义者都在自己的论著中论述了教育思想,形成了人本主义教育思潮。此时的中国,在封建主义教育的发展过程中,也涌现出许多著名的教育家,如顾炎武、黄宗羲、王夫之、颜元等。这个历史阶段正值我国封建社会的明朝和清初时期,尽管这些教育家们也提出了很多进步的教育思想,但仍是儒家教育思想占据主导地位。

(二)近代阶段

我们将文艺复兴运动以后的17、18、19世纪的教育思想的发展阶段称为近代阶段。近代教育思想的起始代表便是由捷克教育家夸美纽斯提出的泛智教育思潮。在总结前人教育成果及当时教育实践经验的基础上,泛智教育思潮强调把一切知识教给一切人,作为一种新的教育理论适应了时代和社会的要求,对创立独立的、系统的教育学做出了重要贡献。相对于人本主义教育思潮来说,这是科学主义教育思潮的体现,为近代西方教育理论体系奠定了基础。绅士教育思想是16世纪末在英国产生的一种教育思潮,并在整个17世纪得到了发展,英国教育家洛克的《教育漫话》是绅士教育思潮的代表作。绅士教育主张教育要培养绅士,即身体健康、具有良好德行、具备广博的实用知识和技能,精明能干的资产阶级事业家,这标志着从封建教会教育向资产阶级世俗教育的转变。

在人类社会发展史上,18世纪被称为"理性时代"、"启蒙时代"和"革命时代",具有较强实力的资产阶级为了在思想上为即将到来的政治大革命做准备,首先发动了一场思想启蒙运动。一些教育家从不同角度抨击传统的古典主义教育,形成了具有不同特点的教育思想。在18世纪的教育思潮中,比较有影响的是法国教育学家卢梭的自然教育思潮、德国教育理论家康德提出的理性主义教育思潮、瑞士教育学家裴斯泰洛齐提出的要素主义教育思潮及美国的国家主义教育思潮,这些教育思潮对推动资产阶级教育的发展发挥了一定作用。

由于自然科学的迅速发展和发明创造的日益增多,19世纪被称为"不可思议"的世纪,在19世纪中期开展的科学教育与古典教育的论战中,1 000多年来一直在西方教育领域占统治地位的古典教育让位于科学教育,在德国,出现了人本主义教育思潮、主知主义教育思潮、全人类教育思潮等,使得德国在19世纪西方教育思潮发展中处于领先地位,其中影响较大的是以赫尔巴特为代表的主知主义教育思潮。除此以外,以俄国的乌申斯基为代表的民族性教育思潮、以美国的贺拉斯·曼和巴纳德为代表的公共教育思潮、以英国的斯宾塞和赫胥黎为代表的科学教育思潮、以法国涂尔干为代表的功能主义教育思潮等使西方的教育理论和实践增加了活力,逐步趋于现代化。

几千年的中国教育思想史有两个最主要、最值得研究的时期。一是它的开端,即春秋战国时期,奠定了中国传统教育理论的基础;二是它的后期,即从鸦片战争爆发到新中国成立这风雷激荡的100多年。我们将五四运动之前的80年归于近代教育思潮的发展阶段,在这个阶段,经世致用的学术传统得到弘扬,在西学东渐的形势下,古今中外的教育思潮相互碰撞和融合,形成了中国教育思想史上的壮丽画卷。自满清贵族入主中原至19世纪,清朝社会经历了一个由乱而治而衰的历程,封建教育日益空疏腐朽,一些知识分子视教育为匡时济世的手段,为此,当时的教育思想得到一定发展。此时教育思潮的发展可分为六个阶段:一是鸦片战争时期的地主阶级改良派的教育思潮,以林则徐、魏源、龚自珍为代表;二是太平天国时期农民革命派的教育思想,以洪秀全、洪仁玕为代表;三是洋务教育思潮,以曾国藩、李鸿章、左宗棠、张之洞、盛宣怀为代表;四是维新教育思潮,以康有为、梁启超、谭嗣同、严复为代表;五是辛亥革命时期资产阶级革命派的民主革命教育思潮,以孙中山、章太炎、蔡元培为代表;六是新文化运动早期(五四运动前)激进民主主义者的教育思想,以李大钊、陈独秀、鲁迅等人为代表。此时的教育思潮,尽管还很少有教育教学的实践活动,但却为中国现代教育思想的进一步发展打下了良好的基础。

(三)现代阶段

我们把从19世纪末、20世纪初至今的百余年称为教育思潮发展的现代阶段。这是在整个人类教育发展史上高潮迭起的阶段。以欧洲的"新教育运动"、美国的"进步主义教育运动"为标志拉开了百年教育发展的序幕。现代教育思潮的形成和发展将在第二节论述,在这里不做详细论述。

三、研究教育思潮的意义及其作用

(一)研究教育思潮,有利于认识和把握教育发展规律,促进教育教学的改革。

各种教育思潮产生都有其特定的社会背景和内涵,教育反映一定政治经济发展的客观要求。各种教育思潮的产生与发展,也接受着教育实践的检验。只有反映教育的客观规律,某种教育思潮才可能有其存在的价值,也才具有发展的生命力。研究、认识各种教育思潮,无疑有助于我们去认识和掌握教育规律,促进教育教学改革。

(二)研究教育思潮,有利于做到"古为今用、洋为中用"。

有人说,地球是一个村落,人类创造了世界文明,人类也有权去享受世界文明。教育思潮发展的终极目的是为了推动教育实践活动的开展,使教育最大限度地发挥其功能,更好地为经济建设及社会发展服务。在研究、探讨教育思潮的过程中,我们可以吸收、借鉴一切有价值的教育思想,做到"古为今用,洋为中用"。正如毛泽东同志所说的"向古人学习是为了现在的活人,向外国人学习,是为了今天的中国人"。吸收借鉴外国教育成果,继承与发扬中国教育历史遗产,主要是为了创建有中国特色的社会主义教育体系,而不是为了简单的移植。

(三)研究教育思潮,有利于提高教师的教育专业化水平。

现代社会对教师的要求水平在不断提高,呼唤更多科研型、专家型的教师,而不是单纯的"教书匠"。教师不仅要具备扎实的专业理论基础知识,更要具备一定教育理论水平。教育思潮是教育思想发展的集中表现,学习、研究教育思潮,特别是现代教育思潮,可以使教师把握现代教育发展的基本方向。马克思和恩格斯在《共产党宣言》中指出:"过去那种地方的和民族的闭关自守和自给自足的状态已经消逝,现在代之而起的已经是各个民族各方面互相往来和互相依赖了。物质的生产如此,精神的生产也是如此。各个民族精神活动的成果已经成为共同享受的东西。"学习、研究、掌握一定的教育理论,可以开拓教师的视野,使他们更深入地去认识教育。

(四)研究教育思潮,有助于我们走自己的路,建设新时代中国特色的社会主义教育体系。

构建有中国特色的社会主义教育体系,既是对传统教育思想的批判和继承,更是对传统教育思想的超越和创新。无论是批判继承,还是超越创新,都必须立足于研究和反思,立足于实践和探索。不研究各种教育思潮并作出科学的价值判断,就难以建设我们自己的教育思想体系和教育实践体系。

第二节 现代教育思潮的形成与发展

一般来说,我们习惯于将起始于19世纪末20世纪初的美国"进步主义教育"和欧洲的"新教育运动"看作是世界教育从传统教育向现代化教育转化的标志。从此,人类社会步入了20世纪的百年长河之中。

任何教育理论的产生和发展,任何教育的变革都既是特定社会政治、经济状况的反映,也是人类思想、观念合乎逻辑的发展。综观世界教育近百年的发展历史,由于各国经济、文化、政治背景等各不相同,教育思潮的内容和所外化出的措施也不尽一致。但对这百年史做个梳理,我们又可将现代教育的发展、改革划分为三个历史时期。从19世纪末到1945年是第一个时期;第二次世界大战结束到70年代初是第二个时期;从70年代到今天是第三个时期。在每一个时期,教育思潮的发展都反映了各个时代的特点和要求,同时又透露出历史起承转合的内在逻辑。当然,夹杂在教育思想发展过程中,既有世界性主潮流,也有各个国家不同特点。在这三个教育发展不同历史时期中,各种教育思潮不断出现,对在不同特定历史时期内的教育的发展起到了不同程度的推动作用。

一、19世纪末至第二次世界大战结束,是现代世界教育思潮发展的第一个历史时期

它的背景是现代工业革命导致了社会结构、生活方式的变革。和现代工业革命相适应,教育也经历着从传统教育向现代教育的转变。传统教育中脱离现实生活的绅士培养目标,已经越来越不适应社会的要求,因此,社会需要产生一种新的教育思潮。传统教育连同它的培养目标、教育内容、教育方式、教育管理形式、师生关系等一并受到了猛烈的抨击。

此时,实用主义教育思潮的代表人物杜威的教育理论迎合了时代的要求,并成为在这一历史时期占主流地位的教育思想,对后来世界教育的发展也产生了深远的影响。杜威在《学校与社会》一书中,将德国教育家赫尔巴特的教育体系称为"传统教育",而将他自己提出的实用主义教育称为"现代

教育",我们可以将其作为现代教育思潮产生的历史起点。实用主义教育思潮的产生,是一次极有意义的教育改革。因为它是第一次从根本上动摇了自赫尔巴特以来占统治地位的传统教育思想和制度,初步实现了从传统教育向现代教育的转化。其中所提出一些教育思想与观点,具有重要的价值,至今仍然对我们有所启示。与此同时,19世纪末,在欧洲也出现了"新教育运动",如法国的德穆兰(1852年—1919年)、英国的雷迪(1858年—1932年)、德国的利茨(1868年—1919年)等人先后创办了不同类型的"新学校",20世纪初比利时的德可乐利(1871年—1919年)、意大利的蒙台梭利,也创办了一些新学校,形成了欧洲的"新教育运动"思潮。他们试图打破传统的形式主义教育的桎梏,创立以"生活教育"、"尊重个性"、"自发学习"、"社会性"、"人类爱"和"国际协调"为主导的教育纲领,他们与美国的进步主义教育运动结合为一体,拉开了现代教育思潮发展的帷幕。苏联十月革命胜利后,建立了社会主义的教育制度,马克思主义教育思潮产生了,并且指导着苏联的教育。此时,实用主义教育思潮对当时苏联的教育也产生了影响,苏联教育委员会于1918年10月16日公布的《统一劳动学校基本原则》就带有明显的实用主义教育的色彩。1928年,杜威访问苏联,此时苏联新教育运动正发展到高峰,这种以国家力量推行新教育的努力,给杜威留下了极为深刻的印象。到了30年代,苏联又提出了一种全民教育的主张,强调教育要尊重人,贯彻人道主义原则,并强调教育转向为发展生产力服务,因此,重视用系统的知识武装学生,形成了以课堂教学为主要教学组织形式,以书本知识和教师为中心的教学体制,并进行了专家、教授"治校"的尝试。这次改革具有实质性、全面性、深刻性的特点。

在中国,19世纪末与20世纪的交替时代正是革命与反革命尖锐较量的时代。在文化领域,持续着学校与科举之争,新学与旧学之争,中学与西学之争。五四新文化运动标志着中国反帝反封建的资产阶级民主革命发展到了一个新的阶段,教育改革主要体现在"民主"、"科学"这两大主题上。陈独秀、李大钊、蔡元培、胡适、陶行知等人都对教育作了设想,"教育救国"的思想流行,实用主义教育思潮对中国产生了广泛的影响,针对中国旧教育的弊端,当时倡导平民教育、生活教育和新教育运动,在中国现代教育改革过程中发挥了重要的作用。

这一阶段教育思潮发展的主要特征是:虽然不同国家的政治背景、意识形态、经济水平、文化特征有所不同,但都面临着一个共同的发展主题:近代化和现代化。传统的农业社会要向工业社会转变,就不能不改变传统的教育,从整体上分析,传统教育的思想受到了实用主义及进步主义教育思潮的冲击,实用主义占了上风。他们主张教育的平民化、功利性、主动性和与生活的联系。以实用主义教育思潮为主旋律的教育改革,不仅对改革传统教育起到了促进作用,也为今后现代教育的发展打下了思想及理论基础。苏联20世纪30年代的改革,意识到了实用主义忽视知识的系统性和理论性,忽视非功利的人本精神的不足,并在新的教育改革中强调了知识的系统性等。苏联能在20世纪五六十年代的科技方面取得令世人瞩目的成就,在很大程度上得益于受到实用主义教育思潮影响的教育改革。

二、第二次世界大战结束后至60年代末70年代初是现代教育思潮发展的第二个时期

第二次世界大战的结束,标志着人类历史进入了一个新的发展时期,促成这次教育思潮发展的首要动力是科学技术的进步。

恩格斯曾指出:"在马克思看来,科学是一种在历史上起推动作用的、革命的力量。"历史证明了上述论断的正确性。第二次世界大战后,世界各国都把主要精力投入到发展本国的经济和技术上,科学与技术转化为生产力,加速了社会发展的步伐;另一方面,也使各国在科学技术方面的竞争变得更加激烈。科学发现与大规模地应用这种发现之间的时间间距也逐渐缩短。人类把照相原理应用于实际生产所需要的时间是112年,而激光从发现到生产应用只用了2个月。1957年10月4日,苏联发射了第一颗人造地球卫星。这件事极大地刺激了美国,他们惊呼:美国的科技落后了。一场批判实用主义教育,突出现代化教育内容的教育改革揭幕了。1958年,美国通过了《国防教育法》,"目的是加强国防并鼓励和援助教育方案的扩充改革,以满足国家的迫切需要"。对实用主义思潮持批评态度的人认为,实用主义造就了年轻一代的无知、懒惰,把学校变成了溺爱儿童、强调社会调节和实施儿童中心教育的场所,而付出的代价是严密的思维、艰苦的劳动和社会责任。

从某种意义上说,20世纪是科学主义教育与人本主义教育相互较量的时代。由于科学的发展和科学主义的盛行,20世纪的教育日益受科学的制约而不是受哲学的制约。因而科学主义教育思潮在与人本主义教育思潮的较量中总体上也处于上风。另一方面,人本主义教育思潮在发展中也始终维持着自己的存在。只不过在不同时期表现程度上不同而已。从这一历史时期教育思潮的发展分析可看出,五六十年代美国教育改革突出了科学主

义教育,在这个阶段以布鲁纳的教学内容的改革和布卢姆的教学过程、课程改革为主要代表。他们分别提出了发现学习和掌握学习的思想,前者强调内容、方法的改革,后者强调过程、课程的改革,二者在美国教育史上产生了一定影响。从美国历史上对教育产生重大影响的代表著作来看,五六十年代的重要著作都突出地强调了科学教育,科学主义教育思潮就在这一特定历史条件下形成了。

第二次世界大战后的苏联,更加重视教育改革,尤其是赫鲁晓夫执政后,展开了全面的教育改革。1958年12月24日,最高苏维埃通过了"关于加强学校同生活的联系和进一步发展苏联国民教育制度"的法律。这项改革的主要目的有两个:一是解决升学和就业的矛盾;二是克服青年厌恶体力劳动的状态。但这次改革由于发动急促,缺乏牢固的社会基础和教育条件准备,不仅没有达到预期目标,反而由于过分地强调劳动,严重地降低了中学的教育质量,高级人才的培养也受到了影响。1964年10月,苏联又成立了一个教育改革委员会,他们对世界各国的教学计划、教学大纲、教科书进行比较研究,确定了改革的途径、内容,于1974年—1975年完成了采用新教学大纲的工作。这次改革受到了科学主义教育思潮的影响,强调了知识的作用,降低了生产劳动的地位,以教育内容的现代化为改革的目标,产生了积极的影响。

新中国成立后,我国社会主义教育制度和模式的建立被提上了议事日程。1958年前后中国遇到了类似于苏联的升学和就业的矛盾。但中国有其特殊的政治背景,使当时的教育发展具有浓厚的意识形态色彩。在指导思想上强调教育必须为无产阶级政治服务、必须同生产劳动相结合;重视加快教育发展的速度,提出在不长时间里普及中等教育以至高等教育;主张精减课程、缩短学制;强调教育与工农和生产劳动的结合,发展职业教育,把办学方向定为学校办工厂和农场,工厂和农业社办学校等。这次改革在普及教育,密切教育与社会联系等方面取得了一定成绩,但带有很强的"左"的倾向,忽视了基础理论知识的系统性学习。到了1960年,新的教学改革开始纠正它的失误,努力提高教学质量,成为以后一个时期的中心任务。

在教育思潮的形成发展过程中,值得一提的是舒尔茨建立了"人力资本理论"。这一思潮视教育为投资活动,教育也是一种产业,指出教育有提高劳动生产率的生产力功能,能为增长经济提供所需人才。这一观点深受人们重视,被作为扩张教育、加速国民经济增长政策的理论基础,这一理论同强调教育的社会功能的功能主义教育社会学理论一起,对教育改革起到了推动作用。

这一历史时期,教育思潮发展的特色是重视科学的教育,加大对教育投入的力度,国家直接参与教育,体现了国家的意志和行政力量,形成了以科学主义为特色的教育思潮。

三、20世纪70年代初至今是现代教育思潮发展的第三个历史时期

几乎世界各国教育都参加到了这次教育改革的行列中来,各种教育思潮如雨后春笋般涌现,其涉及面之广,内容之宽,讨论问题之深,持续时间之长,参与人员之多,在教育史上都是空前的。它是上一次教育改革的发展,又是对上一次教育改革的批判。

这一阶段教育思潮的发展是在对过去教育发展反思的基础上进行的。同时,国际环境的变化,也对教育发展提出了许多新的要求,现代教育的发展面临新的挑战。在20世纪五六十年代普遍加深了教材的难度和分量,导致了学生负担过重,影响了学生的健康,挫伤了部分学生学习的积极性及学习信心;由于过分强调学科的结构性、系统性、理论性,因而忽视了日常生活知识、生活能力的教育及培养,教育与社会生活脱节;受过教育的劳动力失业现象日益突出;受教育机会仍然不平等,主要表现为性别差别和社会地位差别;多元化国际政治新格局的形成,对教育提出了新的要求;终身教育思潮也对学校教育的地位、学习方法等提出了新的挑战。面对如此严峻的挑战,世界各国纷纷出台了新的教育改革方案并采取了新的举措,使教育改革深入发展。在这一时期,很多旨在于推动这一教育改革的新教育思潮纷纷产生,其重点与对策不外乎追求"卓越"、提高"效率"、重视"公平",有人将之称为"3E"改革。就人本主义和科学主义思潮的发展而言,20世纪70年代开始,人本主义开始在欧洲大陆复兴,在人本主义的复兴中,科学主义与人本主义逐渐呈现出融合的趋势,这趋势使科学人本主义日益成为一个普通的概念。联合国教科文组织国际教育发展委员会的报告《学会生存》对此做了恰当和精辟的解释,所谓"科学的人道主义","它是人道主义的,因为它的目的主要是关心人和他的福利;它又是科学的,因为它的人道主义的内容还要通过科学对人与世界的知识领域继续不断地做出新贡献而加以规定和充实"。总之,科学人本主义既信奉科学,又崇尚人道。在世界各国的教育发展中,我们可以看到,诸如终身教育、教育法制化、教育民主化、教育现代化及素质教育等思潮各领风骚,各执牛耳。

美国自20世纪80年代开始,首先在教育的各个领域进行了深化的改

革,1983年4月发表了题为《国家处在危急之中:教育改革势在必行》的报告书,1984年公布了《改进学习——发挥美国高等教育的潜力》一文,1985年发表了《为全体美国人的科学:达成科学、数学和技术脱盲目标的2061计划报告书》,布什总统于1997年4月公布了《2000年目标——美国教育法案》,终身教育思想作为制定国家教育法令化的依据。在美国以上这些教育改革中,我们也可以看到,科学主义和人本主义的融合也得到进一步地加强,在《国家处在危急之中:教育改革势在必行》的报告书中,曾提出了教育教学的4个重点,其中第一条就是:科学在日常生活中的应用,提倡科学教育要符合学校生活中的个人需要。科学人本主义的融合可见一斑。

　　这一时期教育发展的特点就是百花齐放,百家争鸣。"合作的教育学"理论是苏联教育改革的一个最为主要的成果,其核心是以社会主义人本主义为指导思想的师生合作关系,目标是培养民主的个性,达成目标的方法是革新教育教学工作,这一思想在某种程度上代表了苏联教育改革的发展潮流,多样化、综合化可以说是这个时期苏联教育发展的一个主要特征。在这一阶段中国的教育发展也进入了一个新的历史时期。1983年,邓小平同志为北京景山学校题词:"教育要面向现代化,面向世界,面向未来。"这一题词进一步地为中国教育改革与发展指明了方向,是新时期中国教育改革和发展的指导方针。在一系列教育改革的基础上,中共中央于1985年颁布了《关于教育体制改革的决定》,1993年颁布了《中国教育改革和发展纲要》,1999年1月13日颁布了《面向21世纪教育振兴行动计划》,1999年6月在第三次全国教育工作会议上,中共中央、国务院颁布《关于深化教育改革,全面推进素质教育的决定》。在改革开放后的40余年中,中国多次召开了全国教育工作会议,每次教育工作会议的召开都成为教育事业发展的里程碑。在改革的过程中,中国教育走上了开放、发展的道路,确立教育优先发展的战略地位,开展以改革促发展、以开放促改革的伟大历史征程,不断丰富和完善党和国家教育方针,加快推进教育现代化,建设教育强国,办好人民满意的教育,教育事业发展取得历史性成就。如今,在习近平新时代中国特色社会主义思想指导下,我国教育改革与发展已进入到一个新的发展时期。

　　进入21世纪以来,许多国家对本国的教育制度进行了大刀阔斧的改革,或者制订管理教育的法律。显然,这场全球性教育改革的范围更广、时间更长,从教育制度入手,全面地调整教育的布局,逐步改变着教育的面貌。

第三节 研究现代教育思潮必须把握的基本观点

研究现代教育思潮必须坚持正确的指导思想,以马列主义、毛泽东思想、邓小平同志建设有中国特色的社会主义理论、习近平新时代中国特色社会主义思想指导我们的理论研究与实践。在正确的方法论的基础上,做到"古为今用,洋为中用","百花齐放,百家争鸣",建设有中国特色的社会主义教育理论体系。

一、坚持先进的理论基础,做到方向性和科学性的统一

任何一种教育思潮的形成和发展都有其特定的理论基础,这个理论基础集中反映了理论创立者们的哲学、社会、心理、教育等方面的观点,理论背后都有不同的指导思想,研究它们有助于全面而深刻地把握理论的实质意义。因此,在研究教育思潮的过程中应坚持正确的理论基础,用正确的方法论去分析、研究现代教育思潮。正如习近平总书记所指出的,广大哲学社会科学工作者要"成为先进思想的倡导者、学术研究的开拓者、社会风尚的引领者、党执政的坚定支持者。"

习近平新时代中国特色社会主义思想是指导我们进行教育研究的理论基础,我们要以辩证唯物主义为指导思想。新中国成立以来,我国教育理论界努力将马克思主义理论与中国实践相结合,建设中国特色社会主义教育理论和教育科学。经过多年的探索,不仅形成了马克思主义教育思想的专门研究领域,而且在许多教育研究成果中闪耀着马克思主义智慧的光辉。从20世纪初到今天,现代教育思潮的发展异彩纷呈,从实用主义到科学主义,从人本主义到全民教育,从终身教育到教育民主化,从教育现代化到素质教育,各种教育思潮和流派如雨后春笋。对这些教育思潮,我们要真正做到以辩证唯物论为指导,认真学习,准确把握其脉搏,实事求是地加以评价。

习近平新时代中国特色社会主义思想为创建中国特色社会主义教育体制提供了最根本的指导思想。我们要以习近平新时代中国特色社会主义思想为指导,在教育改革中坚持方向特色、时代特色、国情特色和民族特色,为构建新时代中国特色的社会主义教育理论体系和实践体系而努力奋斗。

二、坚持实事求是的思想,做到批判和继承的统一

在教育改革深入推进的今天,我们要结合社会主义新时期的历史特点,运用马克思主义关于处理历史遗产和对待外国文化成果方面的理论,总结处理古今中外教育思潮中一切有益的东西。中共中央、国务院在《中国教育改革和发展纲要》中,根据我国教育建设的历史经验与教育现代化新的需要,提出要"大胆吸收和借鉴人类社会的一切文明成果,勇于创新,敢于试验,不断发展和完善社会主义教育制度"。在 2018 年 9 月召开的全国教育大会上,习近平同志提出"要努力构建德智体美劳全面培养的教育体系,形成更高水平的人才培养体系。"这些思想观念开拓了我们处理古今中外文化教育思潮的视野,为中国教育改革指明了方向。

20 世纪的教育,尤其是 20 世纪下半叶的教育,出现了两种相反相成的趋势:国际化和本土化。第二次世界大战后,教育国际化的趋势日趋明显,在这种趋势发展的同时,各国教育本土化趋势也日益加强。这里所说的本土化是指各国在建立适合本国国情和文化传统的教育体制方面所做的努力。教育在现代化社会中的巨大作用,发展中国家照搬外国教育体制的教训,各国在政治、经济、文化、传统上存在的差异等,都是造成这种趋势的原因。欧洲的"新教育"运动及杜威的实用主义教育思潮在 20 世纪初席卷全球,但在这之后却再也没有出现类似的有如此巨大影响力的教育思潮,这正是各国教育成熟、进步的表现。教育家胡森曾说过,教育作为一个实践领域,其真正的本质在于地方性和民族性,教育毕竟是在它所服务的具体国家的文化和历史传统中形成的。因此,在对待各种教育思潮的过程中,我们应当坚持继承和批判相结合的原则,只有这样才能在发展中突出本国教育的个性特色。

三、把握教育思潮的本质,做到知行合一、理论和实践的统一

理论联系实际作为马克思主义辩证唯物主义的方法论原则,对各种理论建设和实际工作都具有普遍的指导意义,对我们正确地研究和把握教育思潮同样具有指导意义。对于值得吸收、借鉴的教育理论,需透过词句把握其精神实质;为了把握某种教育理论的精神实质,需把它放到特定的历史条件下去考察;运用某种教育理论,仍需把它所依托的背景同现实背景加以分析、比较;教育理论的应用,应基于对中国国情与教育现状的深刻了解。对于 20 世纪以来在各个不同历史时期出现的各种教育思潮应站在一定的认

识高度、思想高度上去把握其本质。

要认真研究各种教育思潮赖以建立的理论基础,要了解每一种教育思潮产生的社会背景,要研究这一教育思潮的理论局限性。比如我们对实用主义教育思潮的研究,就要将这一教育思潮的产生同欧洲的"新教育运动",同美国当时的社会背景,同实用主义的哲学思想联系起来综合分析,既看到它重视儿童、重视能力培养的优点,又要看到它的不足之处,将实用主义理论同中国教育的具体实践相结合,吸取其精华,形成具有中国特色的教育理论体系,避免出现食而不化、囫囵吞枣的现象。

四、坚持科研先导,实现研究与创新的统一

我国改革开放四十年来,为借鉴和学习现代西方先进的教育思想,我们相继引进了许多教学理论和流派,其种类之多,难以计数。这对我国的教育教学改革无疑起到了一定的推动作用。但是,借鉴的目的是为了发展,而不是拾人牙慧。只有把研究和创新结合起来,才能促进本国教育的发展。综观世界各国,特别是20世纪70年代以后教育发展的轨迹,都是走的一条研究和创新相结合的道路。

思考题

1. 什么是教育思潮?教育思潮具有什么样的特征?
2. 简述人类教育思潮的历史发展阶段。
3. 现代教育思潮的发展可分为哪几个时期?简述各个时期的特点。
4. 研究现代教育思潮,建设新时代中国特色社会主义教育理论和实践体系,必须把握哪些基本观点?

拓展性阅读导航

1. 张人杰主编:《中外教育比较史纲(现代卷)》,济南:山东教育出版社,1997年。
2. 张斌贤、褚洪启等:《西方教育思想史》,成都:四川教育出版社,1994年。

3. 单中惠主编《西方教育思想史》,太原:山西人民出版社,1996年。
4. 陆有铨:《躁动的百年》,济南:山东教育出版社,1997年。
5. 詹栋梁:《现代教育思潮》,台北:"国立编译馆",五南图书出版公司印行,1995年。
6. 唐爱民:《当代西方教育思潮》,济南:山东人民出版社,2010年。

第二章　行为主义教育思潮

　　行为主义教育思潮以行为主义心理学作为理论基础,试图运用行为主义心理学解决教育和教学问题,提出操作性的学习论,重视强化在学习中的作用,推行程序教学和教学机器。

行为主义教育思潮产生于 20 世纪初的美国,60 年代盛行于美国以及世界上其他国家。美国心理学家华生、斯金纳、加涅和班杜拉是它的主要代表人物。他们提出操作性、学习层次、观察学习等学习理论,试图运用行为主义心理学和社会认知理论等解决教育和教学问题,重视强化在学习中的作用,推行程序教学、教学机器。行为主义教育思潮对当今的教育理论和实践,尤其是教学技术的发展产生了相当大的影响。

第一节　行为主义教育思潮的产生及特点

行为主义教育思潮是以行为主义心理学为理论基础的。行为主义心理学是美国现代心理学的主要派别之一,也是对西方心理学影响最大的派别之一。它的形成和发展大致经历了两个时期:从 1913 年到 1930 年左右为第一个时期,这一时期以华生的行为主义为代表,被称为早期行为主义。1930 年以后,早期行为主义就逐渐让位于新行为主义,新行为主义包含许多大小不一的体系和派别,主要代表人物是斯金纳和加涅。

华生为代表的早期行为主义心理学作为对传统心理学的否定和批判,从心理学的研究对象到方法以及其他许多心理学问题上,全面地否定了传统的心理学,并就这些问题明确地提出了行为主义的学说。

首先,在心理学的研究对象问题上,它否定了传统心理学研究对象——心理现象、意识或心理状态,认为心理现象、意识或心理状态是无法通过实验得到验证的。在华生看来,心理学是"自然科学的一个把人的活动和行为作为它的研究对象的部门"①。

其次,在心理学的研究方法问题上,它反对传统心理学的内省法,把传统心理学缺乏实用价值归因于"内省",认为作为行为的心理学只能采用客观的研究方法。华生提出了观察法、条件反射法、实验法和语言报告法四种客观方法。

再次,关于本能、学习、思维和情绪,华生采取了与传统心理学截然不同的态度。华生认为,人和动物的全部行为都可以分析为刺激和反应,刺激是行为的最根本的原因,而刺激是不可能来自遗传的,因此行为也不可能来自遗传,人类行为中那些似乎像本能的东西,其实都是在社会中形成的条件反应。"所以在我们看来,并没有本能这种东西——在心理学中再不需要有本能这个名词了。我们现在时常所称为本能的那一切动作,大致都是由于学习而得的结果——是属于人类所有的学习行为之中的。"②这样,他不仅用学习和训练否定了本能的存在,而且用学习和训练的差异来解释人类行为的差异,从而把学习看作理解一切行为的关键。华生断言:"那些看来像遗传的东西,大抵都依赖于在摇篮中就进行的训练。"③由于对学习和后天训练的过分强调,华生走向了环境决定论和教育万能论。他曾这样说:"给我一打健全的婴儿和可用来培育他们的特殊世界,我就可以保证随机选出任何一个,不问他的才能、倾向、本领和他的父母的职业及种族如何,我都可以把他训练成为我所选定的任何类型的特殊人物,如医生、律师、艺术家、大商人,甚至于乞丐、小偷。"④

尽管早期行为主义有其积极的一面,但是它本身也存在着致命的弱点,受到了许多心理学家的批评。在这样的情况下,一批行为主义心理学家试图对早期行为主义进行改造,以便使早期行为主义摆脱其理论上的困境,于是产生了新行为主义。新行为主义者、美国心理学家托尔曼和赫尔等人在20世纪20年代末30年代初提出了"中介变量"的概念,这一概念是对华生的过于简单的"刺激—反应"("S-R")公式的补充。托尔曼认为行为的最初原因以及最后引起的行为本身,都必须是能对它进行观察和说明的。行为是情境与其先前原因的函数。在情境和先前因素之间则存在着一系列需

---

① 杨清:《现代西方心理学主要派别》,沈阳:辽宁人民出版社,1980年,第191页。
② 杨清:《现代西方心理学主要派别》,沈阳:辽宁人民出版社,1980年,第207—208页。
③ [美]杜·舒尔茨:《现代心理学史》,北京:人民教育出版社,1981年,第228页。
④ 高觉敷:《西方近代心理学史》,北京:人民教育出版社,第264页。

要猜想的,不能观察的中介变量,它们是最终决定行为的知识和智慧。中介变量必须与自变量(环境刺激)和因变量(行为反应)明确地联系起来,即从可以观察到的环境刺激和行为反应之间探索有机体的内部过程,来解答"为什么有这种反应"的问题。

20世纪30年代后,操作主义在美国盛行一时,客观上推动了新行为主义的发展。新行为主义者接受了操作主义思想,成了操作主义者。操作主义对不能得到验证和重复再现的知识的科学性是持否定态度的。操作主义者认为:"只有以那些公开的和可以重复的操作作为根据的构思才能为科学的体系所容纳。"[1]对于新行为主义教育思潮来说,操作主义实际上是它的哲学基础。

新行为主义者、美国心理学家斯金纳继承并发展了华生的理论,在大量而持久的动物实验基础上提出了操作主义学习理论,并且设计了教学机器,从而有力地促进了现代化教育手段在教育上的应用,为新行为主义教育思潮的产生铺平了道路。1954年斯金纳发表的《学习的科学和教学的艺术》一文,被认为是新行为主义教育思潮的宣言书。1957年苏联人造卫星上天后,美国全国上下极为震惊,教育改革呼声一浪高过一浪,而新行为主义教育思潮力图从教学方法和技术上有所突破正迎合了此股潮流。因此,整个60年代是新行为主义教育思潮的鼎盛时期。

60年代后期,行为主义者严格的环境决定论和人与动物不分的观点遭到了越来越多的反对。同时,现代认知心理学迅速崛起,在这种内外交困的情况下,以班杜拉、罗特尔、米契尔等心理学家为主要代表,试图在行为主义和认知心理学之间走出一条折中的道路——新的新行为主义。

行为主义教育思潮具有以下三个显著特点:

第一,行为主义教育思潮以行为主义心理学作为理论基础,试图运用行为主义心理学解决教育和教学问题。它对教学目的、课程、教学方法以及教师和学生的看法,都打上了行为主义心理学的烙印。根据行为主义原理,教学的目的就是提供特定的刺激,以便引起学生特定的反应,所以教学目标越具体、越精确越好。行为主义者认为,学生的行为是受行为结果的影响,若要学生做出合乎需要的行为反应,必须形成某种相倚关系,即在行为后有一种强化性的后果,倘若一种行为得不到强化,它就会消失。根据这一原理,形成了一种相倚组织的教学过程,这种教学过程对学习环境的设置、课程材

---

[1] 《西方心理学家文选》,张述祖等审校,北京:人民教育出版社,1983年,第274页。

料的设计和学生行为管理做出了系统的安排。行为主义教育思潮的关注点似乎是"怎样教",而不是"教什么",侧重的是行为,并要以一种可以观察到的、可以测量的形式来具体说明课程内容和教学过程。

第二,行为主义教育思潮的核心是学习理论以及教学方法和技术。行为主义者并没有依据某种哲学理论来阐述诸如教育本质和教育目的等教育问题,而是着力于研究教学过程中具有操作性的学习理论以及教学方法和技术。斯金纳的"操作性条件反射"和"积极强化"理论,以及他设计的教学机器和他所倡导的程序教学充分地反映了这一特点。由于行为主义者强调任何有意义的概念都应该能够通过操作得到验证,因此,他们在教育上的注意力必然放在那些具有操作性的问题上。

第三,新的新行为主义者在坚持行为主义基本精神的前提下,大胆吸收认知心理学的一些观点和成果,在研究学习问题时,突出人的主体地位;强调人的主观能动性;重视社会因素对人的行为的影响;主要以人作为研究对象;主张学习进程具有飞跃性,而行为反应具有内隐性;辩证地分析了先天遗传与后天习得的关系;注重自我调节、认知等的作用。[①]

第二节 行为主义教育思潮的主要代表人物

一、斯金纳

(一) 生平活动

斯金纳是美国著名的心理学家和教育学家,也是行为主义心理学和行为主义教育思潮的主要代表人物。

斯金纳生于1904年。1931年他在哈佛大学获得博士学位。此后,斯金纳一直在大学里从事心理学方面的教学与研究。20世纪50年代起,斯金纳开始把兴趣转向教育方面,并将他自己在心理学方面的研究成果应用于教学方面。斯金纳十分重视"操作性条件反射"和"积极强化"的理论在教育上的意义,他希望用科学的控制手段,建立一个完整的教学过程,他设计了一种教学机器和一套程序教学过程,从而倡导和发动了一场程序教学的运动。

---

① 高峰强:"行为主义学习理论进展的内在轨迹——尝试性的透视和探索",《外国教育研究》1997年第3期。

60年代,斯金纳的程序教学在美国风行一时,并扩展到世界许多国家,对美国及世界的教育产生了巨大影响。由于斯金纳对程序教学理论所做出的杰出贡献,斯金纳赢得了"程序教学之父"之誉。

(二) 教育思想

斯金纳的教育思想主要体现在他的学习理论和程序教学理论两个方面。

1. 学习理论

斯金纳把条件作用区分为"S"型和"R"型。S型条件作用是由一个已知的刺激所产生强化下的反应。他把这种反应称之为应答性行为。R型条件作用则是一种没有觉察到外来刺激的反应。他把这种反应称之为操作性条件作用(操作性行为)。按照斯金纳的理论,在操作性条件作用环境中,没有已知刺激,有机体的行为似乎是自发的,但这种反应会产生有效结果。他认为人类行为大半属于操作性行为,例如游泳、开车等。在学习情境中,操作性行为更具代表性。斯金纳关于操作性行为的实验是在他自己设计的斯金纳箱中进行的:一只饿鼠被关在箱里,可以自由活动,在探究活动过程中,当饿鼠或早或迟地偶然按压箱内一根杠杆,食物库里就有一颗食物丸落入箱内,饿鼠就得了食物。这就是一种信号联系。如果饿鼠压杆后均能获得食物,这样多次强化后,操作性反应就形成了。后来,斯金纳根据他的实验研究总结出了关于学习的4条规律:

第一,习得律。即如果一个操作反应后,接着给予一个刺激,那么其强度增加。斯金纳认为,在操作性行为形成的过程中,强化是关键。他举例,一个被试验的对象在实验中,偶尔做了某种动作,如果主持试验者给予强化,则这个动作后来出现概率便大于其他动作。强化次数加多,则概率随着增加,这便导致操作性行为的建立。

第二,条件强化。斯金纳认为强化有两类,一类是积极强化,即一个刺激物加入某一情境之中时,增加了某一操作性行为的概率。这个刺激物就是积极强化物,运用积极强化物来增强某种行为的过程叫作积极强化。例如在教学中,教师对表现好的学生给予赞许、报以微笑或给予肯定的评价都属于积极强化。另一类是消极强化,就是从情境中排除某种东西,避免不愉快的后果,以此来使一个人自愿做某件事或做出另外一个所期待的反应。例如,学生学习可能是为了避免不及格,学生学习好可能是为了避免家长或教师的指责等。

第三,泛化作用。斯金纳认为在强化某一反应时,类似的带有相同因素的其他反应也会加强。例如,一只鸽子已经形成在斯金纳箱中啄一红色斑点的操作性行为,那么一个同样形状大小,颜色不同的斑点也会引起鸽子的啄击反应。这就是斯金纳的泛化作用,"通过强化一系列连续的近似动作,我们可以在短时间内使不常发生的反应达到非常可能发生的程度"。[1]

第四,消退作用。斯金纳发现,当某种操作性行为形成后,如果不予连续强化,则这种操作性行为就会发生消退,他认为消退与遗忘是不同的,消退产生的原因是因为无强化,而遗忘则是随着时间而逐渐衰退的。在学习研究领域里,他发现人类学习的消退曲线在学习期间使用间歇强化的情况下要比使用连续强化时降落更缓慢些。

斯金纳试图运用这4条学习规律于课堂教学之中。他认为,教学的首要任务是使学生形成种种正确的行为反应,并使这些行为反应及时受到各种刺激的强化。可是,大量的、及时的、渐进的强化在课堂教学中难以实现。他指出,单是提供所需的强化次数,恐怕一个教师用他全部时间来教一个学生都不够胜任,何况整个班级。因此,他就主张使用教学机器。

2. 程序教学理论

程序教学是一种个别化的自动教学的方式,由于经常用机器来进行,也称为"机器教学"。美国心理学家普莱西于1924年设计了第一架自动教学机器。这种机器可以同时进行教学、练习、测验和计分。教材是以问题的形式在机器上出现,同时也有不同的答案让学生选择,直到学生选对了正确答案,机器才向前转动,再出现另一问题;如果学生选择不正确,机器会记下学生的错误,这样教师可以了解学生的难点,学生也可按照自己的速度进行学习。

斯金纳接受了普莱西程序教学中的主要部分,但指出了普莱西程序中缺少的因素——具有连贯系统的程序教材。斯金纳的程序教学理论首先强调的是教材的编制。斯金纳主张把预先审定的教材分成若干个可分离的部分,然后仔细地组织成有逻辑的顺序,使每个部分都能审慎地建立在前面的那个部分上。这样,学生可以循序渐进地学习教材中的每个部分。此外,学生通过这种安排,可以按照他自己的速度进行学习,同时在每项学习中,他能立即得到强化。这种强化是在他做出反应之后立即给予正确的反应,或者只是在他已经做出正确的反应之后才允许他进入下一部分的学习。

在教材的编制上,斯金纳首创了直线式程序。直线式程序也被人们称

---

[1] 吴文侃主编《当代国外教学论流派》,福州:福建教育出版社,第160页。

为"经典程序"。直线式程序把教材分成一系列连续的小步子,每一步的内容很少,系列由浅入深、从简到繁。在教学过程中,首先给学生呈现第一步,然后要求学生有一个构答反应(填充或写答案)。学生学完了第一步,并获得正确的反应,再呈现第二步,依此类推,学生要严格地按机器规定的顺序学习,直至结束。

为了指导整个程序教学过程,斯金纳提出了程序教学的基本原则:

一是积极反应原则。传统的课堂教学强调的是知识传授,学生在教学中始终处于被动地位,很少有机会做出积极的反应,而斯金纳的程序教学则十分强调学生的积极反应这一原则。这一原则要求学生通过程序教材和教学机器,能自己动脑、自己动手去学习。在学习过程中,学生通过选择、解题、填答案等做出积极的反应。再加上给予不断地强化,可使学生在学习过程中经常处于积极反应的状态。与传统教学不同,程序教学不主张完全由教师授课的方式进行教学,而是以问题的形式,通过教学机器或教材给学生呈现知识,使学生能够对一个个问题做出积极的反应。

二是小步子原则。斯金纳将教学内容分成若干具有内在联系的步骤,由易到难循序呈现,学生每做对一步,才能进入下一步。每一步之间的难度通常是很小的,学生能较容易地获得有关知识。此外,小步子原则更重要的一点是,由于学习内容分成了许多小步子,每完成一步就给予一次强化,这样,与传统的教学相比,在学完同等的课程后,学生就能受到更多的强化。因此,小步子原则可以使强化的次数提高到最大限度,从而能促使学生主动、积极地学习。

三是及时强化原则。斯金纳认为,一个"操作—反应"过程发生后,如果得到及时的强化,操作的力量便会增加。如果强化不及时,刺激的效果就会丧失大部分。这一原则要求在每一个学生做出反应后,必须使学生立即知道其反应是否正确。告知学生结果,也就是给予学生反应的及时强化,这也是程序教学中最常用的强化方式。斯金纳认为,及时强化很重要,学生的回答能立即得到肯定,可以促进学生的学习信心,同时也有助于保持和巩固已学的知识。

四是自定步调原则。程序教学的自定步调原则是以学习者为中心,不强求统一进度,鼓励每一个学生以他自己最适应的速度进行学习。这样,学生可按各自不同的思维方式、速率来处理问题,而不受其他人的影响。同时,通过一次次的强化,能够激发学生的学习兴趣,使他能够稳步前进。

五是低错误率原则。程序教学要求在教学过程中尽量避免学生出现错误的反应,因为错误的反应会得到令人反感的刺激,过多的错误会影响学习者的情绪和学习的速度。因此,程序教学要求教材的编写由浅入深,使学生每次都可以做出正确的反应,尽可能地降低错误率,增强学生的学习积极性,提高学习的效率。

二、加涅

(一) 生平活动

加涅是现代美国著名的教育心理学家。他生于1916年,就读于美国的耶鲁大学,受过新行为主义学派的严格训练。1940年,他在布朗大学获心理学博士学位。尔后,加涅长期从事人类学习的研究工作,并做出了重要贡献。他曾先后担任过美国教育心理学分会和美国教育研究会的主席,并获得杰出教育研究奖、桑代克教育心理学奖和心理学科学奖。近半个世纪以来,加涅发表了许多关于学习和教学的论著,内容十分丰富,立论新颖,引起人们的广泛关注。他的代表作是《学习的条件》、《教学设计原理》、《学习的条件和教学理论》。在这三本著作中,加涅根据信息加工理论,将传统的学习心理学成果应用于学生的学习过程。加涅的教育思想融合了行为主义、人本主义及控制论等观点,是一位折中的行为主义学者。

(二) 教育思想

1. 论学习的概念、要素和条件

加涅认为,学习对于人类来说是极为重要的,人类的发展是生长与学习这一对因素以及文化之间的相互作用的结果。但文化之间又存在着重要的差别:影响生长的因素绝大多数是由遗传决定的;而影响学习的因素则主要是由学生所处的环境中的各种事件决定的。这些事件将决定学生学什么,而且在很大程度上将决定他成为什么样的人。

加涅又认为,人类的学习活动由4个要素构成:

第一,学习者。加涅认为,学习活动"首先要有一个学习者,他是一个人"。[①] 学习者能不断接受刺激并将其组织成各种神经活动的图式,并表现出各种行为。

第二,刺激情境。刺激情境是指刺激学习者感官的所有事件的统称。

第三,记忆内容。对学习者来说,一个重要的输入是学习者从记忆中提取的内容。当然,这些内容是根据以往学习活动已经加以组织过了的。

---

① [美]罗伯特·M·加涅:《学习的条件》,北京:人民教育出版社,1985年,第4页。

第四,动作。动作是指学习者对刺激和记忆内容的反应。

加涅认为,当刺激情境与记忆内容以某种方式影响学习者,以致他的动作从他进入这种情境之前到他进入这种情境之后发生变化时,学习活动便产生了。这种动作的变化就导致学习的发生。

加涅反复强调,引起学习的条件有两类:一类是内部条件,即指学生在开始学习某一任务时已有的知识和能力,包括目前的对学习有利的和不利的因素。这对即将进行的学习需要哪些外部条件起重要作用。另一类是外部条件,这是独立于学生之外存在的,即指学习的环境。它涉及怎样安排教学内容,怎样传递给学生,怎样给予反馈,以使学生达到理想的教育目标。学生的内部条件不同,要求学生掌握的知识技能不同,外部条件也应做相应的改变。在加涅看来,教师在一定程度上是可以改变学习条件的,尤其是外部条件。教学是由教师安排和控制这些外部条件构成的。

2. 论学习过程

加涅认为,学习是发生在人脑中的事情,学习是一种过程,一种获得能力的过程。加涅认为,学习动作,无论多么简单还是多么复杂,都要包括几个阶段。加涅把学习过程依次分为8个阶段,即动机阶段、领会阶段、获得阶段、保持阶段、回忆阶段、概括阶段、操作阶段和反馈阶段。加涅强调指出,学生的整个学习过程一直受到外部条件的强烈影响。对于教师来说,了解和研究学习过程的目的就是为学习过程提供支持,使外部条件能在学习过程中始终能与学习者的内部活动进行必要的、恰当的和正确的联系,从而给学习者以积极的影响,获得满意的学习结果。加涅认为,教学是一种外部条件,教学设计的目的,是要影响学习的内部过程,因此,学习的阶段以及学生内部活动过程,都是与教学阶段相吻合的。

3. 论学习结果

加涅认为,设计教学的最佳途径,是根据所期望的目标来安排教学工作,因为教学是为了达到特定的教育目标。对教学目标的分类,也就是对学习结果的分类,即根据学生在学习后所获得的各种能力来分类。学生学习得到能力,与他们所处的社会发展水平有关。例如,在原始社会,狩猎可能是最主要的教育目标之一。社会越发展,要求学生掌握的技能越复杂,教育目标也就越复杂。教育目标是通过有计划的教学来达到的。由此可见,在设计教学之前,必须先确定学生要习得哪些能力。加涅提出了5类学习结果:理智技能、认知策略、言语信息、运动技能、态度。

一是理智技能。理智技能是指所习得的概念和规则及其把这些概念和规则组合起来的一种技能。文化是学校中最基本、最普通的教育内容,包括最基本的语言技能到高级的专业技能。理智技能学习与言语信息学习不同,前者关注学会如何做某些理智的事情;后者关注知道某些事情或某些特征。例如,运用运算规则解答习题,是理智技能学习的例子;学习"先乘除后加减"这一规则,则是言语信息学习的例子。

二是认知策略。认知策略是学习者用以指导他的注意、学习、记忆和思考过程方面的行为在体内组织起来的能力。认知策略的性质与理智技能不同,理智技能指向学生的环境,使学生能处理"外部"的数字、文字和符号等,而认知策略则是在学生应付环境事件过程中控制自己"内部"的行为。

三是言语信息。言语信息是指学生在学校里学到大量信息——事物的名称、事实,对于事物所做的概括,事情的历史,事物所在的地点等等。言语信息与理智技能密切相关,但又不是同一回事,例如,学生通过讲述某件事,把要传递的信息表达出来了,这就表明他已具有言语信息的能力,但讲述的技巧和造句的任务,则属于理智技能的范畴。

四是运动技能。运动技能是指学习者进行身体操作活动的技术和能力,譬如体育运动、文艺表演、职业技能以及书写练习等方面都是作为一种运动技能的结果出现的。运动技能的学习主要依靠运动反应强化训练的形式,形成平稳而又快速、精密而又适时的运动能力。

五是态度。态度实际是学习者对一类事件选择行为的倾向。当学生在体会到成功,或者经过思考采取某一行动并得到强化的情况下常常形成态度,或者说态度是影响一个人进行行动类型选择的内部状态。譬如自尊心、同情心、助人为乐、对某学科的喜爱专一等。态度对于学习行为的影响可以是积极的也可能是消极的。

4. 论学习层次

加涅意识到,人类学习的复杂性程度是不一样的,是由简单到复杂的。据此,他按人类学习的复杂性程度,提出了学习的层次理论。他的基本论点是:学习任何一种新的知识技能,都是以已经习得的、从属于他们的知识技能为基础的。例如,学生学习较复杂、抽象的知识,是以较简单、具体的知识为基础的。学生心理发展的过程,除基本的生长因素外,主要是各类能力的获得过程和累积过程。加涅通过描述8个学习层次来研究学生理智技能的累积方式。

一是信号学习。这是一种最简单的学习,它是由能引起个体情感反应的单个事例或大量重复的刺激导致的不自觉的学习。信号学习最典型的例子,是巴甫洛夫的经典条件反射。这类学习的特点是刺激与反应必须及时相关联,因此从形成行为的最小单位这一意义上说,是基本的学习。

二是刺激反应学习。这是另一种基本的学习。斯金纳操作性学习或工具性学习是这类学习的代表。这种学习,个体对信号的反应是自觉的,因而个体对外界刺激可以做出几种不同的反应。

三是连锁学习。连锁是指一连串"刺激—反应"联结。从学生的内部条件来看,学生习得动作连锁,是以事先习得每一个"刺激—反应"联结为先决条件的。形成动作连锁的主要外部条件,是要让学生按适当顺序反复练习。此外,学生在对第一次刺激做出反应后,第二个刺激最好紧接而上,否则要形成动作连锁比较困难。最后,强化也是必需的。

四是言语联合学习。这实际上是一种言语连锁学习,即根据言语刺激与反应行为的顺序组合而成的反应。例如,将单词组成句子,翻译外文单词,这些都属于言语联合学习。

五是辨别学习。个体能根据物质的外表识别出各种物质的概念对象;对某一集合的各要素,能做出个别的反应。例如,小学低年级学生对图画和符号的辨别,是一项很重要的理智技能。

六是概念学习。这类学习与辨别学习相反,它要求个体能指出学习情境中具有共同属性的多个因素。对共同性质做出反应,其中有些概念可以通过学习者与环境的直接接触来获得,但有些概念则要运用语言对事物进行分类、归纳和概括才能获得。

七是规则学习。规则学习是指个体对原理、命题、法则等的学习,是对概念间关系的认识或理解。实际上,一个定义概念就是一个特殊的规则,一个分类的规则。学生掌握一条规则后,就会在任何情况下对某一类刺激做出正确的反应。因此,规则学习涉及推理能力的形成,是学校教育内容中最普遍、最重要的一部分。

八是解决问题学习。这是规则学习的一个自然的扩大,是一种"高级规则"的学习。它是要求利用先前学习的原理,用独特的方式去分析情境,思考出解决问题的办法。在解决问题的过程中,个体将结合各种以前习得的规则来重新组合一种新的高级规则。

加涅把这8类学习看作是学生理智技能的8个方面。其中前4类学习是基础性的,相对说来比较简单,而且有相当一部分是学龄前就已习得的。因而,学校教育更关注的是后面四类学习。但这并不意味着前四类学习不重要。加涅学习层次理论的一个重要特征是:学习是累积性的;较复杂、较高级的学习,是建立在基础性学习基础上的;每一类学习都是以前一类学习为前提的。加涅在《教学设计原理》中认为,这 8 个学习层次在设计课程结构中起关键作用。它们决定了学生将会形成哪些能力,从而把学习过程与学习结果紧密联系起来了。另外,这些学习层次呈累积的性质,是以一种可预测的方式一级一级建立起来的。因而,在设计教学策略时,可以以此为基础,构成一种最有效的教学模式。

三、班杜拉

(一) 生平活动

艾伯特·班杜拉出生在加拿大艾伯特省的蒙达,在美国衣阿华大学获心理学硕士、哲学博士学位,后在斯坦福大学心理学系执教。受赫尔派学习理论的影响,他把学习理论运用于社会行为的研究中。由于班杜拉的奠基性研究,导致了社会学习理论的诞生,从而也使他在西方心理学界获得了较高的声望,获美国心理学会授予的杰出科学贡献奖,当选为美国心理学会主席。班杜拉一生论著甚丰,其主要代表作有《青少年的攻击》、《社会学习与个性发展》、《社会学习理论》。班杜拉的社会学习理论常常被人归入行为主义的行列,像所有的新行为主义者一样,他强调研究外显的行为,行为的结果对行为的影响,以及强化所引起的重要作用。

同样,班杜拉的社会学习理论又被作为认知理论,特别重视观察学习、认知过程和自我调节过程所起的作用。所以他在综合行为主义与认知学说时,确实形成了自己的特色,形成了一种认知—行为主义的模式,受到人们的青睐。[①]

(二) 教育思想

班杜拉的教育思想主要体现在他的学习理论和社会认知理论。

1. 学习理论

无论是华生经典条件反射原则,还是斯金纳操作性条件反射原则都认为学习必须个体亲身经历才能学习,学习是个体接受刺激和强化从而习得某一行为的过程。班杜拉认为还存在另外一种在人类生活中产生重要作用的学习方式,即观察学习。这种学习意指个体只需观察他人接受强化,不必事事亲身体验,就能学到复杂的行为反应。

班杜拉的观察学习由四个子过程组成:

[①] 施良方:《学习论》,北京:人民教育出版社,2001 年第 2 版。

一是注意过程。注意过程决定了个体在众多榜样作用影响时有选择地观察哪些方面。影响学习者注意的决定因素有多种,其中最重要的是学习者交往的方式。与学习者经常有固定交往的人,往往也就界定了学习者反复观察、因而学习得最彻底的那些行为类别。

观察学习的速度和程度,在很大程度上还取决于榜样行为的性质。此外,观察者加工信息的能力,决定了他们能从观察中学到多少。

二是保持过程。观察者若要在以后什么时候再现榜样行为,那就必须把这种行为方式以符号形式贮存在记忆中,才使人类能够凭借观察学到许多行为。

三是动作再现过程。学习者是通过按照榜样行为方式组织自己的反应而达到行为再现的。可以分解成对反应的认知组织,反应的发起,对反应的监控,以及根据信息反馈矫正反应。

四是动机过程。如果按照榜样行为导致有价值的结果,而不具有无奖励或者惩罚的结果,人们便倾向于展示这种行为。其次,观察到榜样行为的后果,与自己直接体验到的后果,是以同样方式影响榜样行为的表现的。最后,人们对自己行为产生的自我评价的反应,也会调节人们会做出哪些通过观察学到的反应。[①]

儿童的社会行为是因受别人的影响而学到的,即观察、模仿一定的榜样。最能引起儿童模仿的楷模有:儿童心目中的重要他人,如父母、教师等;同年龄、同社会、同阶层出名的儿童;各种媒体,如电影、电视、儿童读物中的人物形象等。观察学习不完全等同于直接学习,也包括替代性学习,即儿童从别人的学习经历中学到新经验的学习方式。他强调榜样示范、外部激励的同时,更重视的是认知过程对行为产生的作用。后来,班杜拉又非常强调"自我学习——儿童通过自我过程而学到某种行为。这应是教育的主要目的之一。"[②]个体自我学习的关键是建立自我价值标准。社会发展的主要目的就是传递在各种活动中进行自我调节的一般行为标准,当这些准则内化为个体的态度、情感和信仰时对人的影响最大。

班杜拉提出,创新能通过观察学习的过程加以实现。他还总结了观察学习促进创新的两条途经。其一是,当人们在他们周围看到大量不同的事物时,新的模式最有可能出现。正是观察学习对象的多样性促成了行为和

[①] 施良方:《学习论》,北京:人民教育出版社,2001年第2版。
[②] 王啸:《全球化与中国教育》,成都:四川人民出版社,2002年。

认知的创新。其二是，在相同情景中新观念的示范影响将会削弱传统的倾向，从而能促成创造性行为。与思维发散的榜样接触的人确实比那些与以传统方式行为的榜样接触的人更具创新性。

班杜拉观察学习理论一经提出就受到广泛重视，特别是在侵犯行为研究和德育研究领域。人们开始注意防止示范式暴力（如媒体暴力）对青少年行为发展的影响。学校教师也开始利用观察学习原理开展道德规范教育。同时，班杜拉从观察学习的角度对创新教育的阐述，对我们也无不启示。

2. 社会认知理论

班杜拉社会认知理论的重要基础是交互决定论和自我调节论。他认为行为因素、认知因素、环境因素都作为决定因素相互起作用，赞成三方互惠性的交互作用观。就人的主体性而言，他将自我调节功能置于中心地位，认为行为的决定因素包含自我产生的影响。通过对外部刺激施加影响并借助自我调节功能，使自我指向得到落实。例如，安排有利的环境条件，借助认知指导，并为自己的努力创造诱因，人们能把原因归于自身的动机和行为。正是以上理论认识逐渐明朗的过程中，班杜拉提出了另一重要理论即自我效能理论。

自我效能理论是一种影响行为的主体性因素，在诸多领域内得到了广泛应用。在学校教育中，它主要通过学生个体效能、教师个体效能和学校集体效能来影响学生的发展。

第一，学校要培养学生自我效能。班杜拉认为，"好的学校应促进学生心理的社会成长，有助于非职业领域的生活质量的提高。正规教育的重要目的应为学生提供影响其一生的智力工具、效能信念和自我教育的内在兴趣。"[①]学校对自我效能形成和发展十分关键。课堂氛围、班级结构、教师对学生学习成败的分析解释、学生间的示范和社会比较、学生个人在学习上的成败经验都影响学生自我效能的发展。为学生树立良好的学习榜样，为其提供替代学习的机会，经常鼓励和表扬学生，为其提供社会说服的信息；创造良好的课堂气氛，让学生有一个愉快的学习环境。所有这些都有利于学生效能信念的建立。

第二，学校教育是主体性教育。班杜拉的自我效能理论，特别强调效能信念是通过控制情感、调节能力、选择和设立目标、个人努力等主体的机能

---

① 高申春：《人性辉煌之路——班杜拉的社会学习理论》，武汉：湖北教育出版社，2002年，第29页。

活动，无论是教师还是教师集体，最终都要通过学生主体的机能活动来影响学业活动。他强调自我效能在自我指导的学习中的作用和好的学校应在培养学生的效能信念和学习的内在兴趣上做出贡献。这也为主体性教育提供了一个新的理论基础。如果要在学校教育中确立学生的主体性，那么就要求学校教育活动要让学生充分参与，改变过去学校和教师决定论。尊重、信任和发挥学生的能力，培养学生的自信心、耐挫力、独立性、自我学习能力、自我评价能力、自我激励和自我调控能力，使学生摆脱对教师的依赖和教师对外在强制的依赖，这也是培养学生终身学习能力的需要。

第三，学校要重视教师个体和集体效能的培养。学校应重视教师的某些特长，为其提供发挥能力的舞台，增加其成功的经验和体验；要凝聚集体的智慧，发挥集体的力量；倡导多元化和个性化教育，为教师提供必要的教育资源和心理支持。学校管理者也应注意为教师营造一个良好的人际关系环境，营造一种发展性、充满活力与生机的校园气氛，让教师体验到自身价值，乐于奉献，所有这些都有助于教师个体和集体效能的形成。

第三节　行为主义教育思潮的影响及评价

20世纪60年代，行为主义教育思潮在美国以及世界上其他国家产生了很大的影响，吸引了许多心理学家和教育学家对程序教学的广泛实验研究。有些国家接受了程序教学理论的观点，在本国进行教学试验。有些国家吸取了程序教学理论的观点又结合本国的实际情况，提出了改进性的程序教学。后来计算机辅助教学的兴起，显然受到了程序教学运动的强烈影响，就其实质来说是程序教学的延续。因此，西方有些学者把行为主义教育思潮及其程序教学看成是运用现代化教学手段的开始。

此外，行为主义教育思潮在推动学习理论科学化方面起到了一定的作用。从某种意义上来讲，它继承并发展了实验教育思想关于使教育理论和实践精确化、客观化、科学化的观点。毋庸置疑，行为主义教育思潮在促使教学手段科学化和现代化的同时，也有助于学习理论的发展，并加速了心理学和教育学的有机结合。行为主义教育思潮是采用行为主义的观点来研究教育问题，开辟了教育研究的一种新视角，对以后教育研究的发展产生了很大的影响。同时，行为主义教育思潮也重新激起了对个别化教学研究的兴趣，使个别化教学在中断多年后又重新活跃起来。

尽管西方的学者对斯金纳的观点有所争论，但是对他的评价相当高的。

斯金纳对教育的最大的贡献表现在程序教学上。斯金纳主张教材要精心组织与安排，列出最佳程序，教材的序列化为学生循序渐进、逐步掌握知识提供了一种保证。他还主张教学要适合个人的特点，要考虑到学生的个别差异，发挥学生的学习积极性。学生可按自己的能力、速度学习，既有利于优秀学生快速前进，也适合后进生补习赶上，使不同程度的学生在学习过程中能充分发挥潜力。斯金纳又主张运用有效的积极强化手段，反对惩罚。积极强化有利于调动学生学习的积极性和主动性，有利于巩固成绩，也能够减少学生学习的错误率，使学生学习速度加快，学习更加有效。斯金纳在这些方面的主张，对教育改革具有极大的现实意义，给人们很大的启发，对教育发展起到了积极的推动作用，引起了人们对教育的更深入的思考与探索。

就加涅而言，他不是一位十分坚定的、彻底的行为主义者，西方有人称加涅的心理学是折中的行为主义心理学，认为加涅在学习理论上接受了新行为主义的主要观点，但同时又吸收了格式塔心理学、人本主义以及控制论的观点。然而，从加涅对学习问题的论述中，我们还是可以看到他的基本立场是属于行为主义范畴的，因为在加涅的理论中，"学习的本质，只不过是使行为改变的能力的发展"[①]，也就是说，学习理论实际上是人的行为改变理论。

加涅的学习理论对于教育的最大贡献在于注重应用，即把学习理论研究的成果运用于教学实践。在加涅看来，对人类学习研究的目的，就是为了丰富教学理论的知识，教学理论与学习理论是联系在一起的。几乎每个教师都可以在他的学与教理论中发现一些与自己经验相符的东西，同时又可以根据加涅的学习模式做出各种新的尝试。加涅提出的学习层次，对每种学习的内部条件和外部条件一一做了分析，教师可以以此安排教学内容和选择教学方法，以保证教学活动顺利进行。此外，加涅把学习过程、学习结果和教育目标有机地联系在一起，都是由低级到高级累积而成。每一层次的学习决定了学生将会得到什么样的结果，而对学习结果的分类，实质上就是对教育目标的分类。应该说，加涅对学习的内部条件和外部条件的论述是颇具辩证法的。他认为教学过程既要根据学生内部条件来加工过程，又要通过教学指导并影响这一过程。简单地讲，影响学生学习的因素是由教学决定的，但教学若要有效，一定要依据学生的内部条件。正是由于加涅注

---

① ［美］莫里斯·L·比格：《学习的基本理论与教学实践》，北京：文化教育出版社，1983年，第206页。

重教学工作对学生学习的内部条件的影响,他特别强调教师的指导作用,人们也由此把加涅的模式称为指导教学的模式。

班杜拉的学术生涯几乎跨越行为主义学习理论演化的三个阶段,他也亲身经历了认知主义、人本主义的崛起,勇敢地承担起历史赋予的重任,致力于新的学习理论的构建。他的社会学习理论是他在传统行为主义和认知主义之间搭起的一座桥梁;后期他又提出"社会认知论",在前期理论的基础上又架设了与人本主义相通的隧道,使得他在认知心理学和人本主义心理学几乎平分天下的当代独树一帜。班杜拉有关观察学习、自我效能及集体效能的相关理论构建,有两个方面特别值得注意。第一,班杜拉对创新的观察学习和电子时代的观察学习所做的描述。班杜拉认为示范刺激的多元化以及对非传统言行的包容有助于观察者的创新。班杜拉还特别考察了电子媒体(电视、互联网等)的示范作用,认为电子媒体大大扩大了示范的内容和地域,并对电子媒体的消极作用表示了自己的忧虑,同时忠告教育者们对电子媒体进行适当控制。第二,将主体性放在人类本性的核心地位。认为教育者应注意培养学生的自我效能感,从而使学生增强适应现代生活的能力,以及发展自我的能力。集体效能感的培养也在近些年受到重视,被认为是影响学生学习成绩的重要中介变量。自我效能、集体效能研究反映了新的新行为主义对人性的关注,其理论基点带有人本主义色彩。

然而,行为主义教育思潮也存在着许多缺陷。由于它坚持认为心理学研究只能以人的行为作为研究对象,忽视意识的意义,因此,在学习理论研究上仅仅局限在外部行为的控制上,而忽略了对学习的内部过程以及内部条件的研究。行为主义者强调人类与动物的学习过程是极为相似的,实际上抹杀了人类学习的基本规律以及人类学习与动物学习的本质差别。此外,尽管行为主义教育思潮的主要理论对促进学习具有一定的作用,但是在应用于教学实践时比较机械和刻板,因而又限制了学生的思维活动。

我们发现,行为主义学习理论也在不断进行自我修正和完善。带着更新后的理论,行为主义学习理论又在指导教育改革的实践方面发挥着自己的作用,为如何提高教育质量提出了自己的建议,发展了一些切实可行的教育教学方法。时代并没有完全抛弃行为主义学习理论,相反却在一定意义上催生了新一代行为主义学习理论。

思考题

1. 行为主义教育思潮有何特点?
2. 斯金纳程序教学理论的基本内容是什么?
3. 加涅的学习层次理论的基本内容是什么?
4. 班杜拉的学习理论有哪四个过程?
5. 行为主义教育思潮对当今教育理论和实践有何影响?

拓展性阅读导航

1. 施良方:《学习论》,北京:人民教育出版社,2001年。
2. 高申春:《人性辉煌之路——班杜拉的社会学习理论》,武汉:湖北教育出版社,2002年。
3. 王啸:《全球化与中国教育》,成都:四川人民出版社,2002年。
4. 黎黑:《心理学史》,上海:上海译文出版社,1990年。
5. 叶浩生主编《西方心理学的历史与体系》,北京:人民教育出版社,1998年。
6. [美]罗伯特·梅逊著、陆有铨译《西方当代教育理论》,北京:文化教育出版社,1984年。
7. 詹栋樑:《现代教育思潮》,台北:"国立编译馆",五南图书出版公司,1994年。

第三章　实用主义教育思潮

　　实用主义教育思潮重视教育中儿童的价值,以促进儿童不断地生长为目的,以儿童的经验为中心,倡导活动课程,主张教学应根据儿童本身的需要,从儿童的现实生活出发,让儿童从做中学,从活动中学,明确教师是儿童学习的组织者和引导者。

实用主义教育思潮以实用主义哲学、机能主义心理学和民主主义社会政治观为理论基础,强调教育与生活、学校与社会的联系,主张在课程、内容、方法及师生关系上进行教育改革。美国教育家杜威和克伯屈是实用主义教育思潮的主要代表。该思潮是自19世纪末以来美国乃至西方最重要的教育思潮之一,曾对美国及世界上许多国家的教育思想与教育实践产生了极其重大而深远的影响。这一思潮所提出的一系列问题仍然是现代教育所面临和需要研究解决的问题。

第一节　实用主义教育思潮的形成和发展

19世纪末20世纪初,美国的经济发展迅猛,科学技术得到了进一步的发展,社会生活发生了巨变,对学校教育提出了新的要求。但当时的学校教育盛行传统教育,无法适应时代的需求,在这种背景下,"进步教育"运动兴起,与其联系紧密的实用主义教育思潮开始产生。

一、实用主义教育思潮产生的社会背景

19世纪末,美国的垄断资本主义经济迅速发展,需要一种新的教育思想体系,进步教育运动正是适应了这种要求。当时的美国已由农业社会发展成工业社会,变成了资本主义大国。工业的迅猛发展,科学的兴起及进步主义教育理论的传入都动摇了美国传统教育的根基。殖民地时期的美国教育基本属于欧洲大陆传过来的旧教育体系。这种旧教育以教师在课堂上照本宣科地传授书本知识为主要过程,压制儿童个性发展,宗教色彩浓厚。而

美国南北战争后，资本主义工商业发展很快，上层建筑、经济基础的新发展，加上欧洲大批移民涌入，使美国的城市与人口大大发展与增加，所有这些必然需要一种新的教育思想和教育体系。传统教育是传统社会的产物，当社会生活发生重大变革时，要求教育也必须作相应的变革。另一方面，广大劳动者在从事各种经济开发活动中也迫切需要符合生产力发展所需的新知识、新技能，以往那种只教古典书本知识的教育内容与方法已不符合需要。正如杜威所指出的："明显的事实是，我们的社会生活正经历着一个彻底的和根本的变化。如果我们的教育对于生活必须具有任何意义的话，那么，它就必须经历一个相应的完全的变革。"[1]

当时，正是欧洲各种新型的教育理论广泛发展的时候，注重教育的普及，注重教育规律的探索，注重使平民所受教育与手工业和工业劳动联系起来的倾向日益发展，欧洲各国的"新教育运动"也普遍开展。这些新的思潮传入当时的美国，成为促进美国教育改革的外来动力。从19世纪80年代起，随着美国进步运动的开展，进步教育开始萌芽和发展。杜威的实用主义教育思想迎合了当时的美国社会及发展的需要，杜威在自己实验的基础上，选取并改造了前人的经验与主张，把实用主义的世界观、认识论与方法论作为理论基础，形成了自己的实用主义教育理论体系，成为进步主义教育的代表。

发端于19世纪末、20世纪初的杜威的实用主义教育思想，同欧洲的"新教育"或"新教育运动"在本质上是一致的，它们都以传统教育为批判对象，倡导儿童个性的自由发展或"儿童中心"，以适应19世纪下半叶第二次产业革命以后社会迅速发展所提出的各种需要。同时，实用主义教育思想与美国的进步教育运动和进步教育思潮之间存在着密切的联系，是实用主义教育思潮的重要代表。进步教育运动在很大程度上是建立在实用主义教育思想的基础上的，实用主义教育思想也从进步教育运动中汲取了很多养料。[2]

二、实用主义教育思潮的思想渊源

实用主义哲学是实用主义教育理论产生的思想与理论根源。实用主义哲学的创立者有皮尔斯（1839年—1914年）、詹姆斯（1842年—1910年）、米

---

[1] 赵祥麟、王承绪编译《杜威教育论著选》，上海：华东师范大学出版社，1981年，第28页。
[2] 单中惠：《外国教育思想史》（第2版），北京：高等教育出版社，2007年，第196页。

德(1863—1931)、杜威(1859—1952)。皮尔斯强调使用科学的方法验证思想观点,而詹姆斯将实用主义哲学运用于心理学、宗教和教育,米德则强调将儿童的发展视为学习和经验的有机体。特别是杜威,他就教育问题做了大量的实用主义的阐述。①

实用主义哲学出现于19世纪后期的美国,它的产生除了受英国经验主义哲学,尤其是培根和洛克哲学思想的影响之外,还同当时美国社会和文化的发展有关。美国以往的自由资产阶级思想原则或者是封建社会以来的宗教蒙昧主义都不能满足这一时期的政治需要了。就美国垄断资产阶级的切身利益来说,也极为需要宣传资产阶级的个人主义与利己主义思想,正是在这种历史条件与阶级基础之上,宣传个人发展,不择手段地获取"效用"的实用主义哲学应运而生。由于工业革命和经济科学的兴起,人们开始认为现世的生活本身是最有价值的,人们所关注的改变、改善的目标也是现世的生活,于是,对于宗教及那些主张维持现状的任何哲学便开始失去兴趣,而对追求个人自由的要求变得越来越强烈,实用主义哲学反映的正是这种实际的人生观。实用主义哲学的创始人是美国的哲学家皮尔斯。1878年,他在《我们怎样使观念明确》中首次提出实用主义哲学的基本思想。美国另一位哲学家詹姆士在系列著作中提出了完整的实用主义观点,使实用主义成为一个比较系统的理论体系。杜威继承和发展了实用主义哲学,并将其具体应用到社会事务和教育领域中。

实用主义哲学的理论特征表现在以下5个方面:(1)求实主义的哲学观。即以经验范畴为核心来考察个人的具体行为及其结果,以实利、可行、效用为旨归,是一种工具主义的"权宜哲学"。(2)多元主义或相对主义的真理观,即以"有用"与否作为衡量真理的标准,而非寻找超验的、虚幻的某种确定性。(3)个人主义的价值观。即以个人需要的满足和个人价值的创造为鹄的,不以一般、普遍、抽象、权威、依附为旨趣。(4)行动主义的实践观。即以个人的行动、创造、作为达臻目标的有效手段,强调行为的过程和动态的实践,所谓"行动就是一切"。(5)民主主义的政治观。即以民主、平等、公正为社会的政治、文化、教育、科学生活的指南。②

实用主义教育思潮是实用主义哲学在教育上的应用。杜威继承和发展

---

① [美]阿伦·奥恩斯坦、莱文·丹尼尔:《教育基础》(第八版),杨树兵等译,南京:江苏教育出版社,2003年,第108页。

② 万俊人:《现代西方伦理学史(下卷)》,北京:北京大学出版社,1992年,第258—259页。

了由皮尔斯创立、詹姆士使之体系化的实用主义哲学,并将其与教育联系起来,创立了实用主义教育思想。杜威反对传统哲学的二元论,主张哲学是教育的最一般的理论,而教育则是使哲学上的各种观点具体化并受到检验的实验室。杜威改造了传统经验理论,建立了自然主义的经验主义,认为经验是有机体和环境相互作用的统一的连续体,在这个统一的连续体里,经验和自然、人和环境、认识的主体和被认识的客体,是同一过程的两个侧面,他们相互作用着,相互连续起来,以至合而为一。杜威的经验论克服了经验与理性的对立,拓宽了经验的外延,强调了经验中人的主动性。①

三、实用主义教育思潮的形成

杜威被美国人称为"创立美国教育学的首要人物"。他是美国进步教育运动的理论家。他的实用主义教育思想构成了进步教育的主要内容。杜威教育思想的形成是和进步教育运动的发展一脉相承的。杜威从事的教育改革事业始于1884年,他的事业大致上可以分为三个时期。第一个时期是1884年—1894年,当时他在密执安大学和明尼苏达大学教心理学和哲学,在实践中,他认识到传统教育的落后,萌生了进行教育改革的要求并进而成为教育革新的倡导者。1894年—1904年是他教育改革的尝试阶段,当时他在芝加哥大学任教,创办了杜威学校,将实用主义的教育思想落实到实践之中,他根据自己的教改实践发表了许多重要的论著。1904年—1952年,这是他事业上辉煌的时期,经过长期的实践和研究,1916年他发表了《民主主义与教育》,这部巨著标志着教育的一个新时期的开端,创立了实用主义教育哲学体系。杜威的主要著作除《民主主义与教育》外,还有《我们怎样思维》、《经验与教育》、《学校与社会》、《明日的学校》等,他一生的教育活动与教育理论著作是多方面的、丰富的,他的教育基本观点可以说是始终如一的,构筑了一个完整而严密的实用主义教育理论的"大厦"。

杜威教育理论的基本支架是:教育即生活,教育即生长,教育即经验的改组或改造。这三个命题是杜威对教育基本问题的最概括的表述。他是在一个崭新的理论及现实基础上论述这些问题的,正如在《民主主义与教育》一书中的序言中所说的"把民主主义的发展和科学上的实验方法、生物科学上的进化论思想及工业的改造联系起来,旨在指出这些发展所表明的教材和教育方法方面的改革"。上述三个命题构成了杜威教育思想的永恒主题。

---

① 褚洪启:《杜威教育思想引论》,长沙:湖南教育出版社,1996年,第178—182页。

从1885年杜威发表第一篇教育论文《教育与妇女健康》到1952年发表最后一篇教育论文《〈教育资源的使用?〉一书引言》,其间近70余年,杜威教育论著十分丰富,但内容并不驳杂繁乱,始终都是主题明确,都是围绕着"教育即生活"、"教育即生长"、"教育即经验的改造"这三个命题的主要内容及其相互之间的联系,来分析教育与生活、教育与生长、教育与经验之间的关系,从而确立杜威教育理论在教育思想发展史上的重要地位。他的教育理论形成的标志是1897年出版了《我的教育信条》一书,对杜威来说,这是一本早期的纲领性著作,其后教育著作只是对它的进一步丰富和发展,他的三个命题都是在此文中提出。随着杜威的实用主义教育理论研究的不断深入,三大命题的内容逐渐丰富,深度不断加大,影响也在日益广泛。他的整个教育思想都体现、渗透在其中。他对教育的根本看法、教育目的观、课程论、教学方法、教育应有利于发展民主和自由等教育思想都是在论述三大命题过程中表现出来的。在对传统教育的反思及构建进步主义教育理论体系的过程中,杜威的实用主义教育思想体系逐步形成。

四、实用主义教育思潮的勃兴与回落

实用主义教育思潮在美国及西方也经历了一个从勃兴到回落的过程,如果说实用主义教育思想的产生起源于对传统教育的反思的话,那么它的回落则来源于改造主义教育对其的批判。

实用主义教育思想的发展大致经历了三个历史阶段。19世纪70年代到20世纪最初10年是进步主义教育运动的兴起阶段。这一阶段的特点是涌现出一批有创新思想的教育家,他们用一种反传统的观点,吸收了欧洲"新教育"的经验,为实用主义教育思想的产生打下了良好的基础。他们在全国各地兴办了以改革旧教育为宗旨的实验学校,在这一时期影响最大的有帕克的昆西学校,杜威的芝加哥实验学校和约翰逊的有机教育学校。帕克被誉为"进步教育之父",他根据"教育要使学校适应儿童,而不是使儿童适应学校"的原则,提出学校以儿童活动为中心,增加游戏和活动,运用直观实物教学,培养儿童自我表现能力,实验重点放在培养儿童的观察、理解及描述能力上。杜威创办的芝加哥实验学校简称杜威学校,附设于芝加哥大学。该校不是师范院系的实习学校,而是大学教育系的教育思想和科学的实验室,是观察、研究儿童教育问题的实验室。杜威学校的一切工作都围绕着尊重儿童的心理特点、激发儿童学习的主观能动性、沟通儿童学习与生活的联系、促进儿童的自由健康发展而进行。杜威学校在课程和教学方法上进行了 8 年的教育革新实验,成了实用主义教育思想的实验室,促进了实用主义教育思想的产生与发展。这一个历史阶段可以理解为是实用主义教育思想的萌芽阶段。

20 世纪二三十年代是实用主义教育思想的高潮时期,1916 年杜威发表了《民主主义与教育》,标志着实用主义教育思想的勃兴,从此实用主义教育哲学开始成为进步教育运动的指导思想。这一时期可谓是实用主义教育思想的鼎盛时期,体现这一思想的各种进步学校纷纷建立起来。1919 年全美成立了进步教育协会,成为美国教改实验的中心和进步教育的发祥地,是改革者交流思想的场所,杜威的教育思想在此时又被赋予了新的更深层次的内容。热心于教改的教育家设计了多种新方法,用以指导教育实践。实用主义教育理论在资产阶级现代教育理论发展中扮演了极其重要的角色。

20 世纪 20 年代末到 50 年代中期,进步教育运动进入后期,标志着杜威实用主义教育思想也进入了回落阶段。在这一历史时期实用主义教育思想遭到了新传统教育思想的批评,特别是第二次世界大战后的 50 年代,杜威的教育思想被美国资产阶级教育界视作导致美国教育质量下降、科技水平落后于别国的重要根源。1919 年在美国建立的"进步教育协会"于 1955 年宣告解散,标志着实用主义教育理论在美国的衰败。

第二节 实用主义教育思潮的主要内容

实用主义教育思潮是一种具有美国特色的教育思潮,产生于 19 世纪末 20 世纪初的美国,贯穿于整个 20 世纪美国的教育改革,曾对美国乃至世界产生了广泛而深刻的影响。该思潮以杜威的实用主义教育思想为代表,在教育目的、儿童观、课程观、教学观等方面形成了系统的教育理论体系。

一、教育目的观

杜威的教育目的观通常被理解为"教育无目的"论,这是其全部教育理论中最晦涩的地方。他对教育目的的论述主要表现在下列几段话中:(1)"教育的过程,在它自身以外没有目的;它就是它自己的目的。"[①](2)"因为生长是生活的特征,所以教育就是不断生长;在它自身以外,没有别的目的。"[②]

---

① [美]杜威:《民主主义与教育》,王承绪译,北京:人民教育出版社,2001 年,第 54 页。
② [美]杜威:《民主主义与教育》,王承绪译,北京:人民教育出版社,2001 年,第 57 页。

(3)"我们探索教育目的时,并不要到教育过程以外去寻找一个目的,使教育服从这个目的。我们整个教育观点不允许这样做。"①(4)"我们要提醒自己,教育本身并无目的。只是人,即家长和教师等才有目的;教育这个抽象概念并无目的。"②上述论述并不能说明杜威主张"教育无目的"论。事实上,杜威认为教育是有目的的,"教育一事,不可以无目的。无目的则如无舵之舟,无羁之马,教育的精神从何发展,其结果必不堪设想。"③他的上述论述是为了强调"教育即生长"这一核心观点。事实上,杜威强调教育过程本身就是教育目的,是为了突出"教育即生长"的教育本质观。

杜威认为教育有两种目的,教育过程以内的目的和教育过程以外的目的。教育过程以内的目的指除了儿童的生长之外并无其他目的,教育就是生长,生长就是目的。教育过程以外的目的指教育是建构民主主义社会理想的重要工具,教育是为了民主的。在杜威心目中的教育是有目的的,即"民主的生活方式"和"科学的思想方法",他批评传统教育为儿童确定他们不理解和不需要的目的,将目的和手段分开,实质上他的教育无目的论是为了纠正脱离儿童而由成人决定教育目的的旧教育,并非根本放弃教育目的。杜威的实用主义教育理论对于传统教育的反对,不在于它"有目的",而是反对它有"不好的目的",而这种目的之所以不好,是因为他有碍于儿童的成长。

杜威认为,良好的"教育过程以内"的目的应该具备下面几个特征:第一,它必须考虑到受教育者特定的个人固有活动的需要(包括原始的本能和获得的习惯)。第二,它必须能转化为与受教育者的活动进行合作的方法。第三,教育目的必须不是一种抽象和终极的目的。

对杜威的教育目的和功能的理解不能离开他对教育的根本看法,他认为教育作为延续人类生活的不可缺少、不可分离的手段,教育的过程即生活的过程,从人与环境相互作用也就是生活的内容来看,教育即经验的改造,而从这种相互作用即生活的过程来看,教育即生长。因此,生活、经验的改造、生长乃是三而合一的事情,所以,生长的观点乃是确定教育价值之最后标准,是杜威教育目的的代名词。他的教育目的理论着力于使教育目的更民主、更人道,而不受外在的强制;着力于使教育目的更有成效,而不流于美

---

① [美]杜威.《民主主义与教育》,王承绪译,北京:人民教育出版社,2001年,第106页。
② [美]杜威.《民主主义与教育》,王承绪译,北京:人民教育出版社,2001年,第114页。
③ 赵祥麟、王承绪编译《杜威教育论著选》,上海:华东师范大学出版社,1981年,第439页。

好的空想。他在理论上是明确主张有目的的,他理想中的目的就是过程内的目的——生长,生长论体现了一种新的发展观,也体现了一种新的目的观。总之,体现了一种新的教育思想。这一指导思想渗透、体现在实用主义教育思潮的各个方面。

二、儿童观

杜威批判了传统教育压制儿童的做法,认为新的教育则要解放儿童,给儿童自由。他认为,传统教育目的论的基础乃是"教育即预备",即对儿童的教育乃是为他们日后的成人生活做准备。他认为传统的教育把教育当成预备,看成是学习并获得将来有用的东西,这种目的是遥远的。他认为,教育中儿童的自由在于发展的自由、生长的自由。在这种发展和生长中,杜威尤其重视儿童的创造的自由、思维的自由、心灵的自由,实际上就是重视学生对智慧方法、理智方法的掌握。他主张教育要来自儿童自己的活动,而儿童自己活动的来源则是儿童的本能和需要。他赞同"儿童中心"思想,"现在,我们教育中将引起的改变是重心的转移。这是一种变革,这是一种革命,这是和哥白尼把天文学的中心从地球转到太阳一样的那种革命。这里,儿童变成了太阳,而教育的一切措施则围绕他们转动,儿童是中心,教育的措施围绕他们而组织起来。"[①]他在1897年写的《我的教育信条》中主张,学校教育不能违反儿童的天性。

杜威指出爱好活动是儿童的天性,儿童具有强大的潜在动力,教育必须尊重、信任、利用这种动力,儿童是教育的出发点,社会是教育的归宿点,在这两点之间形成教育过程。他呼吁将儿童从传统教育中解放出来,提出从儿童的现实生活中进行教育,激发儿童的学习需要和兴趣,调动他们学习的自觉性和积极性,教师应是儿童生活、生长和经验改造的启发者和指导者,彻底改变当时压制儿童的传统教育。

实用主义教育思想认为教育过程是儿童与教师共同参与的过程,是师生合作的过程。学校应该是儿童生活的场所,学校生活组织应该以儿童为中心,使得一切主要是为儿童的而不是为教师的。学校生活中,儿童既是起点也是目的。教育过程中,师生互动更频繁,儿童可以受到更多的指导。对教师来说,教师的任务是儿童做的时候给予帮助,并努力创设一个尽可能好的学习情境,"教师作为集体的成员,具有更成熟、更丰富的经验以及更清楚

---

① 赵祥麟、王承绪编译《杜威教育论著选》,上海:华东师范大学出版社,1981年,第32页。

地看到任何所提示的设计中继续发展的种种可能,不仅是有权而且有责任提出活动的方针。"①

三、教育本质观

以实用主义经验论、社会改良主义与民主主义以及机能主义心理学为主要依据,杜威认为实用主义教育思想的教育本质观,就是教育即生活、教育即生长,教育即经验的改造。

教育即生长,意思是教育是儿童本能和能力不断生长的过程,教育者必须为儿童生长提供必要条件。杜威认为,"教育就是各种自然倾向和能力的正常生长。"②儿童个体的充分生长本身就是民主主义的要求。政府、实业、艺术、宗教和一切社会制度都有一个目的,那就是解放和发展个人能力,而不问其种族、性别、阶级或经济状况如何。

教育即生活,即教育不是生活的预备,而是儿童现在生活的过程。与此相联系,学校就是社会。学校课程不应是借助于文字符号向儿童灌输文学、历史和地理等学科,而应着眼于儿童现有的生活经验。教学应从儿童现有的直接经验开始,经过经验的不断改组、改造,使儿童获得适应社会环境的能力。学校必须呈现、净化和简化现实社会生活,起到调节个人和社会因素的作用。必须改革教材和教法。学校科目相互联系的中心是儿童本身的社会活动,应提供过去由家庭负责的那些教育因素,把各种不同形式的主动作业,如烹调、缝纫、木工等引进学校,使人人在生活过程中学习。③

教育即经验的改组或改造,即教育过程是个人亲身经验不断改造和重组的过程;通过新经验和原有经验的结合,达到对经验的改组和改造,就增加了经验的意义;一切教育存在于这种经验之中,经验的改组和改造有助于人们更好适应环境。经验是有机体与环境交互作用的结果,是人的行为与结果之间的连续不断的联系。杜威认为,"教育就是经验的改造或改组。这种改造或改组,既能增加经验的意义,又能提高指导后来经验进程的能力。"④但并非所有的经验都具有教育的价值。衡量一个经验是否有教育的意义和价值的两个基本标准:"连续性"和"交互作用"。

---

① 赵祥麟、王承绪编译《杜威教育论著选》,上海:华东师范大学出版社,1981年,第262页。
② [美]杜威:《学校与社会·明日之学校》,赵祥麟、任钟印、吴志宏译,北京:人民教育出版社,1994年,第223页。
③ [美]杜威:《民主主义与教育》,王承绪译,北京:人民教育出版社,2001年,第59页。
④ 赵祥麟、王承绪编译《杜威教育论著选》,上海:华东师范大学出版社,1981年,第159页。

杜威上述关于教育本质的三个命题本质上是一致的：教育既是生活，又是生长，也是经验的改组或改造。人们认为，这三个命题是杜威教育理论的总纲领。①

四、课程观

在课程方面，杜威批判传统的课程与教材不仅没有以儿童的兴趣和需要为根据，严重脱离儿童及其生活，还因分科将现成的知识领域割裂开来，使课程变为"互相冲突的目的和毫不相关的各种科目的一种完全拼凑起来的大杂烩"。② 杜威要求学校的课程和教材应关注儿童的发展程度和不同儿童的特点和经验，并同社会生活直接联系起来。

实用主义教育理论认为，课程应以儿童的活动为中心。杜威认为："我认为学校科目相互联系的真正中心不是科学，不是文学，不是历史，不是地理，而是儿童本身的社会活动。"③在这种认识基础上，他提出在课程中处于中心位置的应是各种服务性活动，如经营物品、修理门窗、粉刷墙壁、安装水管等，并要在学校中设各种实验室、商店、菜园，同时充分运用化妆、表演等活动形式来组成儿童学习的情境与内容。通过这些活动使儿童在校内、校外的生活"相类"。他在《明日之学校》中总结一个学校关于活动作业教学实施情况时说："每天的时光分为四期，叫儿童去做下面的四件事情：游戏、说故事、观察及手工。"在《民主主义与教育》一书中，他在"课程中的游戏和工作"一章中论述了学校应使游戏与主动的作业在课程中有明确的位置，以便儿童从中获得正确的正常的与有效的学习。

杜威认为，课程必须与儿童的生活相沟通，课程的起点应是儿童的经验，而不是知识的逻辑顺序。理想的课程应该促进儿童的生长和发展，这也是衡量课程价值的标准，课程的内容不能超出儿童经验和生活的范围，而且，课程要考虑到儿童的需要和兴趣，否则不能引起学习的动机，不能引起自发的活动。

实用主义教育思想关于课程理论的另一个要点是，主张课程的组织应该心理学化。杜威认为，传统的学科理论的逻辑组织对于成人可能是适用的，而对于儿童来说，情况就不一样，因为儿童是初学者，还没能力接受成人

---

① 吴式颖：《外国教育史教程》，北京：人民教育出版社，1999年，第513页。
② 赵祥麟、王承绪编译《杜威教育论著选》，上海：华东师范大学出版社，1981年，第51页。
③ 赵祥麟、王承绪编译《杜威教育论著选》，上海：华东师范大学出版社，1981年，第323页。

完整的经验,因此,课程的组织应该考虑到心理发展的次序以利用儿童现有的经验和能力。杜威认为课程的组织之所以要心理学化,是因为:"经验的心理叙述是依照经验实际生长的情况;它是有历史性的,它记录了实际采取的步骤,即有效的以及不确定的和迂回曲折的步骤。另一方面,逻辑的观念把发展看作已经达到某一确定的完成的阶段。它忽视了过程,只考虑结果。"①在杜威所处的那个时代,脱离社会实际与儿童身心发展而设置的课程,的确落后于时代的要求与科技水平的发展,尤其是违背儿童心理的发展规律。同时,教材、课程本身也必须依循历史的发展而不断变化。所有这些情况的存在反证了杜威关于教材与课程改革的见解有符合客观要求的一面,但他仅仅满足于活动课程、主动作业和个人经验的论点,对传统教材一概否弃,这也是实用主义教育的局限性所在。

五、教学方法论

和其儿童观和课程观相应,在批判传统学校教育教学方法论的基础上,杜威提出了"从做中学"的教学方法论。他认为,由于人们最初的知识和最牢固地保持的知识,是关于怎样做的知识。因此,教学过程应当是一个"做"的过程,一个以儿童的能力和兴趣为基础,以儿童的生活经验为中心,通过有教育意义和有兴趣的活动进行学习的过程。"从做中学"是一种经验的方法、思维的方法、探索的方法,亦即智慧的方法、科学的方法。在《我们怎样思维》和《民主主义教育》中,杜威对这种方法有较为集中的论述。

杜威对传统教学方法进行了批判,他认为传统的教学方法中,儿童处于消极的、被动的地位,兴趣、爱好受到剥夺、压制,能力发展与主动性受到压抑和束缚。他所要做的变革就是变教师讲授、学生静听的教学方式为师生共同活动、共同经验的教学方式,书本降到次要的地位,活动是主要的,教学也不再局限于教室以内。杜威所希求的新的教学方法是一种主动与被动、感性与理性、知识与情感、认识与行动相结合的方法。简单地说,这种方法是一种"从做中学"的方法,具体地说,是一种在经验的情境中思维的方法。

在杜威看来,所有的学习都要涉及"做",只有通过"做"得来的知识,才是"真知识",他认为:"持久的改进教学方法和学习方法的唯一直接途径,在于把注意集中在要求思维,促进思维和检验思维的种种条件上。"在实践上,他主张通过"主动的作业",如园艺、木工、金工、烹饪等,来进行教学。主动

---

① 赵祥麟、王承绪编译《杜威教育论著选》,上海:华东师范大学出版社,1981年,第87页。

作业用于课堂教学的实践就是"五步教学法"或"杜威教学法"。杜威根据思维五步骤提出教学五步骤:"第一,学生要有一个真实的经验的情境——要有一个对活动本身感兴趣的连续的活动;第二,在这个情境内部产生一个真实的问题,作为思维的刺激物;第三,他要占有知识资料,从事必要的观察,对付这个问题;第四,他必须负责有条不紊地展开他所想出的解决问题的方法;第五,他要有机会和需要通过应用来检验他的观念,使这些观念意义明确,并且让他自己发现它们是否有效。"①五步教学法的价值在于,一方面可以避免传统教育灌输教材的方法;另一方面,学生可以在解决问题的过程中获得真知,发展出行动的能力和解决实际问题的能力。

第三节 实用主义教育思潮的影响及评价

实用主义教育思潮继承了西方经验主义的传统,建立了一个综合性的、有特色的教育体系,对 20 世纪前半期的美国和世界影响巨大,实用主义教育思潮的代表人物杜威更是获得了世界性的声誉。但另一方面,作为实用主义教育思潮的代表性理论,实用主义教育思想也存在一定的缺陷和不足,有些观点是片面的,需要客观地加以评价。

一、实用主义教育思想的影响

杜威一生的教育活动与教育理论著作是多方面的、丰富的,他的教育基本观点可以说是始终如一的,构筑了一个完整而实用的教育理论大厦,对美国乃至世界现代教育发展都具有重要的作用,"在 20 世纪前半世纪的整个时期里统治了教育舞台"。② 在实用主义教育理论的论述中,杜威驳斥了传统教育中教师主导、书本知识、课堂讲授的三中心教学理论,以生物化、生活化的活动教学代替传统的课堂讲授,以儿童的亲自经验代替书本知识,以学生的主动活动代替教师主导,形成了现代教育的三中心。

实用主义教育理论对美国的教育理论和教育实践的发展产生了多方面的影响。实用主义教育思潮与美国进步主义教育的关系紧密,并对进步主义教育运动,特别是后期进步主义教育的发展提供了方向性的理论指导,"杜威的教育理论在进步主义教育思潮发展中的作用是最大的,甚至被看成

---

① [美]杜威:《民主主义与教育》,王承绪译,北京:人民教育出版社,2001年,第179页。
② [美]简·杜威:《杜威传》,单中惠译,合肥:安徽教育出版社,1987年,第200页。

是进步主义教育思潮的理论旗帜。"①20世纪前半期在美国出现的许多种教学制度和方法,如设计教学法、道尔顿制、文纳特卡制、综合课程、单元教学等等都是与杜威的教育教学理论密不可分。

  实用主义教育思想还具有世界范围的影响。20世纪初,杜威的教育学说传到德国、瑞士、法国、英国及更多的国家。在1919—1928年间,杜威到日本、中国、土耳其、墨西哥和苏联讲学,对上述国家的教育产生了较大的影响。②1919年杜威到日本东京帝国大学讲演,其内容后来发表在《哲学的改造》一书中。1919—1921年间,杜威在中国讲学,将思想传播到中国的11个省市。《杜威在华演讲集》、《杜威五大讲演》是以杜威在华演讲为基础编写,对当时中国的教育改革影响巨大。我国教育家陶行知、陈鹤琴、晏阳初等的教育思想和实践均受到了杜威的影响。1928年杜威去苏联访问,对苏联20年代以来建立统一劳动学校为核心的教育改革很是称赞,并认为苏联的教育改革是从进步教育理论得到启发的。杜威的教育著作被译成35种文字广为流传,对世界教育产生了深刻的影响。

二、对实用主义教育思想的评价

  尽管实用主义教育思想在20世纪前半期对美国学校教育领域影响巨大,现代美国教育家中没有一个人能逃脱实用主义教育思想的影响,但该理论由于其固有的缺陷和不足,遭到了来自各方面的批评。

(一) 对教育本质问题的评价

  杜威的实用主义教育理论形成于19世纪90年代,而19世纪90年代正是美国社会生活变革的历史分水岭。正是在这一历史时期,杜威提出了"儿童中心主义"、"从做中学"的理论,这一教育思想冲击了旧教育的形式主义倾向,重视了儿童在教育过程中的地位,推动了对儿童的研究,纠正了19世纪教育忽视儿童个别差异的倾向。正是出于强调教育在儿童本能生长方面的本质作用的认识,杜威提出著名的"儿童中心主义"教育原则,并成为他的教育理论,甚至成为整个现代教育理论中的一个核心问题。"儿童中心主义"的思想渗透在他关于教育本质的观点之中,即"教育即生长"、"教育即生活"、"教育即经验的改造"。杜威讨论教育问题是紧扣美国社会生活的现

---

① 吴式颖、任钟印:《外国教育思想通史(第10卷)》,长沙:湖南教育出版社,2002年,第300页。

② 朱镜人:《外国教育思想简史》,合肥:安徽教育出版社,2011年,第191页。

实，在当时特定的历史条件对美国及世界一些国家的教育产生过积极的作用。他提出要重视儿童本身的能力和主动精神在教育过程中的地位，把他们看成教育的素材和出发点，这种认识击中了传统教育的要害，阐明了学生在教育、教学过程中应有的主动地位这样一个规律性的问题，同时这一论述也切合现代社会对培养有知识、智力得到发展和有活动能力的新型人才的需要。这种思想继承并发展了18世纪民主教育家卢梭关于儿童身心自由发展的思想。"儿童中心主义"的思想有其积极的因素，但是，儿童中心主义思想在强调儿童主体性同时，却忽视甚至否定教师主体作用，使教师在教育过程中处于被动的从属地位。

同样，杜威提出的"学校即社会"的观点，既有其积极的一面，又有其片面性。学校要密切联系社会，但是，学校又不完全等同社会，社会是一个复杂的集合体和系统，学校教育既要反映社会的要求，又要超越现实社会，反映未来社会的要求。"从做中学"的教学论思想是杜威从教育即"生活""生长"和"经验的改造"的理论基础上提出来的，冲击了传统教育中那种只重视死知识的书本教学。但他把获取主观经验作为活动教学的理论依据则是唯心主义的，在处理直接经验和间接经验关系的问题，以及对学习这种认知过程的认识上，夸大了个人的主观经验，抹杀了知识的客观性和真理性，影响了知识传授的数量及质量。杜威的生长是以本能为基础的，与社会无关的生长。在这个问题上，杜威对个人与社会的关系的认识有诸多片面性。总之，杜威的实用主义思想关于教育本质问题的认识有其可继承和可批判的两个方面。

（二）对教学理论问题的评析

实用主义教育理论的核心部分是杜威的教学理论，他力图在方法上改造传统教育，并力求通过他的教学理论来充分实现他的教育理想，发展教育的"效用"。

在课程、教材、教法、教学组织形式、教师在教学中的作用等一系列教学理论问题上，实用主义教育思想也阐述了其一系列教育思想及观点，这些思想对当时美国教育及社会经济的发展来说确实起到了积极的促进作用。杜威全面地批评了传统教学，通过教学理论的论述，他以现代教育的"三中心"代替传统教育的"三中心"。杜威教育思想使学生能主动地从事实践活动，积极地思考，并注重兴趣和需要的做法是合理的，但他的实用主义经验论的基础理论和整个教学过程完全建立在学生的带有盲目、摸索性的"做"、"直接经验"的基础上的观点则是不科学的，也是不符合人类直接经验和间接经验的学习规律,忽视了系统的基础知识和基本技能的传授,导致美国教育质量严重下降。美国的"恢复基础教育运动"正是对杜威的实用主义教育思潮的批判。对实用主义教育思潮,我们要用辩证唯物主义的观点去评析,既肯定其合理性,又要批判其唯心主义的观点,从而做出实事求是的评价。

思考题

1. 实用主义教育思潮的发展经历了哪些阶段?
2. 如何理解实用主义教育思想的教育目的观?
3. 简述实用主义教育思想的教育本质观。
4. 试述杜威实用主义教育思想对中国教育的影响。

拓展性阅读导航

1. [美]詹姆斯:《实用主义》,上海:华东师范大学出版社,2010年。
2. [美]杜威:《民主主义与教育》,王承绪译,北京:人民教育出版社,2001年。
3. 褚洪启:《杜威教育思想引论》,长沙:湖南教育出版社,1996年。
4. 吴式颖、任钟印:《外国教育思想通史(第10卷)》,长沙:湖南教育出版社,2002年。
5. 张传燧:《解读实用主义教育思想》,广州:广东教育出版社,2007年。
6. 单中惠:《外国教育思想史》(第2版),北京:高等教育出版社,2007年。

第四章　科学教育思潮

　　科学教育思潮认为,系统科学知识在为人的生活做准备和促进社会发展等方面最有价值,主张以培养科技人才和提高大众的科学素养为教育目的,倡导自然科学、技术、数学教育及科学方法训练,形成了较为完整的思想体系和实践体系。现代科学教育思潮主张科学教育与人本教育结合,强调培养人的科学精神和科学态度。

近代工业革命的车轮,动摇了传统的古典教育,科学教育得以发出耀眼的光芒。每一次科技革命都成为科学教育的牵引力,使其不断丰富并迈上新的层次,逐步形成了影响深远的科学教育思潮。这一思潮是以强化自然科学教育,倡导普及科学知识,培养科技人才为特征的。由于科学技术能够直接引起人类生产、生活的巨大变革,推动社会的发展与进步,所以近百年来,科学教育尽管面貌各异,但始终在人类教育实践中占据主角,成为世界各国共同的教育行为。

第一节　科学教育思潮的形成和发展

纵观中外教育发展史,科学主义与人本主义的竞争始终是教育理论与教育实践的重要主题。科学教育作为一种有影响的教育思潮的出现,应该说是近代资本主义发展的产物。马克思、恩格斯在《共产党宣言》中指出:"资产阶级在不到100年的阶级统治中所创造的生产力,比过去一切时代创造的全部生产力还要多、还要大。自然力的征服,机器的采用,化学在工业和农业中的应用,轮船的行驶,铁路的通行,电报的使用,整个整个大陆的开垦,河川的通航,仿佛用法术从地上呼唤出来的大量人口——过去哪一个世纪能够想到有这样的生产力潜伏在社会劳动里呢?"[①]与古代的经济不同,

---

[①]　《马克思恩格斯选集》(第1卷),北京:人民出版社,1972年,第256页。

现代教育思潮

近代经济的高速发展主要不是依赖于人力和自然力的大量投入,而是取决于科学技术在生产领域中的广泛运用。近代资本主义经济的每一次重大发展都是以科学和技术的进步为先导的,正是由于科学技术在社会发展中的重要作用,科学的价值空前提高了,这是科学教育思潮产生和不断发展的动力。

18世纪工业革命以后,近代资本主义经济的发展进入了机器大生产时期。机器生产是以系统的科学原理和技术为基础的,这就决定了操作机器的生产者不仅要有生产经验,更需要掌握系统的科学知识和技能。这就产生了对科学教育的广泛需要,促进了科学教育思潮的形成及广泛传播。

进入19世纪,科学的发展达到了一个新的历史阶段,科学时代悄然来临。科学知识的急剧增长,是科学教育兴起的直接原因。科学的发展,不仅表现在学科门类和知识数量的增加,更重要的是科学知识的功能有了深刻的变化。与古代思想家把实用知识视为"卑陋"相比,培根明确提出"科学的真正合法的目标,就是给人类生活提供新的发现和力量"①。科学知识的巨大发展及其在社会生活中地位的确立,使之成为文化的统治力量,科学教育成为学校教育中最为关键和基本的工作,成为学校工作的核心。科学的发展既提出了传授科学知识的任务,也为学校提供了传授科学知识的条件,为学校教育提供了必要的思想方法和具体手段,从而推动了科学教育思想的不断发展,不断丰富。

培根从哲学的高度深刻阐述了自然科学的崇高价值,又具体提出了有关科学教育的计划。他不仅论述了科学知识对社会、国家的重要作用,而且分析了它对人性改造和发展的意义。在《新大西岛》中,培根通过对理想国家的描绘,阐明了科学家治理国家,以科学改造社会和促进人类福利,向年轻一代传播科学知识的设想。这都对科学教育思想的发展产生了重要的影响。

洛克为科学教育思想的形成做出了重要的贡献。他论述了科学教育的心理学原理,为科学教育提供了心理学基础。他全面论述了科学知识教育与道德教育、理智发展的相互关系,并把理智发展和道德发展作为科学知识教育的直接目的。这些思想促进了科学教育思想的体系化。

到了19世纪中叶,科学教育思想发生了明显转变。以赫胥黎和斯宾塞

---

① [英]培根:《新工具》,引自北京大学哲学系编《十六—十八世纪西欧各国哲学》,北京:商务印书馆,1975年,第12页。

为代表,科学教育思想进入了一个新的发展阶段。斯宾塞认为,在科学和工业主宰社会的时代,只有科学才是真正有助于个人幸福和社会进步的最有价值的知识,因此,学校也应以科学作为课程的核心,以科学统治学校。斯宾塞的科学教育思想带有明显的功利主义色彩。与他相同的是,赫胥黎也强调科学教育,并认为科学教育是全面教育必不可少的组成部分。但他主张科学教育与人文学科的教育相结合。因此,赫胥黎的科学教育思想有明显的新人文主义倾向。

19世纪末20世纪初,以杜威为代表的进步主义教育在美国占据了统治地位,他们强调个体经验的重要性,排斥系统科学知识的作用。但是1929年—1933年发生了世界上最大的一次经济危机,打破了民主之梦,也震动了进步主义教育体系。在对进步主义教育的批判中,要素主义教育产生。要素主义者认为学科知识是人类文化遗产的要素,是每一代人赖以形成共同文化、共同理想的基础,学科知识是世界各国普通教育的共同要素,是教育质量之所在。

进入20世纪50年代,苏联成功发射了人类第一颗人造卫星,以美国为首的西方国家产生了巨大震动。美国人认为,教育应对科技的落后负有不可推卸的责任。与此同时,发生了以原子能的发展和电子计算机的发明为标志的第三次科技革命,给人们的生活带来了新的变化,社会进入了信息时代,知识总量以前所未有的速度增长,知识更新的速度加快。电子计算机的使用使知识直接成为生产力,同时电脑又部分地取代了人的脑力劳动。为了适应这种变化,以要素主义教育为代表的科学教育思潮又一次占据了统治地位。但由于要素主义教育强烈的政治性和功利性,忽视与现实生活的联系,20世纪60年代末到70年代末,走向了低谷。

进入20世纪80年代,随着科技的不断进步,科学教育又一次发展起来,并日益显示其重要性。世界各国都意识到,21世纪是高科技、信息化时代,科学技术将以前所未有的速度与程度介入人们的生产和生活中,科技与人们一刻也不可分离。国际间的竞争在很大的程度上是科技的竞争、人才的竞争。为此,世界许多国家在八九十年代都把未来教育的发展重点放在加强科学教育上,形成了当代科学教育的新思潮。

美国高质量教育委员会于1983年发表了《国家处在危急之中:教育改革势在必行》的报告,在美国乃至世界范围内掀起了全面的教育改革运动。改革的核心就是加强科学、数学、英语、社会科学、计算机科学等"新基础"教育。报告提出,科学课必须进行修改,要适应现代化,要有利于那些不准备进大学的人,又要兼顾准备考大学的人。1985年,美国开始了以提高全民科学素养为主要目标的科学技术教育计划。这里科学素养指的是公民必须具备科学、数学和技术基础知识。为此,美国科学界、教育界提出了"为全美国人的科学"的响亮口号。美国促进科学协会1989年发表了《普及科学——美国2061计划》的报告,因为提出这项改革计划的1985年是哈雷卫星飞过地球的时间,而下一次哈雷卫星飞过地球的时间是2061年,所以将"2061"作为计划的代号,也可以看出其强化科学教育的用心。报告指出:"在下一个人类历史发展阶段,人类的生存环境和生存条件将发生迅速的变化。科学、数学和技术是变化的中心。它们引起变化、塑造变化,并对变化做出反应。所以,科学、数学和技术将成为教育今日儿童面对明日世界的基础。"[1]这就把科学的教育价值提到了一个新的高度。"报告"对科学教育的要求、内容及课程模式等都提出了详细的建议,成为当代具有世界性意义的科学教育大纲,对世界各国的教育改革都产生了积极的影响。英国政府在20世纪80年代颁发的《全国学校课程》中,"科学教育大纲"是其主要的一部分,该大纲对科学教育的意义及实施做了详细的阐明,同时把科学、英语、数学并列为中小学的核心课程。韩国从20世纪90年代开始分别对《科学教育振兴法》和《科学教育振兴法实施令》进行重新修订,更加突出了科学教育在整个教育体系乃至社会发展中的地位与作用,而且赋予科学教育以时代的内涵及内容。

现代科学教育思潮与以往的科学教育思潮相比,不仅强调科学教育对于国家安全的意义,而且更为强调科学教育在提高人民生活水平和促进国民经济发展中的作用;不仅强调科学知识的普及,更为强调科学兴趣的培养和科学方法的训练;不仅注重科技人才的培养,更加强调提高全体学生的科学素养;不仅强调科学技术本身的教育,更加强调将科学技术与社会问题联系起来。

我国真正的科学教育思潮形成于五四新文化运动时期。19世纪末、20世纪初,中国开始了科学启蒙运动,一批知识分子号召接受科学的世界观,抛弃传统的生活哲学。胡适概括了当时科学受尊重的特点:"这三十年,有一个名词在国内几乎做到了无上尊严的地位,无论懂与不懂的人,无论守旧

---

[1] 国家教育发展研究中心编《发达国家教育改革的动向和趋势》(第四集),北京:人民教育出版社,1992年。

和维新的人,都不敢公然对它表示轻蔑或戏侮的态度:那个名词就是'科学'。"[1]辛亥革命以后,南京临时政府首任教育总长蔡元培一再呼吁:"我们应当表示这种愿望:我们的教育应该前进,应该使科学得到更大发展。"[2]他强调人人都要接受科学教育,既要发展科学,又要在民众中普及科学。1914年6月10日,现代教育家任鸿隽与留美学生在美国康奈尔大学成立了中国近代科学家创办的第一个科学教育组织——科学教育社,以传播科学知识,促进实业发展为宗旨。1915年1月发行《科学》杂志。同年,任鸿隽在《科学》上发表了《科学与教育》一文,主张将科学教育中引入学术教育内容,应用科学方法于教育领域。

1919年"五四"运动爆发,"科学"与"民主"是其两面旗帜。伴随着新文化运动的兴起,人们对科学教育的意义、作用的认识也进一步加深。陈独秀、李大钊、鲁迅等人从不同的角度论及科学教育,他们的论述在科学教育思潮形成中起到了重要作用。

改革开放40年来,我国的科学教育受到了愈来愈多的重视,并取得了较大的成绩。1978年3月召开了全国科学大会,邓小平同志在开幕式上指出,科学技术是生产力,强调科学技术人才的培养,基础在教育,提出了"向科学进军"的口号。科学大会以后,我国科学教育工作出现了崭新的局面。1982年,胡耀邦同志在党的十三大报告中明确指出:"四个现代化的关键是科学技术的现代化。"1985年5月,《中共中央关于教育体制改革的决定》中提出,教育体制改革要同经济体制改革相适应,经济、科学技术、教育的体制改革要互相配套,互相促进,为全国科学教育的发展指明了方向。1988年9月,小平同志又提出了科学技术是第一生产力的观点,要求国人对科学技术的重要性要充分认识。为了迎接21世纪高科技、信息化时代的挑战,1995年初发布了《中共中央、国务院关于普及科学教育的几点意见》,紧接着,1995年6月召开了全国科技工作大会,并做出了《中央中共、国务院关于加速科学技术进步的决定》,明确提出了实施"科教兴国"的跨世纪的战略决策。2015年8月党中央、国务院出台《深化科技体制改革实施方案》,部署了到2020年要完成的143条改革任务。2016年2月25日,国务院办公厅根据《中共中央关于制定国民经济和社会发展第十三个五年规划的建议》、

---

[1] 胡适:《科学与人生观·序》,《科学与人生观》上,上海:上海亚东图书馆,1923年,第2—3页。

[2] 高叔平编《蔡元培教育文集》,长沙:湖南教育出版社,1987年,第387页。

《中共中央、国务院关于深化体制机制改革加快实施创新驱动发展战略的若干意见》和《国务院关于印发全民科学素质行动计划纲要的通知》制定了《全民科学素质行动计划纲要实施方案(2016—2020年)》。实施方案明确指出,应清醒地看到,目前我国公民科学素质水平与发达国家相比仍有较大差距,全民科学素质工作的开展还不平衡,不能满足全面建成小康社会和建设创新型国家的需要。方案提出,为了实现我国全民科学素质行动计划的指导方针和目标,将实施青少年科学素质行动、农民科学素质行动、城镇劳动者科学素质行动、领导干部和公务员科学素质行动、科技教育与培训基础工程、社区科普益民工程、科普信息化工程、科普基础设施工程、科普产业助力工程、科普人才建设工程等十大行动。

党的十九大提出"决胜全面建成小康社会,夺取新时代中国特色社会主义伟大胜利"的宏伟目标,坚定实施科教兴国战略。习近平总书记在十九大报告中指出,"创新是引领发展的第一动力,是建设现代化经济体系的战略支撑。要瞄准世界科技前沿,强化基础研究,实现前瞻性基础研究、引领原创成果重大突破。加强应用基础研究,拓展实施国家重大科技项目,突出关键技术创新,为建设科技强国、质量强国、航天强国、网络强国、交通强国、数字中国、智慧社会提供有力支撑。加强国家创新体系建设,强化战略科技力量。"2018年5月28日,在中国科学院第十九次院士大会、中国工程院第十四次院士大会上的讲话中,他又指出:"中国要强盛、要复兴,就一定要大力发展科学技术,努力成为世界主要科学中心和创新高地。我们比历史上任何时期都更接近中华民族伟大复兴的目标,我们比历史上任何时期都更需要建设世界科技强国!"这对我国的科学教育提出了新的要求,也带来了发展的机遇。

"科教兴国"战略的实施,基础在教育。只有通过科学教育,才能培养出推动科技进步的科技人才,才能通过提高科技竞争力、提高综合国力。为此,国家教育委员会、国家科学技术委员会、中国科学技术协会联合下发了教基[1998]3号文件,即《关于进一步加强中小学科技教育工作的通知》。文件明确提出,各地教育行政部门、科委、科协的主要领导,要把加强中小学科技教育工作,作为各自任期目标责任制的重要内容之一。要求各地中小学要把加强科技教育工作作为学校工作的一项重要内容,常抓不懈。要结合中小学课程改革,按课程计划要求开足上好与科技教育密切相关的课程,提高理科类必修课的教学质量,在选修课中开设科技教育课程,在活动课中增加科技含量,强化科技实践活动课,在相关学科教学中渗透科技教育。这是我国当代科学教育的纲领性文件,是对世界性科学教育思潮的应答,将开创我国科学教育研究和实践的新局面。

第二节 科学教育思潮的主要内容

一、倡导科学教育

其一,这是科学教育思潮的基本宗旨。倡导科学教育的思想基础,首先是对科学在促进人类社会发展方面作用的认识。培根认为知识就是力量,他不仅论述了科学知识对于社会、国家的重要作用,而且分析了科学知识对人自身发展的意义。他说:"当你处事行事时,正确运用知识意味着力量。懂得事物因果的人是幸福的,有实际经验的人虽能够办理个别性的事物,但若要综观整体,运筹全局,却唯有掌握知识才能办到","求知可以改进人的正确性,而实验又可以改进知识本身。人的正确性就如野生的花草,求知学习好比修剪移栽。实习尝试则可检验修改知识本身的真伪。"① 夸美纽斯也高度评价科学知识和科学教育的意义。他认为,对一个国家来说,具有良好的知识素养是民族振兴和繁荣的主要条件。对个人来说,掌握知识和获得德行及虔信同为人生的目的。为此,他系统阐明了"泛智"理论,主张向一切人传授一切知识,并进行了长期的实践。斯宾塞则得出科学知识最有价值的结论。从培根开始,在英国事实上形成了一种功利主义的知识价值观,到斯宾塞则发展到了顶点。他们要求重视实际、有用的知识,也就是自然科学和技术,要求学校教育以传授科学和技术为重要任务。我国近代一些激进的民主主义者则进一步提出了科学对于人的思想启蒙、人的解放的重要意义,深化了科学教育的内涵。针对中国传统占主导地位的"天人合一"的自然观,陈独秀指出,这是中国至今尚未走出蒙昧时代的重要原因。鲁迅根据人类进化史指出,人既是自然界的一部分,又因其对自我的认识和主动适应与改造外界环境而区别和高于自然界。李大钊也认为,中国科学欲进步,必须将人从自然界中抽象出来,确立人的自主地位。这些重视理性、自主的科学观,对于正确引导科学教育起到了重要作用。

其二,这是对科学的教育价值的认识。科学是理性的知识体系。康德认为,人是有道德、有理性的动物,道德、理性是人之所以为人的根本特点。

---

① [英]弗兰西斯·培根:《培根论人生》,上海:上海人民出版社,1983年,第12—13页。

因此,旨在发展人的各种能力的教育,应当以发展人的理性和道德作为基本目的。同时代提倡科学教育的思想家们,从多方面阐述了对知识的教育价值的见解。洛克认为,知识教育,乃至全部教育工作的任务并不仅仅在于传授知识,并不是使人在任何一门科学上达到完善的程度,而在于使受教育者具有理智的能力,使他们在需要时能专心于任何一门学科。赫尔巴特以观念联合和统一的原理为基础,进一步论证了科学知识教育的理论依据,阐明了知识教育与道德教育、审美教育之间的内在联系。斯宾塞更为具体地阐述了科学知识在训练记忆力、观察力、判断力等方面,具有无可比拟的重要作用。因为科学知识提示了事物之间的因果联系,而这种联系不仅有助于更好地记忆,更有利于做出明智的判断。他说:"对于周围一切事物、事件、后果的正确判断,只在知道周围现象是怎样依存时才能可能。……只有经常根据材料做出结论,再从观察和实验中去检验它们,才能判断得正确。科学的最大优点之一就在于它使这种习惯成为必需的。"因此,他认为,科学知识在"智慧训练上是最好的。"①关于科学知识的道德价值,赫尔巴特认为,愚蠢的人不可能是有德行的。乌申斯基强调,只有头脑清楚、心智健全的人,才是真正善良的人。一些思想家还论述了科学知识的审美价值。黑格尔断言,美是理念的感性显现,因此知识和艺术的起源是相同的,离开了理性,就不存在美,不存在艺术。赫胥黎指出,科学与艺术是相互联系的,艺术和科学在一定条件下是可以相互转化的。他举例说,数学家会认为数学上的线条和各种符号的集合是一种美,画家会感到视觉上的对称是一种美,如此等等。因此,健康的美感只能来源于理智的修养。发生在我国20世纪20年代的"科玄"论战,波及了科学教育,促进了科学教育思潮的传播。以丁文江、胡适为代表的"科学"派颂扬了科学教育。丁文江深信科学能指导人生观。他说:"科学是教育同修养最好的工具。因为天天求真理,时时想破除成见,不但使学科学的人有求真理的能力,而且有爱真理的诚心。"②在"科玄"论战中,人们对科学的教育价值有了更深刻的认识。我国苏州大学学者周川认为:"科学的教育价值,指的就是作为课程的科学对于作为教育目的的人之发展需要的满足程度或作用。"③他从科学自身的性质出发,根据科学体系内包含着的真、善、美,论证了科学在智、德、美三方面可能具有

---

① [英]赫·斯宾塞:《教育论》,北京:人民教育出版社,1962年,第39页。
② 丁文江:《玄学与科学》,见《科学与人生观》,上海:上海亚东图书馆,1923年。
③ 周川:《科学的教育价值》,南京:江苏教育出版社,1993年,第1页。

的潜在的教育价值。对于当前倡导科学教育,无疑具有指导意义。

其三,论述了科学教育的可能性和必要性。最早探讨科学教育可能性问题的是洛克。他认为人心是一块白板,在人的心灵中并不存在与生俱来的知识、观念、原则。人的知识、观念和原则都是从感性经验中得来的,是建立在经验基础上并来源于经验的。赫尔巴特接受了洛克的"白板说",他在其划时代著作《教育学讲授纲要》中指出:"教育学以学生的可塑性作为基本概念。"在他看来,教育研究的首要工作是探讨这种可塑性。他指出,人人都有可塑性,因而都有能力接受教育;人人都应当接受多方面的教育,因为,"多方面性是没有性别、没有等级、没有时代差别的,它具有灵活性与普遍存在的可接受性,适合男女老少,任意地存在于贵族和平民身上"。① 这种以洛克"白板说"为基础的教育学,为普及科学教育提供了有力的支持,成为倡导科学教育的重要武器。在阐述科学教育的必要性方面,美国的"2061计划"有非常精彩的论述,并勾画了科学教育的前景。"计划"指出,教育的最高目标是使人能够达到自我实现和过负责任的生活。科学教育是教育的一部分,即传授科学、数学和技术,这些知识可以增进学生的理解,养成好的思维习惯,使他们变成富有同情心的人,使他们能够独立考虑怎样面对人生。用这些知识装备他们,使他们同公众一道,全心全意地参与建设和保卫一个开放的公正的和生机勃勃的社会。而掌握人类、国家和世界未来命运在很大程度上依赖于人的利用科学和技术的智慧。人的智慧又依赖于人所接受教育的特点、分布和效果。一般说来,除非公众具有科学、数学和技术知识和科学探索的思维方法,否则就无法实现利用科学和技术增强生命力。② 这些主张,构成了科学教育思潮的基本观念,成为实施科学教育的理论依据。

二、强化科学课程

科学课程是科学教育的核心内容,它要回答科学教育为什么教、教什么、如何教等问题。分析一下现代各国科学教育的理论和实践,无不在强化科学课程、改革课程结构上做工作。

---

① [德]赫尔巴特:《普通教育学·教育学讲授纲要》,北京:人民教育出版社,1989年,第45页。
② 《美国2061计划》,见《发达国家教育改革的动向和趋势》(第四集),北京:人民教育出版社,1992年,第8—9页。

教育目标是课程改革的重要依据,随着人们对科学教育认识的不断深化,科学教育目标也发生了变化。20世纪60年代,基于二战后世界格局的变化及冷战的需要,科学教育目标是培养高质量的科技人才。80年代以后,科学教育目标转向面向全体学生,其中以美国的"2061计划"为代表。这一"计划"要达到的目标是:(1) 为所有的学生最大限度地提供选择事业和职业的机会;(2) 使所有的美国人都能参加与个人、社会和科学技术政策有关的决策讨论;(3) 使所有的美国学生都能够从感情上和智力上参与在美国文化和时代占主导地位的科学和技术实践活动,以便使他们能够有兴趣及时了解和学习世界各国的科学,从事其中一个领域的实践,并将了解、学习和从事科学发现作为自己终生的事情;(4) 在课堂教育上,使学生所学的知识与他们自身所遇到的困难,他们的兴趣以及对于世界的思考紧密联系在一起。1985年在巴基斯坦伊斯兰堡召开的科学课程研讨会上,专家们对科学为大众的教育目标做了界定,即给予每个人适应改善生活质量急需的知识、技能和态度。1988年,英国国家课程工作组提出的报告认为,科学技术课应考虑到对所有学生的价值,提出科学为大众的观点。我国科学教育研究者认为,科学教育的一个基本目标,是强调知识与行为相互依赖的关系,促使科学教育与技术教学的结合。许多学者主张,中小学科学教育目标并非培养未来的科学家,而是塑造有科学素养的公民,使他们了解科学、技术与社会如何相互影响,并懂得如何运用科学来解决问题,改造社会。

围绕为所有学生适应生活和社会做准备这一科学教育目标,科学教育的具体内容包括以下一些方面。

一是传授科学知识。这里所讲的科学知识是科学工作者在科学实践中所获得的关于客观世界的各种事物的本质及规律性的认识,用一系列概念和命题表达的,经过实践检验或逻辑证明的系统知识,具有客观真理性和逻辑系统性。科学知识的传授,可以提高学生对客观世界的认识,开发智能,形成初步的科学世界观。

二是科学方法的指导。科学方法是人们在认识和改造世界的实践活动中,总结出来的正确的思想方式和行为方式。它是获得科学知识的手段和重要工具,学生掌握了科学方法能更透彻地理解科学知识。同时,作为思维方式和行为方式,科学方法蕴含着极大的智力价值,学生一旦将科学方法内化为自己的思维方式和行为方式,就能获得智力发展。美国促进科学协会通过调查,认为中小学生应当掌握6种科学方法:观察;分类;数、计量、解释数据;思想交流、做出预言和推断;规定工作定义,提出假设;找出并控制可变因素进行实验。有的学者认为,与科学知识相比,科学方法具有更大的稳定性和更大的普遍适用性。从这个意义上讲,学生掌握科学方法比掌握科学知识更加重要。

三是科学精神和科学态度的培养。在科学发展史上,无数科学家以严谨的态度、辛勤的劳动、无私无畏的精神为人类的科学事业而耕耘、献身,他们的高贵品质形成了一些科学行为的价值规范和准则,即科学精神,成为社会的精神财富,对于促进青少年良好个性品质的形成和社会进步起着十分重要的作用。科学精神主要包括怀疑、求实、进取、创新、严谨、公正、合作、奉献。中国科协把科学精神归纳为"求实、创新、协作、献身"8个字,这8个字也是中国科协青少年辅助协会提出的一个指导思想。科学精神教育有利于提高学生的思想境界,促进科学知识和方法的学习。科学态度是指面对实际问题,能够遵循事物本身的脉络,实事求是。科学家钱三强说:"科学态度和科学作风是一个人优良品德的重要组成部分。对于一个人来说,它占事业的重要性,丝毫不亚于他们的知识和能力,甚至可以说更重要。"因此,培养学生的科学态度是科学教育的又一重要内容。美国威斯康星州理科委员会列举的科学态度是:(1)根据新的证明,迅速而愉快地改变自己的意见;(2)排斥个人的、宗教的或社会的偏见,追求真理;(3)具有因果关系的概念;(4)具有根据事实判断事情的习惯;(5)具有区别事实与理论的识别力。日本桥本重治把科学态度概括为:(1)以因果关系的概念观察事物的态度;(2)根据事实判断事物的态度;(3)没有获得充分证据不下判断的态度;(4)根据新证据(新理论)修正自己意见的态度;(5)不偏见、不固执、抱着怀疑的态度;(6)对于计算、观察、报告等作业,尽量做得细密、精确的态度。这些描述对我们实施科学教育都提供很好的依据。除此以外,科学教育还包括科学思维训练、科学实践能力培养等。

正如美国"2061计划"所指出的那样,为了确保所有学生具有科学基础知识,必须改变课程,减少教学内容的绝对数,软化或者排除僵死的科目界限,更多地注重科学、数学和技术之间的相互联系。每一时期,人们强化科学课程的方式也不一样。早期要素主义者的课程体系是以自然科学为核心的要素课程,科南特的综合课程则以"新三艺",即数学、英语、自然科学为核心。美国高质量教育委员会在《国家处在危急之中:教育改革势在必行》中建议设置统一的5项基础课:4年英语、3年数学、3年科学、3年社会科学、半年计算机科学,以此为现代课程的核心。布什总统在《美国2000年教育战略》的6大教育目标中规定,所有学生必须按国家标准学习数学、科学、英语、历史、地理5项课程，并在4、8、12年级通过相应的考试。布什的5项课程、高质量委员会的5项课程与科南特的新三艺是一脉相承的，都偏重于科学和技术，体现了美国科学教育思想。

　　20世纪80年代后期，苏联实施了普通教育与职业教育相接近的改革，要求不完全中学向学生介绍现代生产的科学原理和主要职业，养成学生独立工作的技能和技巧。完全中学要扩大学生获得一种通用职业的起始级别的可能性。普通学校的高年级、职业技术学校和中等专业学校都开设《信息论和电子计算机技术基础》，普通学校还增加了职业教育，建立了普通学校的基地企业。这些措施也都强化了科学教育。与此同时，日本开始了重视个性化的教育改革运动，他们从"科技立国"的需要出发，着力构建信息化的社会学习系统，促进学生充分地自由地发展，努力培养儿童的创造能力、思维能力和表达能力，代表了现代工业发达国家科学教育的新尝试。这些课程改革措施，都重视全面提高年轻新一代的科学素养，培养他们综合运用各种科学知识解决实际问题的能力，都注重科学教育内容的充实和更新，努力跟上科技发展的时代步伐。

　　STS教育课程是一门新兴的交叉学科，也是具有国际性的科学课程。"STS"是"科学、技术与社会"（Science, Technology and Society）的英文缩写，产生于20世纪20年代初的美国，很快得到国际社会的承认，后被联合国教科文组织作为中小学科学教育的改革方向和一种模式提出。STS教育认为，科学原意是理论化的知识体系，技术是科学与社会之间的桥梁，社会决定科学发展的趋势，因此强调科学教育的整体性、综合性。突出技术在科学教育中占有的重要地位，注意把社会的主要问题纳入青少年科学教育的内容，把学生学习的过程与参与社会生活、生产发展的过程结合起来，更好地加强实验、实践的环节。STS教育课程的实施，有利于培养学生的科学意识及学科学的兴趣，爱科学的情感，提高他们的科学实践能力，培养智能型的科技人才。从发达国家到发展中国家，都对STS教育进行了有效的探索，从教育目标、教育内容到教育的实施，都积累了丰富的经验，为现代科学教育的发展做出了贡献。2017年我国教育部为了进一步加强小学教育，根据立德树人工作的总体部署，组织专家对小学科学课程标准进行了修订完善，并正式印发，于2017年秋季开始执行。该标准要求充分认识小学科学教育的重要性；全面加强学习培训工作；确保落实规定课时；突出强化教学实践环节；大力加强课程实施的组织领导。

三、探索科学教育的教学论

主张对儿童进行系统科学知识教育的思想家们,都对科学教育的教学问题提出了自己的见解。首先是探讨了一些基本的教学原则。一是直观性原则。洛克从经验主义的认识论出发,强调进行实物教学。他认为,可靠、确定的知识来源于对事物的观察。狄德罗继承了这一思想,他说:"我们有三种主要方法:对自然的观察、思考和实验。观察搜集事实;思考把它们组合起来;实验证实组合的结果。对自然的观察应该专注,思考应该深刻,实验则应该精确。"①乌申斯基则从教育学与心理学相结合的基点来分析。他认为,儿童的天性明显地要求直观性,一般说来,他们是依靠形状、颜色、声音和感觉来进行思维的。他强调,不应该把直观学习仅仅理解为视觉运用,而应看作是多种感官作用的结果。二是系统性原则。斯宾塞强调教学的系统性,他要求教学要循序渐进,从具体到抽象,从特殊到一般,从实验到推理。因为只有这样,才能使获得的科学具有连贯性、系统性,从而使旧知成为学习新知的前提和基础。乌申斯基更为全面地阐述了这一原则。他认为,知识之间的联系,即知识的体系是客观存在的。他说,头脑里如果充满了许多零碎的而不相联系的知识,就像仓库一样,一切东西都杂乱无章,连仓库的主人也难找到什么。因此,他强调教学的任务就是按知识的逻辑顺序,系统地向学生传授知识。三是主动性原则。康德认为,人的一切行动都是受他自己的一定动机支配的,因此,教育者要注意培养和发挥儿童的自动性和积极性,培养儿童"自我教育"的能力。斯宾塞认为教学应该使学生在愉快的气氛中,通过自己的主动活动,积极发挥自己的积极性,这样学生才能通过自我学习,自己解决问题,才能保证学习知识的巩固。他认为,自我教育过程"包含了心智成长的科学的主要概括",而愉快的教育过程则"是培养心智成长的艺术的重要信条。"四是发展性原则。科学教育的教学过程不仅应当传授知识,而且应当发展学生的智力和其他方面的能力。洛克强调,学习的目的并不在于增长知识,不是为了培养博学之才,而在于发展儿童的理解力、判断力,在于促进心智的活动,从而获得进一步掌握知识的能力。康德说过,教育最重要的是发展儿童的自然能力,是使儿童学会思考。他强调把智力、理性的发展当作教学追求的目标。斯宾塞主张,教学要引导儿童自己去探讨,自己去推论。给他们讲的应该尽量少些,而引导他们去发现的

---

① 北京大学哲学系编译《十八世纪法国哲学》,北京:商务印书馆,1979年,第327页。

应该尽量多些。五是创造性原则。科学教育应把培养学生的创造力放在首位,要引导儿童自己去发现问题、提出问题、分析问题、解决问题。我国科学教育家高士其在这方面有很好地论述。他说,要使每一个儿童懂得自我的价值,鼓励他们勇敢地提出自己的思想和看法,要使每一个儿童都具有创造成就的勇气和信心,并给予他们这种创造的机会和条件。应当鼓励青少年进行大胆地想象和新颖的设计,并把它引导到符合科学原理的轨道。应当鼓励青少年去探索、选择、发现新的途径,而不要停留在已经明白的事物上。应当鼓励青少年寻找问题的好学态度,树立对大自然的无穷兴趣以及由此产生的进取心。

科学教育方法与一般的教学方法不同,既要体现教育的普遍性,又要符合科学教育的特殊性,因此往往借鉴科学研究的方法,突出对学生科学素质的培养。常用的科学教育方法有以下几种。

一是发现法。其含义在于,学生在教师的指导下,像科学家发现真理一样,通过自己的探究和学习,主动发现事物变化的起因和内部联系,从中找出规律,在这个过程中体验发现知识的理智感和完成任务的胜利感。布鲁纳认为,发现的过程就是一种学习方法,通常称为发现学习。他说,发现不限于寻求人类尚未知晓的事物,确切地说,它包括用自己的头脑亲自获得知识的一切方法。

二是创造性探讨法,又称创造性探讨模式。美国的威廉姆斯、帕尼斯、泰勒等学者提出了这一方法。创造性探讨法的操作程序强调"发问—思考—探讨—创造"这样一条主线,教法本身就突出了创造性和探讨性。

三是实验教育法。实验法是进行科技教育的基本方法之一,是培养学生实事求是、探索创新的科学精神的重要手段。科学教育中的实验教学,强调以科学理论为基础,加强实验技术的培养,加强对实验观察的指导。实验的构思、设计和操作要科学,要激发学生亲自试验的兴趣,培养学生创造性的观察能力。

四是模拟创造法。根据科学教育的要求,向学生提供必要的工具和材料,指导学生运用已掌握的科学知识和技能,按照自己的意愿和想象,独立或协作完成某种科技作品,如模型、实物、论文、图形等,也可以先弄清某种物品的原理,然后模仿制造。这就是模拟创造法。运用这一方法要引导学生敢于想象、善于思考,训练其创造性思维能力,同时培养他们刻苦钻研、不怕困难、认真实干的精神。

当然,具体的科学教育方法是多种多样的,不过这些方法都有共同的特征,那就是蕴含科学方法、启发科学思维、体现学生的主动参与、注重教学过程的设计,使学生在学习过程中受到熏陶,以增强科学教育的效果。

在科学教育实践中,人们探索出了许多行之有效的科学教育模式。我国新时期较为成功的科学教育模式主要有以下几种。

一是"科学实践课"模式。由中国人民大学附中创立。所谓科学实践课,是以学生自主性科学实践过程作为载体的,重点在于科学态度的养成,以此带动科学知识的学习和科学能力的提高。它是由两部分构成,即科学研究基础知识的学习和专题研究,包括介绍科学研究的基本过程和方法,课题的选择与设计,论文撰写,图书资料的使用,论文答辩,科学研究总结等。

二是"少儿科学院"模式。由上海的一些中小学创造。"科学院"一般下设若干研究所,并聘请校外科学家指导,由一批热爱科学的学生担任领导,有科研课题研究计划,经常开展科学研究活动。

三是"产业科技教育"模式。这种模式首先出现在农村,走的是与农村产业密切联系的科学教育之路。这一模式主要是围绕农业生产上的一些具体的科学技术问题开展科学教育,既在活动中提高了学生的科学素质,又帮助农民提高了生产效益,取得了较好的效果。

四是"多渠道并进"模式,该模式以学校为科学教育的主体,充分运用家庭和社区的科学教育资源,建立科研基地,参与社会生活,运用科学武器解决社会问题,并充分发挥学校科学教育的辐射作用。

国外也形成了许多各具特色的科学教育模式。在德国,定期举办全国性的科学展览会,展出项目既有学生的个人成果,也有集体项目,以鼓励更多的学生参加科学活动。美国每年都举办州、全国和国际青少年科学竞赛及科学人才选拔活动。日本每年都设立"科学周",在这期间举办群众性的科技发明成果展览会,表扬在科学教育方面取得显著成绩的学校和个人。在国外还有各种形式的科学俱乐部,多由年轻人自发组织起来,目的是使俱乐部成员通过实验、讨论、辩论、听报告、制作模型等活动,增长科学知识,提高科学素养。

四、运用科学技术改进教育

科学教育的倡导者们,大多重视科学技术在教育实践中的广泛运用,以促进教育发展,提高教育能力。在我国新文化运动时期,科学教育的倡导者就开始了以实验、测量等科学方法研究教育问题的尝试。在任鸿隽发表《科学与教育》的同一年,克雷顿在派尔指导下,在广东进行了心理与身体的测验。1917年北京大学建立心理学实验室,开设心理学实验课程。1918年华尔科特在清华大学讲学期间,用推孟修正量表考核该校高等科四年级学生。嗣后又用团体智力测验,考试此级学生。五四运动以后,随着科学教育思潮影响的深入,我国教育界逐渐重视并大力推广教育测量、智力测验、教育统计、学务调查、社会调查等教育科学研究方法。1920年北京高师和南京高师建立了心理实验室。廖世承、陈鹤琴在南京高师开设测验课,并用心理测验测试投考该校的学生。1921年,他俩正式出版了《智力测验法》。1922年费培杰将比纳量表译成中文,并在江浙的一些小学中进行测试。同年,北京大学、北京师大、燕京大学、北京女子高师、东南大学等校的教授和学生开始编制测验。1923年中华教育改进社主持了全国小学教育调查,包括22个城市,11个乡镇,测试了9.2万名儿童。① 科学作为教育研究的规范,应该说始于赫尔巴特,他较早地以心理学为基础进行教育学研究。拉伊和梅伊曼则较早地将实验方法引入教育领域,创立了"实验教育学",并分别著有《实验教育学》(1903年)和《实验教育学入门讲义》(1907年)。至20世纪中叶以后,由于皮亚杰和赞可夫等人的成就,实验方法在教育研究中显示了生命力,在以后的教育研究中得到广泛的运用。同时,回顾教育发展的历史,教育的每次重大发展都与同时期科学研究成果相关联。阿什比认为,人类教育史上曾经发生过"四次教育革命"。第一次教育革命是将教育的责任从家庭转移到专职教师和学校手中,它发生于原始生产方式解体、物质财富丰富到某些人可以离开物质生活资料方式过程之时。第二次革命以文字和书写工具的出现为前提,采用文字和书写作为与言语口授同样重要的教育手段。第三次革命是普遍采用教科书作为教学的基本依据,发生于17、18世纪印刷技术和造纸技术兴起时期。第四次教育革命是光、电、磁等现代新型科技广泛应用于教育,大约始于20世纪初,至今方兴未艾。② 而今,多媒体信息技术在教育上得以广泛运用,学生可以自主地交互性学习,使得个别化教育成为现实,为学生创造了无限的自由发展的空间,这无疑又是一次新的教育革命。先进的科学技术运用于教育,绝不仅是教育手段的更新问题,而是教育体系现代化的问题,让学生在教育过程中感受到科学的魅力,受到一种隐性的科学教育,正是科学教育思想家们注重运用先进科学技术改进教育的宗旨所在。可见,科学教育不仅是教育的一种思潮、一种模式,同时它

---

① 吴式颖编《中外教育比较史纲》(近代卷),济南:山东教育出版社,1997年,第278页。
② [英]阿什比:《科技发达时代的大学教育》,北京:人民教育出版社,1983年,第37—38页。

能够改造教育本身,促使整个人类教育趋向科学化、现代化。

第三节 科学教育思潮的影响及评价

科学教育思潮,从为人的生活做准备和促进社会发展两个方面,强调了科学教育的价值及可能性,表现出明显的政治性和功利色彩,受到世界各国执政者的高度重视。从发达国家到发展中国家,没有哪国不是以科学教育为课程核心的,这对普及科学知识,推动科技进步,促进社会发展,无疑发挥了巨大的作用。许多国家的崛起,都与重视科学教育有着直接的关系。亚洲"四小龙"的成功就是一个很好的例证。尽管"四小龙"成功的道路各有特色,但通过发展教育,尤其是与经济发展密切相关的科学教育,作为促使国家或地区强盛的一个重要手段则是相同的。如新加坡,在获得独立以后,一直坚持发展与国家工业化进程相适应的科学教育。特别是在20世纪60年代后期,为配合"反经济衰退计划",新加坡教育吹响了"向科技教育进军"的号角,从此奠定了以后几十年新加坡以科学教育为主体的教育发展取向的基调,这为新加坡发展为新兴的工业国家奠定了坚实的基础。韩国则将技术革新运动称为"第二次独立运动",并先后提出了"科技立国"的口号和20世纪末科技水平达到世界先进国家第七位的战略计划(简称"G7"计划)。为了实现这一目标,韩国把培养青少年的科学研究能力作为基本的措施。有的韩国学者形象地把国家的发展比作一栋大厦,把大厦的顶部比作"科技立国",科学技术为基柱,科学教育则为基础,即正确的科学教育→科学技术的发展→"科技立国"的实现。同时,为了确保科学教育的实施,韩国制定了有关科学教育的法规,如1967年公布了《科学教育振兴法》(法律1927号),1969年又发布了《科学教育振兴法实施令》(总统令第4308号)。另外,制定的有关法规还有《产业教育振兴法》及其实施令等。同时,他们还制定了一系列相关政策以及不同时期科学教育的发展规划,并在政府有关部门中设立相应的管理机构。十多年后,由于科学教育的有效实施,韩国的科学技术有了突飞猛进的发展,为国家振兴做出了贡献。

随着现代社会经济的发展,特别是科技的不断进步,科学教育会受到愈来愈多的重视,显示其强大的生命力。但科学不是万能的,它是一把双刃剑,有优势也有局限性,促进了人类文明的发展,也愈来愈让人类陷入十分尴尬的境地。因此,如何正确对待科学教育,如何实施科学教育,同样是广大学者在思考的问题。永恒主义者认为,科学固然可以确定事实,给人以力量,然而,科学并不能告诉我们发展、变化的目标,它既可以为好的目标服务,也可以助纣为虐。此外,科学本身无法认识人、知识、道德的价值,它也无法发现生活的真理,所以科学、技术的进步并不意味着文明的发展。他们进而指出,现代社会出现的种种麻烦、混乱,其根源在于人们迷恋于科学技术。由于人们对科学主义的崇拜,造成了社会上普遍存在的物质主义。永恒主义者对科学主义的批判是有道理的。事实上,由于科学教育者过于强调科学的价值及其教育价值,在教育过程中往往是只见知识而不见人,不利于人格的张扬和提升。但我们不能因此像永恒主义者所说的那样,否定科学教育,而完全回到古代那所谓永恒的真、善、美中去。联合国教科文组织《学会生存》的报告,在这方面提出了非常好的建议。这一报告建立在科学人道主义的思想基础上,认为合理的教育学说必须在目前的社会和未来的社会能够或将证明科学技术本身并不是目的,它的真正目的是为人类服务。它提出了科学的人本主义的教育目的,基础是科学训练和培养科学精神。《学会生存》指出,科学的人本主义反对任何先验的、主观的或抽象的关于人的观点,它所指的人是一个具体的人,一个在历史背景中的人,一个生活在一定时代的人,他要依靠客观的知识,而这种客观的知识本质上必定导致行动,并且主要是为人类本身服务。因此,科学的人本主义的教育目的并不排斥科学和技术,而是要加强科学技术。问题在于,由于科学技术发展的速度不断地加快,传统的传授科学知识的教学方法受到了挑战。《学会生存》认为,对于科学教育的加强绝不是指积累一堆知识,而主要在于培养学生的科学精神,掌握基本的科学方法,立足于解决环境中产生的问题。《学会生存》指出,科学的人本主义教育的使命是发展人的个性,主要有两方面的内容:培养创造性;培养承担社会义务的态度。所谓发挥人的创造性,并不是放任人性的自由表现。教育要充分发挥人的创造性,就要保护和促进一个人的首创力量,传递科学但不用现成的模式去压抑他,鼓励他发挥个人的天才、能力和表达方式,但又不助长他的个人主义,密切注意每个人的独特性但不忽视创造也是一种集体的活动。关于培养承担社会义务的态度,《学会生存》指出,教育对于人们为参加社会生活而做的准备起着重要的作用,应该促使儿童进入一个道德、智慧和感情融洽一致的世界。为此,教育必须使儿童掌握社会的思想和知识遗产及价值体系。联合国教科文组织在2015年发布的《反思教育:向"全球共同利益"的转变》的报告中,又再次强调"可以这样认为,维护和增强个人在其他人和自然面前的尊严、能力和福祉,应是21世纪教育的根本宗旨"。总之,科学的人文主义教育,要求把科学首先作为一种文化,而不单纯是一种技术教育新的一代,使他们在领会科学实质的同时,理解科学与人类社会的关系,从而合理地利用科学技术造福于人类。

当我们展望新时代科学教育的时候,我们不难发现,科学发展明显表现出两大趋势。一方面逐步分化,越来越在狭窄的领域向纵深发展;另一方面是趋向综合,一些边缘性、跨领域的新学科不断涌现。因此,未来的教育要更多地关注实际问题,根据科技的进步不断丰富和修改教育内容,在作为方法的科学技术和作为人类生活目的的价值观之间建立平衡,加强全面的和跨学科的方法的训练,培养学生的综合能力,使新一代有能力解决现实问题。人们深深体会到,科学发展的速度不断加快,未来的科学教育应当建立终身教育的机制,更多地为人们提供进修的机会,使那些知识老化者能够赶上科学技术的发展步伐。作为学校,要转变观念,努力培养学生自我发展、自我学习的能力,培养他们的批判精神,培养他们对不同思想观点的理解和尊重,充分挖掘儿童的发展潜力。

面对新世纪的发展机遇,我国确立了"科教兴国"的发展战略,对科学教育的重视达到了前所未有的程度。但是我们应当看到,与发达国家相比,我们的科学教育还相当落后,还有许多工作要做。首先,要着力构建具有中国特色的科学教育体系。鉴于科学教育在未来教育和国家发展中的特殊地位,我们应该考虑构建我国的科学教育体系,包括科学教育的目标、内容、机制、相关责任,并制定相应的科学教育法,确保科学教育的有效实施。其二,要加强科学教育的理论研究。我国的科学教育理论十分缺乏。理论上的不足,必然造成实践上的苍白,难以适应科学教育的发展需要。因此,要加强科学教育研究的力度,建立起我们自己的科学教育理论体系,以理论为先导,推动科学教育的发展。其三,要大力实施科学素质教育。改变科学教育那种僵化的应试模式,着力培养学生的科学素质。提高学生的科学实践能力,培养他们的科学意识和创造精神,在全面培养学生科学素养的同时,努力造就杰出的科技人才。

思考题

1. 为什么说科学教育思潮是近代资本主义发展的产物?
2. 简述现代科学教育思潮的特点。
3. 随着人们对科学教育认识的深化,科学教育目标都有哪些变化?

4. 结合学校教育实际,思考中小学生科学素质教育的必要性、重要性及如何加强学生的科学素质教育。

拓展性阅读导航

1. 联合国教科文组织编《反思教育:向"全球共同利益"的转变》,联合国教科文组织总部中文科译,北京:教育科学出版社,2017年。

2. 唐爱民:《当代西方教育思潮》,济南:山东人民出版社,2010年。

3. [加]大卫·杰佛里·史密斯:《全球化与后现代教育学》,郭洋生译,北京:教育科学出版社,2000年。

4. 周川著:《科学的教育价值》,南京:江苏教育出版社,1993年。

5. 董宝良、周洪宇主编《中国近现代教育思潮与流派》,北京:人民教育出版社,1998年。

6. 张瑞璠、王承绪主编《中外教育比较史纲(近代、现代部分)》,济南:山东教育出版社,1997年。

第五章 人本主义教育思潮

人本主义教育思潮是以重视人的价值为核心,强调受教育者的主体地位与尊严,追求个性解放的教育理论思潮。现代人本主义教育思潮更注重人的个性、人性、潜能的发展。

人本主义教育,也称为人道主义教育、人文主义教育。它是教育史上占有重要地位的教育流派。所谓"人本",就是以人为本。人本主义教育思潮,是一种以重视人的价值为核心,强调受教育者的主体地位与尊严,追求个性解放的教育理论思潮。

第一节 人本主义教育思潮的形成和发展

人本主义与科学主义是西方的两大哲学思潮,受其影响,在教育领域里逐渐形成了人本主义与科学主义两大教育思潮。在西方教育思潮的历史发展过程中,人本主义思潮与科学主义思潮从相互对立走向了相互融合。

一、人本主义的产生及其发展阶段

人本主义是个外来语,最早指 Humanis(人的)的含义,即受到世俗教育的意思,后来发展为 Humanism(人文主义)。人本主义萌芽于古代希腊。普罗泰戈拉提出了"人是万物的尺度,是存在着存在的尺度,也是不存在者不存在的尺度"。从他开始,提出了一个"以人为中心"的价值取向。但该思想在当时并不占统治地位。中世纪,基督教的教义笼罩着欧洲文化,对神的崇拜取代了对人的尊重,"神学"取代了"人学"。到了文艺复兴时期,以人为中心的观念才成为一种思潮,这种思潮被称为人文主义。

文艺复兴运动是公元 14 世纪到 17 世纪欧洲在意识形态领域里向封建主义和天主教神学体系发动的一场伟大的文化革命运动。文艺复兴就其词义来看,是指古希腊、古罗马人文学科的复活或复兴。但实质上,复兴古代文化只是口号,文艺复兴不仅仅是复兴,而且是新文化对古代文化的继承、利用和发展,古典文化成为表达新文化的媒介。人文主义是文艺复兴时代不同国家、不同领域、不同时期的人文主义者所共有的世界观。① 人文主义世界观的基本思想表现为以下几点:歌颂赞扬人的意义、尊严和价值;宣扬人的意志自由和个性自由;主张现实的生活和尘世的享乐;提倡学术,尊崇理性。

人本主义作为一种思想体系,其发展经历了三个阶段:

第一,文艺复兴时期。人本主义是适应了资本主义生产方式的进步的社会思潮。人本主义是作为一种伦理原则和道德规范要求,作为衡量人的道德行为的评价标准,作为一种价值尺度提出来的。

第二,17、18世纪资产阶级革命时期。人本主义是以自然法、社会契约为根据,以自由平等为口号。这个时期人们把人本主义价值观系统化、理论化。

第三,19世纪以后,资产阶级成为统治阶级时期。人本主义以博爱(普遍的爱)为根本内容。博爱是人本的中心、人性的中心。当时,资产阶级思想家高举人本主义旗帜,希望在全人类实行人道主义,当然,这在资本主义社会是不可能实现的。

二、人本主义教育思潮的发展轨迹

人本主义教育思潮是人文主义思想在教育问题上的反映。人文主义与人本主义都强调以人为本,尊重人的价值和尊严,两者之间有一种承继关系,为了便于称谓,人文主义也称传统人本主义。但随着社会变迁,两者也存在差异。② 人本主义教育思潮有着悠久的历史。古希腊时代的教育思想已含有人本主义的价值倾向。古罗马时期,教育的思想和实践仍具有人文教育的色彩。文艺复兴时期,人本主义教育思想逐渐成形。受科学主义的影响,从启蒙时期到20世纪初,人本主义教育思想遭遇挑战。20世纪下半叶,盛行于美国的人本化教育以人本主义心理学作为基础,重新诠释了人本主义。20世纪后期,"科学人道主义"价值观进一步完善了人本主义的教育理念。

1. 人本主义教育思潮的萌芽

早在古希腊古罗马时代,人本主义教育思想就已出现。普罗泰戈拉的

---

① 吴式颖:《外国教育史教程》,北京:人民教育出版社,1999年,第155—157页。
② 赵同森:《解读人本主义教育思想》,广州:广东教育出版社,2006年,第2页。

"人是万物的尺度",苏格拉底的"认识你自己",亚里士多德的"文雅教育",昆体良的反对惩罚、鼓励上进的观点,都体现了浓厚的人本主义色彩。古罗马学者西塞罗曾用拉丁文中的一个词"humanitas(人文主义)"来表述古希腊哲人的教育观,即对人进行一种全面的教育,以弘扬纯粹属于人及人性的品质。①

2. 早期人本主义教育思潮的形成

中世纪,基督教垄断了欧洲的文化。文艺复兴运动开始后,人们开始对"神本位"的思想进行反省,崇尚自然,追求美感,接近世俗事物的人文主义世界观逐渐成了文艺复兴运动中人文主义教育的指导思想。人文主义教育思想倡导个性解放,尊重人的价值,推崇个人主义、自由主义和理性主义,改变了当时教育的面貌。文艺复兴时期诞生了大批的人文主义思想家、理论家和教育家。意大利学者弗吉里奥率先阐述了人本主义的教育思想。他撰写了《论绅士风度的自由学科》,全面阐述了人文主义教育的目的及方法,即对年轻一代进行全面的教育,并根据学生的爱好和兴趣进行教学。莫尔的《乌托邦》描绘了人文主义社会的美好景象。拉伯雷的《巨人传》提倡"想做什么,便做什么"的自由教育观。夸美纽斯提出了"人是造物中最崇高、最完善、最美好的",赞扬了人的价值。

3. 人本主义教育思潮遭遇挑战时期

欧洲文艺复兴时期自然科学的发展为科学主义教育思潮的产生奠定了坚实的基础。从19世纪二三十年代到19世纪末,经过实证主义和马赫主义两个阶段的发展,科学主义逐渐成为西方占主导地位的教育思潮,开始对教育产生广泛而深刻的影响。特别是19世纪末20世纪初,受多重因素的影响,科学主义教育思潮成为影响各国教育发展的主要思潮,人本主义思潮受到冲击,遭遇了巨大挑战。

4. 当代人本主义教育思潮的崛起

当代人本主义思潮的兴起与以马斯洛和罗杰斯等人为代表的人本主义心理学的兴起息息相关。人本主义心理学深受存在主义哲学的影响,与行为主义心理学、精神分析心理学截然不同,重视人的尊严和价值,以人的自我实现为最终目的。人本主义教育思潮认为,教育的目的就是人的自我实现、完美人性的形成和人的潜能充分发展。丹麦的"国民学校"、英国的夏山

---

① 黄志成:《西方教育思想的轨迹——国际教育思潮纵览》,上海:华东师范大学出版社,2008年,第347页。

学校等都是以人本化教育思想为指导思想进行教育改革的实例。

5. 人本主义与科学主义教育思潮的融合

当代,人本主义与科学主义教育思潮开始融合。联合国教科文组织国家教育发展委员会提出了"科学人道主义"的概念,"它是人道主义的,因为它的目的主要是关心人和他的福利;它又是科学的,因为它的人道主义的内容还要通过科学对人与世界的知识领域继续不断地做出新贡献而加以规定和充实"。① 科学人道主义反映到教育上,便是科学主义与人本主义的高度融合。科学人道主义既信奉科学,又崇尚人道。它提倡以科学为基础和手段,以人文为目标和方向,意图在科学和人文的相互协调和互为补充中促进人和社会在物质和精神方面的和谐发展,并在此基础上不断实现人自身的完善和解放。② 2015 年,联合国教科文组织在成立 70 周年之际,发布了教育报告《反思教育:向"全球共同利益"的理念转变?》。该报告重申了人文主义的价值观,并超越了"科学人道主义",认为教育要尊重生命,尊重人格、和平、平等、尊重人的权益,而且要为可持续发展承担责任。

第二节　现代人本主义教育思潮的理论基础与主要观点

现代人本主义教育思潮以人本主义心理学和存在主义哲学为理论基础,主张培养整体的、自我实现和创造型的人,并探讨了人本化的课程与方法,提倡学校创造自由的心理气氛。人本主义教育思潮对当代美国的教育实践以及世界教育产生了很大的影响。

一、现代人本主义教育思潮的理论基础

现代人本主义教育理论的哲学基础是人本主义哲学和存在主义哲学。

人本主义哲学,是一种捍卫人或人类的主体地位与尊严的哲学。资产阶级是在与封建主义的斗争中发展壮大起来的。以"人"为"本"的思想,对封建主义有很强的针对性。可以说,真正意义上的资产阶级思想家、哲学家、教育家,无论他们是否宣称自己是人本主义者,都必然有着强烈的人本

---

① 联合国教科文组织国家教育发展委员会:《学会生存——教育世界的今天和明天》,华东师范大学比较教育研究所译,北京:教育科学出版社,1996 年,第 8 页。
② 陆建平、田金美:《人文主义教育思潮的发展轨迹及现代意义》,《山东师范大学学报(人文社会科学版)》2005 年第 3 期,第 146 页。

思想。

现代人本主义教育理论的代表人物之一马斯洛,就是这样一位思想家。马斯洛1932年入康乃尔大学攻读心理学,1934年获博士学位后留校任教,1951年被聘为布兰戴斯大学心理系主任兼教授。第二次世界大战使他深刻地反思了人类思想的根基,产生了强调人和人性的欲望。于是他转而致力于创立一种能在实验研究中进行检测的人性论。他本着人本的思想,选择历史人物、当代著名人物、自己的朋友和3 000名大学生为试验对象,对"人"这个"自我实现者"进行研究,并将所得资料作为自己的人本主义思想的依据。通过人本哲学思想与取样研究的结合,马斯洛终于提出了著名的需要层次论:人至少有五种需要,它们依次是生理、安全、归属与爱、尊重、自我实现,这些需要相互联系,排成一个发展层次,在一种需要得到较好的满足时,另一种需要才会获得优势地位。在他的这一需要层次论里,我们的确看到一个大写的"人"。

一些现代人本主义心理学家和教育家,思想上曾深受存在主义哲学的影响。他们中的许多人,本身就是存在主义者。存在主义于20世纪20年代首先产生于德国。第二次世界大战期间传到法国,并在50—60年代成为风靡法国的时髦哲学。60年代又传播到美国和西方其他国家,成为一种影响颇大的哲学思潮。[1] 存在主义哲学是人本主义心理学的主要哲学来源,起源于19世纪丹麦哲学家克尔凯郭尔,后来经过雅斯贝尔斯、海德格尔、萨特、布贝尔等人的发展,逐渐成为一种影响深远的人生哲学。存在主义哲学家之间并未结成统一的思想联盟,其中有些观点甚至还有较大的分歧。但在观点上有一些共同的倾向,如以个人的非理性存在为哲学的研究对象,以人的存在的意义作为研究的中心课题,强调人的个性、价值、尊严和自由选择等。[2]

人本主义者都不同程度地受到存在主义哲学的影响。现代人本主义教育理论最著名的代表罗杰斯,哲学上就是一位存在主义者。罗杰斯早年曾就读于美国威斯康星大学农学院,毕业后又在纽约的一个神学院学习了两年,后来为了走出宗教工作和从事"与人亲密相处的职业",他又去哥伦比亚大学师范学院攻读治疗心理学,1928年获哥伦比亚大学硕士学位后受聘于

---

[1] 单中惠:《西方教育思想史》,太原:山西人民出版社,1996年,第787页。
[2] 彭运石:《走向生命的巅峰:马斯洛的人本心理学》,武汉:湖北教育出版社,1999年,第26页。

纽约的罗彻斯特市防止虐待儿童协会儿童研究室,开始了作为治疗心理学家的职业生涯,后来又边工作边攻读哲学博士课程,1931年获哥伦比亚大学哲学博士学位,1940年被聘为俄亥俄大学心理学教授,后又曾受聘于芝加哥大学、威斯康星大学、加利福尼亚大学、哥伦比亚大学和哈佛大学。1955年,他曾任美国心理学会主席。

罗杰斯十分推崇存在主义哲学的先驱——丹麦著名哲学家克尔凯郭尔的思想,他说:"读他的著作使我舒坦,使我更加愿意相信并且表达我自己的经验。"[①]存在主义哲学的核心命题,是人如何实现自己的存在,即如何成为他自己。"主观经验"、"自我意识"、"个人的自由"、"选择的自由"等许多从个人出发的东西,是存在主义要强调的基本命题。这些与罗杰斯等人本主义教育思想家们的初衷是一致的。这就是罗杰斯将克尔凯郭尔引为知己的原因。

二、人本主义教育思潮的主要观点

人本主义教育思潮具有多种理论形态和派别。总体来看,人本主义教育思潮包括下列四个派别:传统人本主义(人文主义)教育思想、现代人本主义哲学教育思想、人本主义心理学教育思想、人本主义教育实践家的教育思想。[②]

1. 传统人本主义教育思想

这个派别包括弗古里奥、维多利诺、格鲁特、拉伯雷、蒙田、哥勒、伊拉斯谟、莫尔、康帕内拉、夸美纽斯等。其中夸美纽斯是传统人文主义教育思想的集大成者。

2. 现代人本主义哲学教育思想

人本主义哲学家并不都是教育家,但人本主义哲学对教育产生了巨大影响。这包括以尼采为代表的唯意志主义教育思想,以弗洛伊德为代表的弗洛伊德主义教育思想,以雅思贝尔斯为代表的存在主义教育思想和以"神"为中心的人本主义——托马斯主义教育思想等。

3. 人本主义心理学教育思想

二战以后,非理性人本主义直接影响和促进了人本主义心理学的发展,并且在美国20世纪60年代末至70年代形成了一场人文主义教育改革运

---

① 方展画:《罗杰斯"学生为中心"教学理论述评》,北京:教育科学出版社,1990年,第14页。
② 赵同森:《解读人本主义教育思想》,广州:广东教育出版社,2006年,第4页。

动。这场运动的代表人物是马斯洛、罗杰斯、弗洛姆、奥尔波特等。

4. 人本主义教育实践家的教育思想

这个流派包括英国的尼尔和苏联的苏霍姆林斯基和阿莫纳什维利等人的教育理论与实践。

尽管人文主义教育思潮具有不同的派别,但在教育目的、课程、教学、德育等方面都呈现出一些共同的理论特征。

(一) 教育目的

人本主义教育家认为,教育的最基本的目的是培养有个性的人,教育的过程实质上是儿童个性化的过程。例如,法国著名教育家于伯尔认为,人通过教育与发展,经过若干阶段才能成为人,教育的目的就在于在教育活动中促进人与人的接近与合作,用情感促进学生的个性化,为了达到这个目的,必须对学生情感的发展进行辅导。英国教育家尼布列特认为,重视知识的考试和偏重智育的教学,都是不正常的;学校不能成为制造某种人格类型的工厂,培养同一种类型的人;人性陶冶的主要课题,不在于知识的充实和技能技巧的训练,而在于保证儿童各不相同的内在素质的发展。

一些人本主义教育家认为,教育的目的在于培养和陶冶学生的人性,造就社会所需要所欢迎的人。这一教育目的,实质上就是我们所说的儿童的社会化。德国哲学家、教育家雅斯贝尔斯指出,教育是件极严肃的工作,要通过培养将下一代带进完整的精神世界之内,让他们在完整的精神世界中生活、工作和交往。他认为,教育的重要目的之一是培养学生的爱心。罗杰斯也认为,教育的目标是促进学生的学习与发展,培养能够适应变化和知道如何学习的有独特的人格特征而又充分发展的人。他说,完整的人的教育,涉及知识的教育、认识能力的发展和情感、意志的发展。

在谈到教育目的时,有人本主义教育家认为应该通过教育,将儿童的个性化与社会化统一起来,发展学生的潜能。上文所说的罗杰斯的观点,实际上已经涉及将儿童个性化与社会化统一起来的问题。马斯洛的观点是:教育的本质是发展人的潜能,尤其是那种成为一个真正人的潜力;教育要在满足人最基本的需要的基础上,强调自我实现需要的发展。他甚至认为,教育过程,就是促进儿童自我实现的过程。在马斯洛看来,儿童的社会化过程与儿童的个性化过程是完全统一的。

总之,在人本主义教育家们看来,个性、人性、潜能三者的发展,应该成为最基本的教育目的。

（二）课程

人本主义教育家认为,课程的内容应由学科中心转到学生中心,重视人文学科的人文价值对完善学生人格的需要。在他们看来,人文学科在激发学生人格完善的需要,丰富其人生体验,促进其自由发展具有重要价值。同时,在自然科学的教学中,也要发掘其人文价值和人文精神。

德国人本主义教育家、存在主义者雅斯贝尔斯将最基本的教育内容分成以下几类:

(1) 生活秩序的教育。他认为,应该通过生活秩序的教育,使学生把普通的规范看作自己的一部分,这些规范会使人变得坚强、安稳和自由,使人不至于感到生活的勉强。

(2) 艺术教育。他认为,在过去艺术以图画、音乐和文学的形式感动了人类,人类透过这些艺术看到了自己的超越,因此艺术教育是至关重要的。

(3) 宗教教育。他与其他许多人本主义教育理论家一样,比较看重宗教教育在现代社会的重要性。显然,这已不是封建意义上的宗教教育了。

(4) 文学和历史。文学和历史与人的个性化与社会化有着密切的联系,人本主义者当然是不会忽视的。

(5) 科学教育。身处当代社会,人本主义者自然不会忽略科学教育的。不过,雅斯贝尔强调,在科学教育中必须为适应今天的科学生活传授必需的科学知识,科学教育应该作为指引生活方向并能帮助实现人生意义的教育而存在。

在谈到各类知识的教育意义时,雅斯贝尔斯说,人文科学的教育价值在于参与人类的历史,知晓人类所做过的一切事情,自然科学的教育价值在于正确实际地思考和练习。在他看来,人文科学的实际内容是非常重要的,而自然科学的实际内容就不那么重要,自然科学的价值主要体现在对方法的掌握上。他说,物理与化学的结果是无足轻重的,而达到这些结果的方法具有教育价值。

法国人本主义教育家于伯尔认为,人文学科固然是最基本的教学科目,但要振兴法国的教育,使个人从古典文化及现代科学中发现人本主义,必须将技术教育列为必备的教育。

德国教育家海曼认为,现代生活的特征是全面技术化,国民教育的课程门类应当包括三种类型:(1) 技术作业;(2) 社会生活;(3) 体育艺术。他认为,这三大领域应该构成和谐的关系。

此外,人本主义教育家强调,无论教什么,道德、情感、意志的培养、训练和熏陶是十分重要的。

总之,人本主义教育家认为,最基本的教育内容应该是语言、文学、历史、艺术和体育;道德、情感、意志方面的教育是十分重要的;为了使下一代适应生活,科学教育也有必要进行。

(三) 教学方法

人本主义教育家在论述教育方法时,主张教学应当以学生为中心,应当着眼于经验的获得。他们特别强调与人的灵感、直觉、意志、兴趣等有关的非理性方法的运用。罗杰斯大学毕业以后,曾用12年时间投身于问题儿童的治疗和矫正工作。在这段时间里,他在实践基础上提出"以病人为中心"的非指导性治疗理论。这一理论的要点有5个:

(1) "以病人为中心"的目的,是使病人潜在的自我得到实现;
(2) 治疗者与病人保持着一种和睦、信任和移情性理解的关系;
(3) 治疗者要尊重病人,但病人做出各种决定时,要自己对自己负责;
(4) 治疗过程是一个不断反复的过程;
(5) 治疗的结果是使病人能够自我理解、自我指导、自我信任。

罗杰斯认为,病人与治疗者的关系,与学生、教师间的关系是完全一样的,对于普通学校,应该实行"以学生为中心"的非指导性教学。

他认为,民主的学校教育的目标应该是:

(1) 培养能从事自发的活动,并对这些活动负责的人;
(2) 培养能理智地选择和确定方向的人;
(3) 使学习者成为批判性的学习者,能评价他人所做的贡献;
(4) 使学生能够获得解决问题的有关知识;
(5) 使学生能灵活、理智地适应新的问题情境,这是更为重要的;
(6) 在自由地创造性运用所有有关经验时,能融会贯通地灵活地处理问题;
(7) 能在各种场合有效地与他人合作;
(8) 能不为他人的赞许而工作,而按自己的社会化目标工作。

罗杰斯认为,要达到以上目标,必须贯彻人本主义精神,把学生放在教学的中心位置,让学生自己去探索,在对经验的获得中得到成长。他认为,教学应当是个别化的教学,应当尽可能实行一对一的教学,必要时可采用小组讨论方式。在他看来,传统的标准划一的班级集体学习方式,是与人的复杂性格格不入的,必须坚决摒弃。

雅斯贝尔斯曾将教育的方式方法归纳为三种类型:一是经院式教育,以教材为中心；二是宗师式教育，以教师为中心；三是苏格拉底式教育，教师在师生相互讨论中发挥诱导作用。他认为，对话是走向真理和自我的途径，苏格拉底的教育方式是自古至今最为完美的教育方式，因为真理只有通过反诘、催生式的教育方法，才能被发掘。这里，雅斯贝尔斯是从另一角度阐述人本主义教育从学生出发、从经验出发的教育方式的。

马斯洛或许更为辩证一些。他认为，对学生或孩子独裁专制、过分控制、过度保护等都是危险的，它们会使孩子失去发展自己个性的能力，必须放手让学生在自己的经验中学习，形成自己的个性；同时，完全放任自流或过分溺爱也是有害的，必须要求学生或孩子学会遵守纪律，尊敬他人。

总之，在人本主义教育家们看来，智慧、真理、美等，不是绝对的，超越具体人的，而是相对的，与个体的主观体验联系在一起的，它们是一种存在于人的心灵之内的东西。本着这样的理论前提，并考虑到人本主义的教育目的，人本主义教育家认为，在进行教学时，必须让学生亲自去体验，在经验中发现自我，在体验中学会容忍和尊重他人，形成自己独特的个性；为了促进学生个性的形成，应尽可能采用个别化的教学形式；教学中，在组织人本主义教育家所提倡的从学生出发的非指导性教学时，也应提出一些最基本的纪律和规范。

（四）德育

我们从德育目标、德育条件、德育方法三方面来论述人本主义的道德教育思想。

1. 德育的目标

人本主义教育家们的道德教育目标是不同凡响的。在典型的人本主义教育理论家看来，道德教育的全部目标就在于发展学生的"自我"意识，促使"自我"的形成和"自我"价值的实现。人本主义教育理论家们的"自我"，其内涵不尽相同，但其基本含义是大同小异的。他们的"自我"，指个体在与他人、与社会的关系中形成的经验、需要、情感、理想、理智、能力等方面的特性，以及自身与他人、社会环境之间的关系。所谓"自我意识"，是个体对自己的理解，具体些说，是对自身特点、自己与社会环境关系的理解。我们认为，就其实质而言，"自我"的含义，大体类似于我们所说的"个体独特的人格"。

人本主义教育家们高举"自我"大旗，是有其理论背景的。在西方文化中，从早期的基督教，到康德的道德思想，有一种根深蒂固、源远流长的伦理思想，这就是人类"原罪"思想。这一思想类似于中国古代的"性恶论"，认为人出生后的血肉之躯，天生就有种种感性的欲望和利己性，它们与人类社会的理性、道德观念、价值观念等是格格不入的，因此需要在教育上进行种种约束、规范和控制，需要强迫性的纪律。从早期基督教教义，到康德的哲学观，从精神分析学派，到新行为主义和社会学习理论，无不在一定程度上体现了这一思想。在启蒙时期，英国教育家洛克不以为然，提出人性"白板说"，认为人生下来时，是白板一块，无所谓"善"，也无所谓"恶"。现代人本主义教育理论家认为洛克说得还不够。他们完全否定"原罪"思想和"性恶论"，认为人的本性是好的，是建设性的和值得信任的，是积极的、社会化的，是现实的和合理的。马斯洛甚至认为，人的本性中，有一种对于知识、真理和自身价值的先天需要和追求。总之，人本主义教育家们认为，教育的目的就在于发掘、促进人先天的优良潜能。这就是以"自我"为中心的德育目标提出的背景。

2. 德育的条件

人本主义教育家认为，后天环境中有许多不良因素阻碍着"自我"的发掘和发展，传统的权威主义的课堂对"自我"的形成和发展是不利的，必须将其改造成为"人道主义的课堂"。

罗杰斯认为，构成道德教育的条件是感情和态度，是教师的真诚、坦率和与学生的和谐一致。他在道德教育方面提出三条基本要求：

(1) 真诚

教师与学生间应以诚相待，双方都应该将自己的真实思想、情感坦率地显露出来，应去掉一切"假面具"和"自卫用的保护性面纱"。只有这样，才能促使学生获得真实的"自我意识"和对他人的理解。显然，罗杰斯的主张与传统教育完全不同。在传统教育中，教师是以知识和道德的化身出现的，教师的工作，用中国唐代文学家、思想家韩愈的话来说，就是居高临下的"传道、授业、解惑"。罗杰斯认为，这样的教师，是"会说话的教科书"，他们没有自己的思想感情，或者说不愿暴露自己的思想感情。在这种情况下，学生也是不愿暴露自己的思想感情的。在这种相互掩盖自己内心真实感受的师生关系和教育气氛中，容易形成"伪君子"品性和其他坏习性。

(2) 接受

教师对学生要有根本的信任，对"作为具有自身价值的独立个体"的学生的完整性，给予充分的认可和接受。这里的"接受"，英文为"acceptance"，意思是"能够理解"并"同意存在"，即承认某个学生的思想感情站在他自己的立场上看有存在的权利和理由，承认他的思想感情同其他同伴或教师的思想感情一样,有获得尊重的权利。

罗杰斯批评说,在传统的道德教育中,学生们总觉得老师比他们懂得多,高明得多,这种感觉使他们害怕向教师暴露自己的思想感情,不敢向教师提出问题,并且时时处处感到"不安全"。反过来,教师也有一种"不安全"感,他们可能会把学生的提问当作是对自己的知识、品德权威的挑战。罗杰斯说,在这种师生相互心存诫意的心理气氛中,道德教育的效果是极差的。

(3) 移情性理解

罗杰斯主张从学生的角度去理解学生的思想、感情和对客观世界的态度。他的移情性理解的基本特征,是它的"非判断性",即不对学生思想、感情、态度和品行做判断,不对学生做定性评价,只对儿童表示同情、理解和尊重。罗杰斯说,尽管学生们的思想观点有时是肤浅的和不成熟的,但对他们自己而言,这样做已经足够了。

罗杰斯说,传统教育往往对学生的思想、感情、态度和品行做结论的评价,其作用十分有限,而老师不做正误判断的移情性理解,其效果要好得多。

显然,以上三个方面,都是就师生之间的关系来说的。这种关系往往决定了道德教育的气氛。

3. 德育的方法

在思想品德教育的措施和方法方面,罗杰斯等人本主义教育家们提出了以下原则性意见。

(1) 教师要主动倾听学生的表述

罗杰斯等人认为,教师应对正在被学生表达出来的思想或情感做出积极的反馈,使学生觉得老师正在倾听、关心和理解着他的感受。罗杰斯说,主动倾听并不意味着对学生正在表达的思想、情感等赞成或反对,它只是对学生感受的接受或认可;教师如成功做到主动倾听,师生间就会产生真诚的交流。

罗杰斯说,这种主动倾听,最大的特点是在整个过程中教师只倾听,不指导,不诱迫学生朝教师认为是正确的方向表达自己的观点,也不对学生的思想和感受进行追问,从而避免虚假现象的出现。

(2) 教师要使品德教育过程自然化

在罗杰斯等人本主义教育家看来,真正的品德教育过程应该具有自然性,对学生的教育和学生的品德学习看上去应当如同是碰巧发生的事。他们认为,课堂内外的品德教育,应该严格保持这一特征,如果具备这一特征,那就意味着课堂气氛正常,教师正在正常发挥教育作用。

罗杰斯等人强调,为了使德育过程自然化,使教育活动如同自然、偶然发生的一样,教师应避免作过分的指导,避免做概括、总结和结论,那些被认为是重要的传统教育方法和技巧应弃之不用。罗杰斯等人甚至认为,当某个漫不经心的观察者说某个持人本主义教育观的教师已经失去对班级的控制时,这个观察者所看到的也许恰好是最好的教育过程或品德学习过程。

(3) 教师要做学生品德发展的"促进者"

在传统的道德品德教育中,教师的职责是对学生进行"教导"和"训练"。而在人本主义教育家眼里,老师的作用是"非指导性"的。为了体现与传统教育方法的区别,罗杰斯等人改称"教师"为"促进者",认为老师在教育过程的组织、教育情境的模拟、游戏的组织、有关道德的讨论等方面,都要实现角色的转换。

罗杰斯要老师们丢掉指挥者、传道者、裁判者角色,成为一个参与者、倾听者、理解者和不知不觉的推动者。这里的"参与者"、"倾听者"、"理解者"和"不知不觉的推动者",就是"促进者"的含义。

(4) 教师要注意培养学生自我教育的能力

无论是罗杰斯、马斯洛,还是雅斯贝尔斯或其他人本主义教育家,无不重视学生自我教育能力的培养。在他们所倡导的人本主义教育中,德育过程本身就是自我教育过程;学生是在自我教育过程中进行自我选择、自我淘汰的,通过这种选择和淘汰,个体的道德品质获得应有的发展;为了实现道德品质的自我教育,使学生形成独特的人格,必须特别注重道德情感的教育,并将其与道德实践、道德经验结合起来。

以上介绍的人本主义教育家们的教学方法和德育方法,并不是具体的操作方法。事实上,只讲基本原则或出发点,不谈或很少谈具体操作方法,正是人本主义教育理论的特征之一。

(五) 师生关系

人本主义教育思潮认为,学生的学习只有通过其自由选择、自我指导才能发挥自身的潜能,才能达到积极主动的学习。师生关系应是一种和谐的关系,教师应从权威者走向促进者。

雅斯贝尔斯认为,教育过程是师生之间自由交往的过程,师生关系是一种交往关系。人的自由是在与其他人的交往中实现的,一个人只有和另一个人自由交往时,才能成为真正的自我。在人的自我成长的过程中,存在着三种不同的教育方法:第一种是训练,它与训练动物相似;第二种是教育和纪律;第三种是存在之交流(交往)。在训练中,人是纯粹的客体;在教育中,人处在相对开放的交往中;在存在交往中,"人将自己与他人的命运相连,处于一种身心敞放、相互完全平等的关系"。① 在交往中,教师通过苏格拉底式的对话,不仅仅传授知识,而是创设了师生交往的机会,使学生在交往中获得发展。

人本主义教育思想家认为,师生关系应是一种民主平等关系,教师是学生学习的促进者。马斯洛和罗杰斯从积极的人性假设出发,认为学生的本性是善的、积极的、建设性的,都有自我实现的趋向,他们不良习惯的形成是受外在环境影响的结果。马斯洛认为,教师对学生的成长,应当采取道家的、非干扰的态度。② 罗杰斯认为师生关系是情感性的关系,师生之间应当是真诚、信任、同感理解的关系。教师不是至高无上的绝对权威,而只是学生学习的促进者。教师的作用在于帮助学生认识自我,发现自我的各种潜能,并帮助学生实现自我。人本主义者罗杰斯认为,成功的教学不取决于教师"教"的水平,也不取决于教学的客观条件,而取决于教师与学生互动的态度特征。从"以人为中心"的心理治疗理论出发,罗杰斯认为师生互动中最核心的态度就是真实、关注和同理心。真实,意味着师生坦诚相待,如实地表达自己的观点、想法和感情。关注,意味着教师对学生发自内心的、无条件的、不要理由的珍爱和关注。教师尊重学生的独立性,相信学生有能力进行有效的自我学习。同理心,指设身处地以别人的立场去体会当事人的心理历程,运用到教学中,就是教师用孩子的眼光来看待世界和看待孩子,不要把孩子的表现与自己的好恶联系起来。

第三节 人本主义教育思潮的影响及评价

人本主义思潮在西方乃至世界上具有重大影响。人本主义教育思潮的许多观点具有积极意义,推动了教育实践及教育理论的发展。但该理论也存在不足之处,需加以全面地看待。

一、人本主义教育家的教育实践效果

我们绝不能把为数众多的人本主义教育理论家看成是清一色的纯粹的理论家,认为他们只能提出问题,只能批评或设想。事实上他们中的不少

---

① [德]雅斯贝尔斯:《什么是教育》,邹进译,北京:生活·读书·新知三联书店,1991年,第2页。
② 何齐宗、何小忠:《现代外国教育理论流派述评》,南昌:江西高校出版社,2006年,第61页。

人,有的是从调查研究和教育实验的结果出发提出自己的教育理论的,有的曾用调查研究和教育实验来支持和证明自己的人本主义教育理论。从上面的介绍可以看出,马斯洛和罗杰斯就是这样的教育理论家。

20世纪40年代,美国的一些心理学家即开始以临床方式研究以病人为中心的非指导性的心理治疗方法,并取得初步成果。20世纪40年代末50年代初,一些研究者将这一思路迁移到对教学方式的研究上。在实践中,研究者们发现,在个人适应、课外自学、创造性和自我负责方面,以学生为中心的小组,其成绩明显好于采用传统教学方法的小组。

1970年,美国教育家弗兰德斯曾用自己独特的调查研究来证明人本主义教育理论的重要性。他认为教师必须用一种无威胁的方式"接受"学生的积极的或消极的行为。通过调查研究,他认定此种"接受"被老师们忽视了。他说,在1 000个师生相互作用的记录中,仅仅只有大约5个记录认为具有"接受"性质,换句话说,在每个学日中,每个教师的教育行为中,平均只有大约6次是具有"接受"特征的。潘克拉茨也曾进行类似的调查研究。他对一批物理教师的教学行为进行了比较细致的研究和统计,发现最好的物理教师表扬或鼓励学生的语言行为,在每1 000次师生相互作用中有6次,而最差的物理教师在每1 000次师生相互作用中有1.3次。持人本主义教育思想的人通过调查研究得出结论:当前的教学不利于教学效果的真正提高和学生能力的培养,必须将教育思想转到以学生为本上来。美国教育家艾斯派曾长期从事人本主义教育理论的实验,以期证明人本主义理论的优越性。实验以罗杰斯的人本主义教育思想为指导思想。实验时,先录下课堂教学的实况,然后让不持偏见的评价人依据"移情性理解"、"积极尊重"和"表里一致"三个标准,对每个教师所表现出来的积极态度进行测评,最后将这些评判人评定的等级与学生的学业考试分数、问题解决能力、缺课节数以及其他众多的学习变量联系起来分析。艾斯派和他的同事,研究了550名中小学教师的3 700个课时的教学录音和评估。这些研究是在美国国内的不同地区和美国以外的不同国家进行的,被试者包括黑人、白人、美籍墨西哥人教师和学生。研究结果表明[①]:

(1) 教师提供的促进条件与学生的学业成绩之间有明显的关系。实验反复表明,那些有明显"促进态度"的教师,其学生在学习方法方面常表现出

---

① 方展画:《罗杰斯"学生为中心"教学理论述评》,北京:教育科学出版社,1990年,第162—163页。

长足的进步;而那些缺乏"促进态度"的教师,其缺陷明显妨碍了学生的学习。

（2）最有利于学习的情境是,持"促进态度"的教师得到持相同态度的校长的支持和督促。在该研究中,学生被分成两个组,第一组的25名一年级黑人学生由持"促进态度"的教师执教,第二组的25名学生由持传统态度的教师执教。分别进行了9个月的教学之后,对两组学生进行智力测验。第一组的学生,平均智商由85增加至94;第二组的学生,智商没有任何变化,9个月前是84,9个月后还是84。

（3）只需对教师进行15个小时精心安排的集中训练,包括认知的和经验的学习,便能改善其促进态度水平。

（4）训练教师时,只有当训练者也显示出"促进态度"时,才能改进教师们的态度。也就是说,"促进态度"可以从他人那里学到。

（5）持"促进态度"的教师与持传统态度的教师相比,具有更积极的自我概念,更容易向学生作自我暴露,他们更多地对学生的情感做出反应,更多地给予表扬,他们的讲授相对较少。

（6）上述发现,不受被试地理位置、教师种族和学生种族的影响。

人本主义教育家们提倡的教学条件,具有"真诚"、"接受"和"移情性理解"特征。对于此种教学条件下的教学效果,曾有过多种研究。例如,艾斯派1965年的研究表明,这种教学条件与三年级学生的阅读成绩有显著的关系;皮尔斯1966年的研究表明,这种教学条件与年级的平均分数有正相关关系;艾斯派1967年、1969年的研究以及艾斯派与哈德洛克1967年的研究表明,这种教学条件与学生的认知发展有正相关关系;艾斯派与罗伯格1970年的研究表明,这种教学条件与认知思维水平和学生自发谈话的数量有正相关关系;施穆克1966年的研究表明,这种教学条件与学生能力的运用和自信心的强弱有关。

二、人本主义教育思潮的影响

20世纪以来,人本主义教育思潮与科学主义教育思潮在相互竞争、相互制约的过程中不断发展完善。人本主义教育思潮的基本观点、理论和方法为人们认识教育现象、认识教育现象中的"人"以及教育规律提供了新的视角,对世界教育理论的发展、学校教育实践以及教育观念都产生了巨大的影响。

人本化教育思潮推动了美国人本化教育改革运动的发展,成为20世纪

70年代美国最有影响的教育理论。1973年美国中等教育改革方案中提出的教育目的明显带有人本化的色彩。在这一改革方案中,将教育目的分为"内容目的"和"过程目的"两部分;在学校课程改革上出现了"并行课程"。美国教育家福谢依提出学校应设立3个并行的课程方案:学术型课程及有计划的课外活动、社会实验课程、自我觉醒和自我发展课程,并强调这三类课程在学校中必须同时开设,这样才能培养知情统一的整体的人。①

1980年,美国一位心理学家对美国数千名心理学家进行了一次问卷调查,以确定二次大战以来对美国心理学界产生过重大影响的心理学家,结果排出了列于前100名的分属不同国家的心理学家,现代人本主义心理学的代表人物罗杰斯位列于第四。《美国学术百科全书》在"卡尔·罗杰斯"条目的注解中写道:"罗杰斯是'病人为中心的心理治疗'(早期称为'非指导性心理治疗')的创始人,并且是一位形成关于心理治疗之结果和过程的科学研究方法的先驱。罗杰斯的'病人为中心疗法'可能是美国当代临床心理学最大的、被广泛运用的技术。"②

"以病人为中心",用到教育上就是"以学生为中心",罗杰斯的心理学理论震动了美国心理学界,他的教育学理论同样震动了美国教育界,这一"震动"的影响还波及美国以外的许多国家和地区。罗杰斯提出的"非指导性教学"理论,已被学术界广泛接受。许多人将他的思想付诸实践。在美国的小学和其他学校,强调人性、尊严、自由、情感和关心的个别化的教学,在教学中,教师被要求做一个"促进者"。这些正是人本主义教育家们所提倡的。近几十年来,美国学校的"情感教育"(Affective Education)、"融合教育"(Confluent Education)等新潮,也在一定程度上体现了人本主义教育思潮的影响。人本主义教育理论的影响是世界性的,马斯洛的自我实现理论、罗杰斯的非指导性教学思想成为当代西方社会教育观念及教育改革的重要理论基石之一。

人本化教育思潮中的人本化理念已成为一种国际性的共识。联合国教科文组织自成立之日起,一直坚持人文主义的价值立场和精神追求。1972年联合国教科文组织国际教育发展委员会的报告《学会生存——教育世界的今天与明天》具有浓厚的人本化色彩。该报告对"教育"的概念进行了发展,认为教育的真正本性是完整的和终身的教育,既包括制度化的学校教育

---

① 单中惠:《外国教育思想史》(第2版),北京:高等教育出版社,2007年,第289—290页。
② 钟启泉等:《美国教学论流派》,西安:陕西人民教育出版社,1993年,第230—231页。

或称正规教育,也包括校外的教育如成人识字计划或称非正规教育;既包括儿童教育,也包括成人教育,教育的目的是使人学会完善自己。① 它提出了学习型社会的概念,这种社会把人的教育放在首位,赋予教育重要的地位和崇高的价值。联合国教科文组织国家教育发展委员会同时也提出了"科学人道主义"的概念,主张科学主义与人本主义的高度融合。

2015年联合国教科文组织的报告《反思教育:向"全球共同利益"的理念转变?》重申了人本主义的价值观,并将其作为21世纪教育的根本宗旨,强调"维护和增强个人在其他人和自然面前的尊严、能力和福祉"。② 报告提出的人文主义价值观,包括"尊重生命和人格尊严,权利平等和社会正义,文化和社会多样性,以及为建设我们共同的未来而实现团结和共担责任的意识",③并将其作为教育的基础和宗旨。但此次提及的人文主义,超越了科学人文主义的概念,"在教育和学习方面,这就意味着超越狭隘的功利主义和经济主义,将人类生存的各个方面融合起来",而实现这种人文主义的方式就是"采用开放和灵活的全方位终身学习方法:为所有人提供发挥自身潜能的机会,以实现可持续的未来,过上有尊严的生活。"④总之,如果说70年前联合国教科文组织还致力于通过普及教育,来确保个体在自然和战争面前的基本权利,那么70年后《反思教育:向"全球共同利益"的理念转变?》所倡导的人文主义教育观关心的则是人类社会在自然和科技面前的集体尊严。⑤

三、人本主义教育理论的本质、现实意义与局限性

从教育改革的角度讲,人本主义教育思潮是对忽视学生主体地位的种种教育理论与实践的"破"、"立"兼顾的批判。人本主义教育思潮的可贵之处在于重新发现和肯定了个人的价值,将提升个人的价值作为教育的终极目的。时至今日,人本主义教育理论尤其是其以人为本的价值观对现代教

---

① 联合国教科文组织国际教育发展委员会:《学会生存:教育世界的今天和明天》,北京:教育科学出版社,1996年,第180—181页。
② 联合国教科文组织:《反思教育:向"全球共同利益"的理念转变?》,北京:教育科学出版社,2017年,第28页。
③ 联合国教科文组织:《反思教育:向"全球共同利益"的理念转变?》,北京:教育科学出版社,2017年,第30页。
④ 联合国教科文组织:《反思教育:向"全球共同利益"的理念转变?》,北京:教育科学出版社,2017年,第2页。
⑤ 滕珺:《教育初心的回归与超越》,《中国教育报》,2017年8月14日。

育产生了深远的影响,如学校教育的培养目标、课程与教学、师生关系、学校管理等方面。从世界观和价值观的深度看,人本主义教育思潮的兴起,是带有浓厚个人主义色彩的传统资产阶级世界观和价值观在教育改革领域的反映。

在教育的出发点方面,人本主义者以人为本,将"个人的本性"作为教育的出发点,这是应该得到尊重的。但要使人类的所有思考活动和实践活动均以"个人的本性"为最基本的、甚至是唯一的出发点,显然是片面的。在对"人性"的认识上,人本主义教育家们所说的作为教育工作出发点的个人的"人性",是儿童基于遗传素质的天然本性。在他们看来,儿童后天的社会性学习,只是其天然本性的一种主动反应,一种具有选择性的反应。他们认为,传统教育理论带有封建色彩,忽视了儿童的"人性";行为主义理论将人与动物同等看待,无视学习者的"人性";与科学技术突飞猛进联系在一起的技术主义理论只看到技术,看不到"人性",它们都是错误的。人本主义教育家们的这些认识,有其合理的一面。他们对传统教育理论、行为主义理论和技术主义理论的批判是中肯的。儿童天然的本性应该得到重视,教育工作必须尊重儿童本身的生理和心理特征。但是,"人性"应该是先天的自然属性与后天的社会属性的统一,在学习中,应该将个体的主动性选择与社会的强迫性选择结合起来,促进"人性"的发展。显然,人本主义教育理论中的重要主题词"人性",有其唯物主义的一面,也有其唯心主义的一面。

在教育目的方面,人本主义教育家们认为,最基本的教育目的是促进儿童个性、人性、潜能的发展。应该看到,资产阶级之前的封建教育是完全从社会需要角度论述教育目的的,它无视儿童的本性和儿童身心发展的需要。今天,在研究和论述教育目的时,上述现象仍然存在,人们往往在不同程度上忽视儿童的本性和儿童身心发展的客观需要。因此,人本主义的教育目的论是具有现实意义的,它促使我们关注被教育者的身心特征和身心发展的需要。但是应该看到,人本主义教育理论所持的毕竟只是儿童本位性质的教育目的论。它与仅关注社会本位一样,都是片面的,都是只考虑了一个方面的需要,忽视了另一方面的需要。科学的教育目的理论,应该将被教育者的身心特征、身心发展的客观需要与社会对年轻一代的要求结合起来。

在课程方面,人本主义教育家认为,最基本的教育内容应该是语言、文学、历史、艺术和体育。这与几个世纪前文艺复兴时期人本主义教育家们的主张是基本一致的。所不同的是,文艺复兴时期的人本主义教育针对的是"黑暗的中世纪"的封建教育,现代人本主义教育针对的是当代的"科学主义"和"技术主义"。我们认为,由于科学技术的进步和社会竞争机制的强化,在某些国家和地区,人文性质的教育内容受到一定程度的忽视,科学技术的教育受到过分的重视,人本主义教育家们的主张是有一定现实意义的。但是,人本主义教育家们将科学技术方面的教育内容降到附带的、从属的地位,是不切实际的,也是行不通的。美国教育哲学家内尔·诺丁思反对传统的人文教育体系,认为"人文教育(也就是目前的传统学科教育)是一种落后而危险的教育模式"。但她并不反对学习文学、历史、物理、数学以及任何别的学科。她提出了一些理由,"首先,我反对一种控制思想,这种思想强迫所有学生学习一种特殊的狭隘的课程。这个课程缺乏学生们可能真正关心的东西。第二,我倡导对人类全面素质和能力的尊重,这在当今的学校里是被严重忽视的……"[①]尽管如此,内尔·诺丁思的教育思想仍然充满了浓厚的人本主义精神,她强调教育的道德意义,主张教育应培养有能力的、关心人、爱人也值得人爱的人。她说"教育最好围绕关心来组织:关心自己,关心身边最亲近的人,关心与自己有各种关系的人,关心与自己没有关系的人,关心动物、植物和自然环境,关心人类制造出来的物品,以及关心知识和学问。"[②]总之,学校教育的首要任务是关心孩子,同时将其作为课程的基础,而不能走向极端。

在教学方法方面,人本主义教育家提倡以学生为中心的非指导性教学,强调让学生亲自去体验,在体验中发现自己的东西。他们认为,教学中教师的基本任务不是"传授",也不是"判断",只是"接受"和"促进";为了促进学生个性的形成,应尽可能采用个别化的教学形式。应该说,人本主义教育家们的主张,对于灌输式的教学形式有很好的针对性。事实上,在许多国家和地区的课堂里,学生学得很被动,很少使用经验性、发现性、个别性的教学方法,这十分不利于学生创造能力、口头表达能力的发展,不利于独特人格的形成。我们相信,人本主义教育家们实验的成功,是与教师的"接受"态度和"促进"态度有关的。但是,以学生比较自由的活动为主的非指导性教学,无论是个别化的,还是集体化的,由于降低甚至抹杀了教师的主导作用,其教学效率是低下的。

[①] [美]内尔·诺丁思:《学会关心:教育的另一种模式》,于天龙译,北京:教育科学出版社,2003年,第2—3页。

[②] [美]内尔·诺丁思:《学会关心:教育的另一种模式》,于天龙译,北京:教育科学出版社,2003年,第3页。

在品德教育方面,人本主义教育家提倡"顺乎自然"的德育思路,强调对儿童的尊重与理解,重视情感因素对品德发展的作用,重视自我教育能力的培养,重视道德行为的实际训练,重视和谐的师生关系对学生品德发展的意义,这些都具有借鉴意义。但是,人本主义教育家们的德育目的是张扬儿童与生俱来的所谓"自我",也就是个人的本性。显然,这种"本性"脱离了具体的社会内容,是一种抽象的"人性"。此外,人本主义教育家们的德育方法,只是一些原则性的意见,对于一般的教师来说,实在难以付诸实践。

在师生关系方面,人本主义教育家认为,教学的成败不在于教学技巧,而在于人际关系。他们认为在教学中要以学生为中心,教师要帮助和促进学生学习,教师对学生无条件地积极关注,平等对待每一位学生。这些观点对师生关系的发展产生了深远的影响。人本主义者强调教师素质对学生发展的重要性,重视建构民主、平等的师生关系,这些观点也是值得肯定的。但强调师生之我—你关系而淡化教师的主导地位,过分注重关系和情感而忽视科学知识和技能的学习则是片面的。

总之,人本主义教育理论一方面具有时代性和民主性,值得我们思考和借鉴;另一方面,它又具有片面性和空想特征,值得我们引以为戒。

思考题

1. 简述人本主义教育思潮的发展轨迹。
2. 简述人本主义教育思潮的理论基础。
3. 简述人本主义教育思潮的主要派别。
4. 简述人本主义教育思潮的主要观点。
5. 联系我国教育的实际,谈谈人本主义教育理论的进步性和局限性。

拓展性阅读导航

1. 唐爱民:《当代西方教育思潮》,济南:山东人民出版社,2010年。
2. 单中惠:《外国教育思想史》(第2版),北京:高等教育出版社,2007年。
3. 黄志成:《西方教育思想的轨迹——国际教育思潮纵览》,上海:华东师范大学出版社,2008年。

    4. 杜时忠:《人文教育与制度德育》,合肥:安徽教育出版社,2012年。

    5. 赵同森:《解读人本主义教育思想》,广州:广东教育出版社,2006年。

    6. 李明德:《西方教育思想史——人文主义教育之演进》,北京:人民教育出版社,2006年。

第六章　全民教育思潮

　　全民教育思潮的核心思想是人人享有受教育的权利,向全体公民提供受教育的机会,让每个人满足基本的学习需求。全民教育思潮已成为当今世界教育发展的主要潮流之一。

当今世界,不同地区的人们受教育的状况差异很大。全民教育思潮是人类对教育普及的一种社会理想。全民教育思想的产生以人权平等为前提,但它的真正实施要在社会物质发展水平和价值理念发展水平达到相当程度的情况下才能进行。全民教育的目的在于满足人的基本的学习需要。全民教育思想符合世界发展的共同趋势,因而,一经提出,便得到了很强的回应。20世纪90年代以后,全民教育成了世界教育发展的主流之一,同时,全民教育思潮的发展必将对"大教育"概念的形成起强大的推动作用。

第一节　全民教育思潮的形成和发展

全民教育的最终目的就是要使每个人都能获得旨在满足其基本的学习需要的受教育的机会,不论他是儿童、青年还是成人,也不论他是男性还是女性。

初看起来,全民教育是人类并不算很复杂的教育主张,但我们却用了大半个世纪的时间走过了从朦胧的要求到切实的教育行动这样一条发展的道路。

一、全民教育思潮的萌芽

全民教育思潮的萌芽经历了两个阶段:其一是从19世纪末到第二次世界大战结束,这是全民教育思想的最初产生阶段;其二是从20世纪50年代到80年代,这是全民教育思潮的社会积累与准备阶段。

(一)全民教育思潮的最初产生阶段

全民教育的理想与思潮的产生受到了19世纪末20世纪初具有世界范

围的人文主义与进步思潮的影响。在工业革命的背景下,欧洲大陆一度产生极为强烈的"机器崇拜"倾向。社会的维持需要机器,工业生产也是一个机械化的过程,以至于整个宇宙都是一架庞大的永动机。思想家笛卡尔写过一本著作就叫《人是机器》。不但从内部的运转原理上看,人是一架机器,即使是从个人与社会的关系上看,人也是"社会"这架大机器里的一个小小的部件。这样一来,个人的价值也就自然地丧失了,人成了服务于社会与国家的工具,而人之所以应该受教育,为的是让"工具"变得更加管用。19世纪末到20世纪初,把人作为社会工具的倾向得到了很大的纠正,人本主义的哲学与社会思潮在很大程度上提高了人的地位,确立了个人的社会本体意义。人本主义的思潮在教育内部的反映,就是造成了以杜威为代表的席卷整个西方社会的进步主义教育运动;而在教育与社会关系方面的反映,就是使社会开始重视对每一个人的教育,重视个人受教育的基本权利。在这段时间里,全民教育思潮主要以普通教育的形式表现出来。

另一方面,全民教育思潮的产生还来源于一股反面的力量。20世纪的最初三四十年里,人类经历了全球化的动荡。人类几千年积累起来的物质文明,以战争和掠杀的方式进行了全球性的碰撞与融合。两次世界大战,特别是第二次世界大战造成了数千万人的死亡和更多人的流离失所。更可怕的是,战争的根源并不是来自人们理性的深思熟虑的选择,而是来自近乎疯狂的冲动。动荡引起了反思。在全部的文明史上,人类从来没有出现过像20世纪四五十年代这样的对自身命运的思索。战争与世界范围的倒退迫使人们思考这样的一个问题:人类究竟应该向什么方向发展?如何发展?1948年,刚刚成立不久的联合国通过了《世界人权宣言》。它可以说是人类这种共同思考的最直接的表现。作为社会的一个子系统,教育的发展不可能离开它赖以存在的基本的社会背景。《世界人权宣言》中明确提出:"人人均有受教育的权利","教育必须以强化尊重人权及基本的自由为目的"。享受生存与发展的权利,不是哪一个民族的事情,也不是部分人的事情。世界的真正意义在于它为每一个人提供了平等的机会。虽然《宣言》没有在解决全人类教育问题方面做出更多的富有成效的,哪怕是纲要性的建议,但它却无疑为教育的世纪发展特别是教育的全民化奠定了一个最为坚实的基础。从这一层意义上说,全民教育思潮从一开始形成,就具有世界性的规模。

(二) 全民教育思潮的社会积累与准备阶段

科学技术自身的发展、冷战对峙的刺激以及人类进步的需要共同导致"发展"成为20世纪50年代以后世界的主旋律。从物质与技术的角度说,自 50 年代开始,人类进入了一个前所未有的高速发展阶段。这段时间里,世界每十年所发生的变化比工业革命前的整个历史时期还要快,"20 世纪前半叶是迄今为止历史上最革命的时期。20 世纪开头的一二十年,在发展速度和倾向上与 50 年代和 60 年代相比已经离得很远了,以至于在许多青年人看来,那似乎是一种不同的文化,或是相隔了多少世纪的另一个时代"[1]。我们常常都用"知识爆炸"或"新技术革命"一类的词来描述这段历史的特征。

但是,全民教育是建立在"教育机会均等"基础之上的。一个国家或民族如果完全将发展作为它的价值取向的话,就会更多地注重"效率"而不是"平等"。比如在一些发展中国家,教育规模和办学条件有着很大的限制,国家不可能向每一个人提供充分的教育机会。为了早出人才、出好人才,国家教育机器往往不得不将有限的教育资金集中在培养少数科技人才特别是尖端人才的培养方面。虽然在口头上没有明确的宣布,但在实际的行动上,从 50 年代到 80 年代,各国都程度不同地存在着"英才教育"的倾向。从这一角度来说,由于世界的高速发展,人类在一定程度上忽视了"人人应享有平等的受教育权利"这样一个问题。《世界人权宣言》中所规定的发展目标被暂时的搁置起来。

另一方面,发展创造出了新的物质文明,也带来了极其严重的社会问题,这些问题集中表现在人口、环境、贫富差异等方面。据统计,到 1987 年为止,世界人口已达到了 50 亿,90 年代以后,迅速达到了 60 亿。1995 年 7 月发表的《世界人口白皮书》宣布,到 2015 年世界人口将至少会超过 71 亿。同时,贫困问题也变得日益突出,"全世界约有 20% 的人口绝对贫穷,10 亿最贫穷人口的大多数生活环境日益恶化,处于艰难和绝望之中,而且据一项最新的人口研究预测,从 1996 年开始,每 10 个新生儿中有 9 个降生在世界上最穷的国家"。相当比例的贫穷人口的存在已经使人们意识到,世界已经不能仍然采用 50 年代以来的模式继续发展了,全人类必须同时考虑发展的意义问题。在环境方面,臭氧层的破坏、全球性的气候变暖和酸雨现象促使全人类在二战以后再一次反省自身的历史与未来的命运。三大威胁已经严重地影响了人类未来可持续的发展。人们发现,在"英才教育"模式下所造就的高速发展并不能给世界带来光明的前景,作为整个人类的生存的意义与质量问题重新成了全世界各民族关注的共同的焦点。全民教育就是旨在

---

[1] [英]博伊德、金合:《西方教育史》,任宝祥等译,北京:人民教育出版社,1985 年,第 404 页。

以教育的渠道解决这样的三大问题。

如果说20世纪四五十年代战争导致人类思考共同的命运的话,80年代以后,是"发展"导致了人类再次思考共同的命运,并使"可持续发展"、"教育机会均等"、"全民教育"和"国际理解"等全人类共同的价值观得到了最终的确立。

二、全民教育思潮的形成

从20世纪50年代开始,各国的政府、组织包括联合国教科文组织在内,都在一定程度上致力于教育的普及、消除成人文盲、重视儿童与妇女的教育等。但是,截止到1990年,从全球范围来看,教育的发展情况仍令人十分失望,一亿多儿童,其中包括至少6 000万女童,未能接受初等教育;有9.6亿多成人文盲,其中三分之二是妇女;功能性文盲已成为包括工业化国家和发展中国家在内的所有国家的严重问题。[①] 正是由于这一背景,1990年3月5日至9日在泰国的宗迪恩召开了"世界全民教育大会"。本次大会由联合国教科文组织、儿童基金会、开发署、世界银行等联合发起。来自世界150多个国家和地区以及联合国系统各机构、政府间国际组织、非政府组织等共1 500多名代表、观察员及专家出席了这次大会。中国政府也派出了代表团出席会议。本次大会所通过的两个具有历史意义的文献《世界全民教育宣言》和《满足基本学习需要的行动纲领》,使"全民教育"的思想成为全世界教育领域中最为强劲的旋律之一。

在宗迪恩大会上,不同国家的教育实践人员、研究人员、行政人员在有关全民教育问题的观念上,达到了前所未有的统一与共鸣。有人认为,从90年代开始,世界越来越成为一个共同体,成为一个"村落",典型的表现就是人类越来越面临共同的问题,必须做出共同的思考与努力。教育领域的发展也同样表现出了这样的趋势。全民教育的主张提出以后,每一个国家与地区,不论是发达的还是不发达的,也不论彼此之间存在着什么样的矛盾与隔阂,在重视全民教育方面却达到了惊人的一致,形成了普遍的共识,并相互借鉴、相互学习。这种状况的出现,既是人类共同的幸运,更是教育发展具有历史意义的变革。自此,全民教育观念与终身教育一道开始成为影响人类20世纪后半叶到21世纪的两大重要教育思潮,为越来越多的国家

---

① 吴德刚:《中国全民教育问题研究——兼论教育机会平等问题》,北京:教育科学出版社,1998年版,第369页。

所接纳,并成为多次重大国际性会议和国际社会的广泛共识。①

三、全民教育思潮的发展

在宗迪恩大会之后,全民教育思潮的发展表现出了两种基本的态势:其一是国际社会对全民教育问题给予了更加广泛的重视;其二是不同的国家与地区根据自己的特点纷纷采取了不同的全民教育行动,使全民教育不仅仅只是停留在观念与思想的水平上。

(一) 全民教育得到更加广泛的重视

20世纪90年代以来,各国政府与组织对于全民教育给了前所未有的关心。从1990年到2006年,短短的十几年时间里,国际社会召开了数次具有历史意义的教育、人口、环境问题的会议。尽管每一次重大的国际会议都有不同的中心,但教育与发展问题几乎都被当作一个焦点问题加以关注。

——1990年9月,157个国家的代表,包括71位国家元首或政府首脑,在纽约的联合国总部举行了首次"世界儿童问题首脑会议"。中国政府在1991年3月18日正式签署了大会宣言和行动纲领。首脑会议通过了到2000年要实现的22项具体目标,其中2项重申了全民教育的目标,即:

(1) 普遍有机会获得基础教育,使至少80%的小学学龄儿童完成小学教育;

(2) 使成人文盲率降低到1990年水平的一半,重点放在妇女识字。

——1992年6月3日至14日,联合国环境与发展大会在巴西的里约热内卢举行。在21世纪即将来临前召开这样的一次国际会议对于世界的发展具有特别重要的意义。在本次大会上通过的《21世纪议程》等报告与公约,不但对一般的环境发展起到了规范与指导作用,同时也在很大程度上对国际教育产生了影响。

——1993年12月13日至16日,9个人口大国全民教育首脑会议在印度的新德里举行。会议通过了旨在落实9国全民教育行动的《德里宣言》和实施宣言的《行动纲领》。9个人口大国分别是孟加拉国、印度、巴基斯坦、印度尼西亚、中国、埃及、尼日利亚、巴西和墨西哥。这9个国家的总人口在1993年时近30亿,占世界总人口的一半以上,而成人文盲人数占世界成人文盲总人数的70%以上,小学学龄儿童的辍学人数也占到了世界辍学人数的一半以上。9国会议就是要改变这样一种落后局面,更好地促进全民教

---

① 赵中建:《全民教育:一个全球性的课题》,《外国教育资料》1997年第5期。

育运动的开展。

——1994年6月7日至10日联合国教科文组织在西班牙的萨拉曼卡召开了"世界特殊需要教育大会",共有92个国家、25个国际组织和机构出席了会议。会议通过的《萨拉曼卡宣言:关于特殊需要教育的原则、方针和实践》和《特殊需要教育行动纲领》将全民教育的内涵做了进一步的深化,提倡全纳性教育,让所有的公民包括有特殊需要的儿童能平等地接受普通的公民教育。这无疑在民主与平等的哲学理念上,对全民教育行动提出了新的也是最基本的要求,使国际全民教育运动更加富有"全民"的色彩。此后,1994年开罗"国际人口与发展大会"、1994年日内瓦"第44届国际教育大会"、1995年北京"第4次世界妇女大会"、"世界社会发展高峰会议"、1996年"全民教育国际磋商论坛中期会议"、1997年"第五届国际成人教育会议"、"童工问题国际会议"等90年代后半段的几次重要的国际会议,分别从人口、妇女以及通过全民教育促进"世界理解"等角度对全民教育提出了具体的要求,并对全民教育思潮与行动的进步起到了巨大的推动作用。

进入21世纪,2000年4月26日至28日,联合国教科文组织在塞内加尔的达喀尔召开世界教育论坛,也称"达喀尔"论坛。会议通过了《达喀尔行动纲领》,内容包括:扫盲、发展幼儿教育、普及初等教育、促进男女教育机会平等、生活技能培训和全面提高教育质量六项全民教育目标,并提出了在2015年以前实现全民教育的这六项目标。

从2001年起陆续召开世界全民教育高层会议,重点讨论上述全民教育六项目标,高层会议被视为监督和指导全民教育目标的实现和发展的最主要机制。其中2005年在中国召开的第五届全民教育高层会议的主题是"扫盲工作与农村教育",主要内容包括总结实现全民教育目标过程中取得的成绩;教育在农村人口实现千年目标中的作用;实行教育的性别平等以确保千年发展目标与达喀尔目标的协调;为全民教育筹集资金,发布联合公报,等等。

2012年在巴黎召开首届全球全民教育会议,会议的目的是期望通过此次会议能够最大限度地推动世界各国加快全民教育目标的实现;总结各国实现联合国全民教育达喀尔目标的进展情况,并为加速实现2015年教育目标以及2015年后的教育发展提出建议。

2015年世界教育论坛在韩国仁川举行,讨论了为实施教育2030提供指导的"教育2030行动框架",对教育2030行动框架的核心要素达成了一致,并通过了《仁川宣言》。同年,联合国教科文组织通过并发布了"教育2030行动框架"。

(二)全民教育行动的落实

与其他形式的教育思潮不同,全民教育的最终目标不只是要求我们取得有关国民教育的观念上的一致,不能只是停留在"思潮"的层次上,而应该成为全民族范围甚至世界范围内的行动。全民教育思潮的实际发展也正是表现出了这样一种行动化特点。以初等教育为例,首先是初等教育规模不断扩大,2004年约6.28亿儿童在小学就读,比1999年增加了6%。全世界初等教育净入学率从1999年的83%增加到2004年的86%。其次是全球入学率的增长趋势正在促进女童教育的发展,2004年有相关数据的181个国家中,三分之二的国家实现了初等教育中的两性均等。最后是失学儿童人数不断减少,2004年的失学儿童为7 700万,比1999年减少了2 100万,其中四分之三的减少发生于2002年至2004年之间。

可以说自2000年《达喀尔行动纲领》的六项全民教育目标和联合国千年发展目标提出以来,全球教育已经取得了显著进步。然而,2015年4月联合国教科文组织发布的最新报告《全民教育全球监测报告》显示,全球有2.64亿儿童和青少年失学,只有三分之一国家实现了2000—2015全民教育计划全部目标,只有一半国家实现了2000—2015全民教育计划主要目的——普及初等教育(尚栩,2015)。这些教育目标在最后期限——2015年底前不能实现,需要继续采取行动。同时,世界也需要应对当前和未来的新的教育挑战。在此背景下,一个更加进取、关乎世界未来十五年教育发展的新的教育议程"确保全纳、公平的优质教育、使人人可以获得终身学习的机会"——教育2030确立,提出了以实现教育是人类的基本权利为基本原则,以实现公平、全纳、高质量的教育,使人人获得终身学习的机会为目标,进一步推进全球教育发展的七大目标和行动举措。

最值得一提的是中国的教育改革。作为全世界最大的人口大国,中国政府在世纪之交着力加强素质教育的建设。从中央到地方,进行了具有空前力度的宣传与发动,在全国范围内进行了统一观念和行动规划工作。1999年6月的"全国教育工作会议"对改革开放以来教育领域的改革、发展、探索进行了高层次的总结,对教育在新世纪的发展做出了重大决策,这就是以国民素质教育为核心,坚决贯彻1999年1月由国务院批准的《面向21世纪教育振兴行动计划》。面向21世纪的素质教育工程实质上就是全民教育发展思潮的集中体现。中国的全民教育发展指数从2001年的

0.930提高到2004年的0.954,在联合国教科文组织九个人口大国中率先进入全民教育发展指数高的国家行列。到2011年,中国全面普及免费9年义务教育,成人文盲率下降到4%左右,基本消除了中小学入学性别差距,建立起世界上规模最大的义务教育体系,让每个孩子都有学上,公民接受义务教育的机会得到了满足。中国在20世纪末所着力推进的素质教育改革必将从根本上改变原有的以"应试"为主要特征的教育模式,为整个民族素质的提高奠定基础,也必将为世界范围的全民教育运动提供一种成功的范式。

第二节 全民教育思潮的内容

一、全民教育思潮的含义与特点

全民教育最直接的要求就是向每一个人提供受教育的机会,解决儿童特别是女童的入学问题,扫除成人文盲,让所有的人包括有障碍的人们同样顺利地受到能够适应他们需要的教育。它具体包括这样一些含义:

(一)人人享有受教育的权利

现代社会虽然出现了经济领域的高速增长,但公民受教育情况却仍然不容乐观。儿童失学现象、成人文盲受不到应有的补偿教育的现象在全世界随处可见;在发展中国家、落后国家,这些现象更加普遍。这一方面阻碍了社会的整体发展,另一方面也让人们对社会特别是经济发展的目的产生了怀疑。所以,宗迪恩会议重申了"接受教育是全世界每一个人、每一个民族的基本权利"这一基本见解。

(二)向全体公民提供受教育的机会,旨在实现人的发展和社会的发展

世界进入90年代以后,积累起来的问题越来越多。发达国家与落后国家之间、国家内部的贫富差距越来越大,环境状况的急剧恶化,战争与地区冲突导致的人口贫困和大批难民的出现。所有这些,从反面导致了人们观念上的转变,这就是说,"任何发展都应该以人为中心",这是全民教育最为深刻也是最为基本的观念基础。

另一方面,国民素质和受教育水平的低下也严重地影响了社会自身的发展。在新世纪来临之际,人们越来越发现,经济的持续稳定增长在很大程度上依赖于全体国民的素质,而不只是与高科技人员的质量与数量相关。如果我们将不同国家的发展过程以及发展模式做一些比较,就不难发现这种现象的存在。凡是从培育全体国民的基本素质出发,采取长期发展的战

略以提高综合国力的国家,进入21世纪后,都取得了较为令人瞩目的成功,这其中尤其以日本、新加坡等国家的模式为代表。凡是过于强调经济的快速增长、对国民素质的普遍提高不够重视或存在一定程度忽略的国家或地区,在一开始出现了令人惊喜的发展速度之后,不久,就会发现,单纯的经济增长一方面会造成大量的、严重的社会问题,另一方面也不可能做到真正的持久,社会与经济发展会产生严重的后劲不足的现象。

反思我国改革开放以来的发展历程,我们也能看出这一社会发展规律作用的痕迹。正如经济学家指出的那样,一个国家经济的高速增长是一把双刃剑,它一方面会为社会积累带来令人兴奋的结果,一方面也会造成诸多的社会问题,为日后的发展制造出严重的障碍。正是出于这样的原因,在新的社会发展的历史阶段,我国政府及时地调整了社会发展的总体策略,在经济发展方面,注重国家基础设施的建设;在国力增强方面,注重对国民基本素质的培育,着力提高全民教育的水平,为社会的持续稳定发展提供最核心的动力。全民教育不仅为发达国家所重视,更是发展中国家、落后国家实现可持续发展的战略选择。

(三)要求做到满足基本的学习需要

所谓"基本的学习需要"包含两方面内容:一是基本的学习手段,如让儿童、青年、成人掌握基本的读、写、口头表达、演算和问题解决的能力和手段;二是基本的学习内容,如知识、技能、价值观念和态度等等。"这些内容和手段是人们为能生存下去,充分发展自己的能力、有尊严地生活和工作,充分参与发展、改善自己的生活质量,做出有见识的决策并能继续学习所需要的"[①],"满足基本学习需要可以使任何社会中的任何个人有能力并有责任去尊重和依赖他们共同的、文化的、语言和精神的遗产,促进他人的教育,推动社会正义事业,保护环境,宽容与自己不同的社会、政治和宗教制度,从而确保坚持为人们所普遍接受的人道主义价值观念和人权,并为这个互相依存的世界建立国际和平与团结而努力"[②]。可见,满足基本的学习需要并不意味着低水平的教育要求,而是要求各国政府帮助所有的公民介入社会的文明,并成为促进这种文明发展的平等的一员。

---

① 《世界全民教育宣言:满足基本的学习需要》,赵中建译,北京:教育科学出版社,1996年。
② 《教育的使命》,赵中建译,北京:教育科学出版社,1996年。

二、全民教育思潮的特点

与20世纪特别是近二三十年来的其他种类的教育思潮相比,全民教育思潮的特点表现在以下几个方面:

(一)全民教育的主张一经提出,即迅速得到共鸣

全民教育思想自1990年宗迪恩会议提出以后,几乎没有经过什么酝酿的过程,即已为政府、组织、个人所广泛接受,成为一种新的教育思潮。出现这一现象的原因在于,虽然全民教育是一个教育问题,但它却更多地植根于社会的土壤,当社会发展出现了某一种强烈的需求的时候,教育系统对它的反映就会表现得相当迅速。这也从一个侧面反映了社会发展对教育状况的直接的制约关系。

(二)全民教育较少涉及理论问题,而更多地关注国家政策

与其他类型的教育思想不同,全民教育思潮在国际社会被明确地提出来以后,即受到各国政府的重视。事实上,如果没有各个国家政府部门、各种国际组织的积极努力与参与,全民教育的一系列纲领就无法达成,即使能够达成,也无法在实践当中表现出来。政府力量一旦介入到教育变革与进步事业当中,教育系统的发展速度就会出现惊人的加快。以我国的成人扫盲事业为例,据对15个省区的不完全统计,仅1995年一年时间里,就有近200万文盲脱盲。[①]这样的成就的取得,如果没有国家政府部门的参与,仅仅只靠教育系统发挥自身的功能,将是一件难以想象的事情。

(三)全民教育思潮在很大程度上影响了各个国家的教育改革以至社会改革

由于全民教育的理念是建立在"民主与个性化"、"社会机会均等"、"终身教育与社会可持续发展"等当代哲学与文化背景之上,它一经产生,就注定会对教育以及社会产生强大的反作用。很多国家在20世纪90年代以后迅速地开始探索适合本民族特点的教育与社会发展的模式,以实现社会发展的理念、实现教育发展的理念。有些学者提出,21世纪是教育的世纪。从现在的发展势头看来,我们正在一步一步地接近这样的目标。全民教育思潮的兴起,代表着整个人类教育意识的觉醒。当一个社会充分地重视了每一个公民的教育与发展问题的时候,这样的社会就会向高度的文明迈进,而全民教育的落实也必将为社会带来丰厚的回报。

---

① 赵中建:《中印两国全民教育比较研究》,《外国教育资料》1996年第2期。

三、全民教育的内容与结构

全民教育既包含丰富的理念,也包含着具体的操作内容与结构,这些内容主要有:普及入学机会,促进教育平等;强调实际的学习状况;扩大基础教育的手段和范围;改善学习环境;加强不同地区与民族间的教育合作。在联合国教科文组织、儿童基金会等组织的参与和促进之下,各国政府就全民教育的内容与要求达成了上述较为一致的共识。

(一)普及入学机会,促进教育平等

实施全民教育计划,首先就是要求我们向所有的儿童、青年和成人提供基础教育,让他们获得平等的入学机会。而要做到这一点,国家和政府必须克服种种障碍。

1. 贫困

儿童失学和绝大多数成人文盲产生的原因在于贫困。联合国1987年的一项估计表明,全世界的文盲约有8.89亿人,而其中的98%都居住在发展中国家。2013年估计仍有5 900万小学学龄儿童和6 500万初中年龄阶段的青少年——女孩仍占多数——失学(UIS/EFA GMR,2015)。此外,他们中很多人没有获得基本的知识和技能。在2.5亿小学学龄儿童中,50%以上的人至少在学校接受了四年教育,却不能够读、写或计数,不足以达到最低的学习标准(UNESCO,2012)。我们承认人类有平等的生存权,一个孩子在出生以后,当然不应该由于他生活的环境的贫困而失去接受教育与发展的机会。2009年,来自低收入和中等收入国家20%的最贫困家庭的孩子没有完成小学教育的比率比最富有国家20%最贫穷家庭的孩子高五倍多(UNESCO,2015)。此外,贫困会加剧其他因素的排斥性,例如扩大性别差距。因此,教育必须继续优先关注贫困,贫困仍然是世界各地实现全纳教育的最大障碍。如何消除因为贫困而产生的儿童失学问题,是困扰各国政府和教育部门的头等重要的事情。

越是落后的国家和地区,人口数量越是庞大,交通状况越是糟糕。这就为教育的普及带来了严重的障碍。解决这样的问题,一方面需要政府拿出巨大的决心,给予重点投入;另一方面也需要整个社会动员起来,采用多种教育形式、多种投入形式。在这方面,我国已经取得许多具有推广价值的经验,集中表现在改革办学途径、动员社会力量向教育进行投入这两个方面。我国原有的公有制体制之下单一教育模式不能很好地利用社会的力量办教育,在一些落后与贫困地区,儿童的入学问题长期无法得到解决。在改革开放以后,特别是最近一段时间里,这种现象得到了极大的改善。我们已经形成了一种多渠道办学的网络,利用这个网络,我们解决了许多单靠政府力量无法解决的问题。同时,我们在消除贫困的过程中,也做了许多开拓性的工作,寻找教育的资金,其中影响最为广泛的就是"希望工程"的实施。在"希望工程"的旗帜之下,我们依靠社会与个人的力量,解决了成千上万名贫困地区儿童的入学问题,为整个民族达到基本的受教育水平,做出了非常积极的贡献。

2. 残疾

在过去,"残疾人"一直被当作一个特殊的群体加以对待。那些有着生理上的残疾和智力障碍的儿童,从一开始就很难得到与正常儿童平等的入学机会。在较为落后的地方,这部分儿童直接进入失学的队伍,而在一些较发达、较为富裕的地方,人们通常采用了办特殊学校的方式,来对有障碍的儿童进行有限的、"福利性"的教育。总而言之,残疾人在受教育的问题上,一直没有能够融入普通的社会环境当中。全民教育运动试图改变这样的状况。

"全纳性教育"是全民教育的一个重要的组成部分。所谓"全纳性教育",就是指教育应该满足所有儿童的需要,每一所学校必须接收服务区域内的所有儿童入学,为这些儿童都能受到自身所需要的教育提供各种条件,并通过合适的课程、学校管理、资源利用及与所在社区的合作,来确保教育质量。学校不能只为一部分正常儿童服务,而将另一部分儿童拒之门外。全纳性教育要求所有的普通学校逐步成为"全纳性学校"。

在1994年世界特殊需要教育大会之后,很多国家都开始研究与探索全纳性教育的问题。我国政府与教育部门在这一领域里也做出了许多富有成效的贡献,教育行政与研究部门在这一领域里也做了许多工作,在为解决有特殊需要的儿童的"随班就读"问题而努力。让有特殊需要的儿童随班就读,不仅有一个政策、经济支持的问题,还有一个"教学技术"的问题。那些有着特殊需要的儿童进入了普通的学校与班级之后,甚至引起了意想不到的教学方式与组织的变革。联合国儿童基金会在印度、中国等一些发展中国家支持随班就读的过程中,就产生了这样的现象:一开始,人们将那些有着生理与智力残疾的儿童当作是"特殊的"儿童,但在随后的研究过程中,人们得出了这样一个结论,即"任何一个学生其实都是特殊的个体",教育不仅应该在对待残疾儿童的时候体现出特殊性,在对待每一个儿童的时候,其实都应该体现出特殊性,以保证和促进儿童个性化的发展。

3. 歧视

当今世界确实还存在着严重的种族、社会阶层方面的歧视现象。在歧视的文化背景下,必将有大量的儿童失去平等的受教育的机会。全民教育不仅要求一个民族内部做到人人享有受教育的权利,还要求整个世界与全人类的一体化,因此,它不能允许任何形式的歧视现象的存在。

每年估计有 2.46 亿女童和男童在学校及其周边受到骚扰和虐待(United Nations Girls' Education Initiative,2014)。在三分之二的初级中等教育中存在性别不平等的国家里,是针对女孩的性别不平等(UNESCO,2014)。2015 年,只有 69% 的国家在小学阶段实现招生方面的性别平等,即招收相同数量的男童和女童,这一数字在中学阶段是 48%(UNESCO,2015)。

4. 动荡

导致儿童或成人失去受教育机会的另一个原因就是生活的动荡。诸如战争、地区冲突引起的难民的流离失所,因为生活的原因或其他的人为原因而造成的大范围的人口流动(如我国目前较为突出的外来人口问题)等等,都可能造成一部分儿童与成人丧失受到正常教育的环境,沦为新的文盲。2012 年,全球约 36% 的失学儿童生活在冲突地区,2000 年这个数字是 30%(UNESCO,2015)。关键是要在危机冲突中、冲突后和灾后的情况下维持教育并解决国内流离失所者和难民的教育需求。

(二) 强调实际的学习状况

宗迪恩会议通过的《世界全民教育宣言:满足基本学习需要》强调:"对个人或对社会来说,扩大了的教育机会是否会表现为有意义的发展,最终取决于作为这些教育机会的结果,人们是否实际学到了什么,即他们是否学到了有用的知识、推理能力以及价值观念。因此,基础教育必须把重点放在知识的实际获得和结果上,而不是单纯地重视入学、不断修改组织化的计划以及完成证书的要求。"说得简单一些,全民教育不只是为了让公民获得教育机会,而是要让公民能够真正地进入社会文化环境,并且能够对这种文化起到积极的和建设性的作用。

用上述的标准来要求,我们的基础教育应该注重"质量"和"效率"的提高,注重研究教育教学过程本身,而不是仅仅满足于每个孩子都能进入一所学校。我们的成人教育特别是扫盲教育,也同样应该注重教育的过程,注意研究在现代社会环境下,我们的成人教育究竟应该选择什么样的教育内容,最终要求受教育者达到什么样的目标,而不只是满足于让他们有机会接受扫盲教育。反对"假、大、空"和弄虚作假现象是我国全民教育运动中急需解决的问题。

（三）扩大基础教育的手段和范围

对全民教育的理解还有一个方面就是有关教育的时间和场所的问题。儿童教育应该从儿童刚刚出生的时候开始。出于这样的需要，"学校"就不是能够对儿童进行教育的唯一场所。家庭、社区或其他的教育机构在全民教育行动中应该发挥更加重要的作用。

一个民族教育水平的重要衡量标志是教育的社会化水平。社会化水平越高，基础教育的手段和范围越大，终身教育的条件越是能够得到保证。现代企业、社区组织、社会福利机构、公共教育机构、社会传媒机构等等如果都能够增加教育的成分，民族教育的社会化水平就得提高。成人教育与扫盲教育尤其依赖于这种良好的社会条件。

提供远程学习，信息和通信技术培训，适合的技术和必要的基础设施的使用权，以在家中、冲突地区及偏远地区能形成学习的环境。儿童、青年、成人的某些学习仅仅通过学校教育的途径反而是无法得到满足的，还应当采取包括这样的一些方式：技能培训、学徒，以及涉及保健、营养、人口、农业技术、环境、科学，包括生育意识的家庭生活以及其他社会的各种正规和非正规教育计划。在社区环境中，由专门的法律教育部门组织一次"法律知识的宣传普及"活动，它所起到的作用有时是正式的学校教育无法替代的。现代社会是终身学习化的社会，教育的含义就应该全面突破学校的范围。

（四）改善学习环境

进入学校并不意味着儿童就获得了一个好的学习机会。儿童的学习还存在着一个微观的环境问题。

学习环境一方面是指物质条件的改善。全民教育除了要求社会对教育增加投入，改善基础教育中的教育教学条件之外，还要求关心学生所需要的一切因素，包括营养、卫生保健方面的支持。全民教育试图造就的是一种高度文明的教育，以这种标准来衡量，我国目前的基础教育改革与建设的力度还需要进一步加大，应该用改善我国基础设施建设的标准来改善教育基础建设，造就一个真正的"教育化社会"，建立和改善能恰当满足儿童、残疾人和不同性别人群需要的教育设施条件，并为全民提供安全、非暴力、全纳和有效的学习环境。

学习环境的另一个方面是指对学习者的精神与情感方面的支持。在我们的教育环境中，学习者应该得到一种更加自然的学习环境，更少一些人为的压力。只有在没有人为压力的环境中,学习者的个性才能得到比较自然的、充分的展示。这方面的问题,在我们国家的教育环境中显得尤为突出。如何实施素质教育,以改变应试教育的环境与传统,这是我国全民教育行动中一项特殊的任务,当然也是一项非常艰巨的任务。

(五) 加强不同地区与民族间的教育合作

全民教育是整个人类所面临的共同的任务,它是一个有关人类文明发展的问题。因此,与每一个国家、民族、团体以及个人都有着直接的关联。从国家与民族的角度看,所有国家有责任通过共同的努力来消除冲突和战乱,结束军事占领,保证公民有一个稳定而安宁的生活环境。发达的地区与国家有责任做出更多的努力。成人和儿童的基本学习需要只要存在,就必须予以满足。最不发达的国家和低收入国家有着特殊的需要,这就要求我们将国际社会的支持优先用于基础教育的建设与投入。当然,对于绝大多数的落后国家、发展中国家来说,加强内部资源的合理分配,创造条件对教育增加投入,是解决自身问题的根本出路。

第三节 全民教育思潮的影响及评价

一、全民教育思潮产生的影响

70多年前,《世界人权宣言》明确地提出了人类的每一个个体所应当拥有的平等的权利。在70多年之后,人人享有平等的受教育权利的理想才开始逐步地得到落实。全民教育思潮一旦确立,必将对社会、对整个世界产生极其重要的影响。

(一) 全民教育思潮重塑了教育目的论

20世纪中期以来,世界物质文明的发展确实达到了一个突飞猛进的水平。物质文明的发展让人类看到了一个纷繁复杂的世界,但同时也让人们感受到了一种特殊的、由人类自己制造出来的"压力"。世界中的每一个个体,都富有进取精神,试图融入这个世界,如果像"蹦客"或"嬉皮士"那样对高度的物质文明采取消极的、玩世不恭的态度的话,他就会感受到个人对社会做出"适应"时的困难,就会感受到是"社会"牵引"人"向前,而不是"人"决定着"社会的进步"。在这样的发展环境之下,每一个个体都会感受到"生存"的困难。为了这一点,联合国教科文组织在20世纪70年代初向人们提供带有指导意义的《学会生存》,它所依据的社会背景是十分清楚的。

从 20 世纪 70 年代到 90 年代，世界的发展出现了很大的进步，其中具有里程碑意义的观念就是"以人为中心的发展观"，具体到教育当中来，全民教育思潮就是这种观点最集中的体现。全民教育的核心问题就是教育机会的均等，教育机会均等就意味着教育是为着个人的发展，而不是单纯的社会需要。全民教育的主张被提出来以后，各国政府与组织、社会与教育的研究人员等做出了最为迅速的反应。人们在发展教育的时候，更加关心的一个问题就是教育的一切发展与改革目的在于服务个人。随着这样的观念深入人心，将对 21 世纪教育的基本模式产生深远的影响。

（二）全民教育思潮重塑了社会发展观

在所有的资源当中，最不应该被浪费的是人力资源，是人的潜能和无限的创造力。这样的思想在 20 世纪 90 年代以后已经深入人心。那么，什么是人的潜能和创造力？依据不同的背景我们必将会产生不同的理解，从而影响我们的社会发展观。

"社会精英"的概念在我们的头脑里面根深蒂固。长期以来，少数有特殊才能的人对社会所产生的巨大影响使我们得出了这样的一个结论：人类个体在社会发展中所起的作用是各不相同的，有英雄，也有草芥；有的重于泰山，有的轻于鸿毛，这样的观念与传统由来已久。同时，这样的观念至少会产生两个方面必然的结论：其一，对社会贡献大的个体，存在的价值就大；其二，人力资源的开发主要是对那些"值得开发"的人力资源的开发。

但是，历史越是往前发展，人们就越是发现这样的认识所存在的根本缺陷。我们越来越意识到，在现代社会里，只有当每一个社会成员都能对社区负责的时候，才能出现一种理想的社会。如果我们只是解决了部分地区里的公民的教育问题，而将那些因为贫困等等的原因无条件接受教育的人们丢在一边，社会的"发展"就不是完全意义上的"发展"，因为它没有解决所有人的问题。

有人会提出这样一个有关社会发展的问题：如果注重了教育的普及，注重了全民教育的实施，整个社会的发展速度是不是会受到影响？为了得到社会发展的"效率"，我们是不是应该牺牲某些"公平"与"平等"？如在一些发展中国家，为了早出人才、快出人才，往往会把有限的资金集中于培养少数尖子人才上，而多数儿童则处于不利的学习环境中。在全民教育方面，我们究竟能投入多少？应该投入多少？我们应该如何解决教育普及与经济增长的结合点的问题？有时，这确实是一个社会所面临的两难的选择。对于那些相对不发达的国家来说，情况尤其如此。解决这种两难处境的最好办法,也许就应该如阿瑟·奥肯所说的那样,找到一种相对的平衡,即"并非凡有利于这一方面的因素就必然有害于另一方面,但有时,为了平等就要不惜牺牲一些效率,为了效率又不得不影响到平等。因为平等和经济效率之间的冲突是不可避免的,这也是它们互相需要的原因——在平等中放入些合理性,在效率里添加一些人性"①。

(三) 全民教育思潮引起了教育的全面变革

全民教育不只是一种教育观念的革新,更是整个世界范围内的一场教育的革命。这种革命一方面表现为政府与组织对教育系统的投入大大地增加,另一方面表现为教育的形式与渠道在不断地扩大。

全民教育思潮出现以后,各国政府增加教育投入的行动变得十分明显。尤其是9个人口大国,在增加教育投入、改善公民教育的环境方面,做出了许多了不起的成就。比如,我国政府在《面向21世纪教育振兴行动计划》中,就明确地将教育投入的增长列入其中,规定了政府教育方面的财政支出的增长数量,从而确保了教育系统自身的发展。

另一方面,全民教育要求社会办教育的形式不断扩大,因此,"教育"的含义在今后将完全突破"制度化教育"的范围,成为一个具有更加广泛的社会意义的概念。更多的社会组织与机构将比现在更加富于"教育"的功能,儿童、青年或成人的学习需要的满足也不再会限于传统意义上的"学校"。

二、全民教育在21世纪的发展

从宗迪恩会议到现在,全民教育行动的实践已有近三十年的时间。从世界范围看,我们取得了巨大的成就。同时,结合已经走过的历程,我们还可以对全民教育在21世纪的发展做出前瞻。

(一) 全民教育将会更加关注自身的操作性问题

作为一种政府行为,不同的国家在施行全民教育的过程中,各自有着不同的做法,也都有着各自不同的困惑。完成全民教育的任务,不能仅仅只靠热情,也不仅仅只靠投资。顺利而有效地实施全民教育,还存在着许多实际的操作性问题。在这一方面,不同的国家与民族在推行全民教育的过程中既要体现民族化与本土化的特点,也应该加强相互之间的学习与交流,以共创人类美好的明天。

---

① 余秀兰:《教育机会均等的理想与现实》,《高教研究与探索》,1998年第3期,《南京大学学报·哲学社会科学版》。

作为一种教育形式,全民教育体系与传统意义上的制度化的学校教育体系显然会存在着巨大的差异。我们不能用学校教育的经验代替全民教育的实践,全民教育在未来的发展中一定要探索其自身的实践道德,形成自身的观念、方法、操作技术的体系。同时,这种特殊的教育方法与教育组织应该能够随着社会的发展而不断进步,不论是早期教育、成人教育、扫盲教育还是特殊教育,都应该如此。陶行知先生在20世纪初的时候,采取了自编识字口诀的方式,对千百万的中国大众进行识字教学,过了一个世纪之后,我们是不是仍然采用这样的方式进行普及教育呢?显然,情况会出现根本性的变革。社会化的教育在新的世纪来临以后,甚至有可能比学校教育更加值得我们去研究和探索,以寻找它的特殊规律,提高它的效率。

(二)全民教育任务的完成将更加依赖现代技术的发展

现代科学技术的发展不应该造成部分人的落伍,而应该服务于人类的每一个个体。为了向每一个社会成员提供适合他们需要的教育,现代科技手段与网络必然会发挥越来越强大的作用。其中,尤以信息技术的作用为重。有人曾经提出,高度信息化的社会,也必然是高度学习化的社会。确实如此!30多年前,就已经有人预言,未来的社会里,学校将不复存在,因为通讯与信息技术的发展已经能让每一个人在世界的每一个地方接受任意一种教育!这种预言在理论与技术上已经不再是预言,而成了我们这个世界现有的生动的现实,但在实际的基础设施建设方面,我们还没有能够完全拥有这种可能,它代表着这个世界未来的发展趋势。在那样一种高度技术化的社会里,"教育"与"全民教育"几乎就是同样的一个概念。反过来说,全民教育的未来发展根本离不开技术的进步,特别是网络与信息技术的进步。这正体现了现代教育的时代特征。

我们常说,教育的手段不是教育的实质,但却代表着教育的水平。原因也正在于此。

(三)全民教育所带来的"大教育"的概念将会使21世纪成为真正的教育世纪

发展是人的本质属性之一。社会越是文明进步,人的发展的需求就表现得越是强烈。在人们创造出了高度的物质文明的条件下,发展的需求也会愈益突出,同时,也越有可能得到满足。全民教育、终身教育、终身学习等人类文明的新理念不可分割。社会一旦为公民提供了全民教育的环境,人的终身发展也就会成为必然的结果。在这样的情况下,"教育"的内涵就涵盖了整个社会,涵盖了人的整个一生,"教育的世纪"就不再只是人类的理想,而会成为我们每个人都身临其中的现实。

全民教育将直接引起公民素质的提高,对整个人类的文明产生极大的推动作用,因此,我们还怀有这样一种坚定的信心:全民教育的不断深入,必将带来更加充分的国际理解与国际融合,必将带来21世纪人类更加光明灿烂的明天!

思考题

1. 全民教育思潮是如何萌芽、如何产生的?
2. 全民教育思潮包括的内容有哪些?其特点是什么?
3. 全民教育思潮对我国教育体系会产生怎样的影响?

拓展性阅读导航

1. 联合国教科文组织:《2006年全民教育全球监测报告:扫盲至关重要》,联合国教科文组织出版,2005年。
2. 赵中建译《教育的使命——面向二十一世纪的教育宣言和行动纲领》,北京:教育科学出版社,1996年。
3. 吴德刚:《中国全民教育问题研究——兼论教育机会平等问题》,北京:教育科学出版社,1998年。
4. 顾明远、梁忠义主编《世界教育大系:妇女教育》,长春:吉林教育出版社,2000年。
5. 徐莉、王默、程换弟:《全球教育向终身学习迈进的新里程——"教育2030行动框架"目标译题》,《开放教育研究》2015年第21期。

第七章 生活教育思潮

生活教育思潮是以积极地参与生活、能动地改造生活为目的，倡导以生活教育为核心，主张以生活为教育内容，重视以大自然、大社会作为教育场所，强调以社会生活实践活动为方法的教育理论思潮。生活教育思潮的主要流派是以陶行知为代表的生活教育派，其主张为"生活即教育"、"社会即学校"、"教学做合一"。

生活教育思潮是"五四"以后兴起的一种提倡和推行生活教育的教育思潮。它是在半殖民地半封建中国的特定历史条件下，由于时代生活的推动，生活文化思潮的影响，一批不满现状、有志改革的教育工作者和政府官员，共同提倡和推行生活教育主张，并且在社会上造成广泛的影响，形成一种声势浩大的思想潮流。[1]

第一节 生活教育思潮的形成与发展

一、生活教育思潮产生的社会背景

鸦片战争以后，西方列强利用坚船利炮打开了中国的大门，中西文化冲突加剧，中华民族面临空前的危机。由于西方资本主义的刺激，中国民族资本主义逐渐产生并得到一定发展，出现了第一批近代工业。第一次世界大战期间，中国民族资本主义迎来了发展的春天，经济实力明显增长，对教育提出了新的要求，但旧教育不能适应中国社会发展的需要。教育领域，伴随着洋务运动的开展，清政府实施了包括废科举、兴学校的教育改革运动，相继颁布了壬寅和癸卯学制，建立了近代新型教育制度。同时，西方以宗教为主流的文化教育事业也开始了在中国的大规模传播与发展。中国学者翻译

---

[1] 董宝良、周洪宇：《中国近现代教育思潮与流派》，北京：人民教育出版社，1997年，第524页。

了不少外国的书籍,引进了赫尔巴特、杜威等人的教育理论与方法。尤其是"五四"后随着大批的留美学者归国和杜威、孟禄等美国进步主义学者的访华讲学,中国教育开始了大变革。但在改革过程中,中国教育积弊难除,"读书做官、书本至上、学校中心等传统思想观念并没有得到改变;老八股教育和洋八股教育合流,教育已然脱离社会生活实际,尤其是脱离人民大众的生活实际"。① 西方新教育思想的引进和介绍,为生活教育思潮的兴起提供了丰富的思想资源。中国的教育家们在批判地继承西方教育理论的基础上,结合自身的教育实践经验,促进了生活教育思潮的形成。

二、生活教育思潮的思想渊源

20世纪初,尤其是"五四"以后,裴斯泰洛齐、福禄培尔、蒙台梭利、怀特海、罗素、杜威等人的教育思想被引入中国,为中国教育改革提供了丰富的思想资源。其中,裴斯泰洛齐认为教育的目的在于全面和谐地发展人的一切潜力,适应人的生活,"生活作为个人自身所过的日子,其本身就是一本自然的书籍。这里蕴含着开明的教育力量的秘诀。学校如果不把它的工作建立在这基础之上,就会误入歧途。"②裴斯泰洛齐虽然没有明确提出"生活教育"这一概念,但在欧洲新教育运动和进步主义教育运动中,批判传统教育的"生活教育"被蒙台梭利、怀特海、罗素、杜威等人宣传和实践。尤其是美国进步主义教育运动代表人物杜威的实用主义教育思想在中国被他的学生胡适、陶行知等广泛传播,加之他访华两年多,使得"生活教育"思想在中国广为人知。

以实用主义经验论、社会改良主义与民主主义以及机能主义心理学为主要依据,杜威提出了"教育即生长"、"教育即生活"、"学校即社会"和"教育即经验的改组和改造"等口号,从不同侧面探讨了教育、社会与受教育个体发展三者之间的相互关系,提出"从做中学"的教学原则,根据科学思维方式提出了教学五步骤,探讨了道德教育问题等,从而构建起庞大的教育理论体系。

杜威认为,教育是社会的功能,是社会生活延续的工具,一切教育都是

---

① 周洪宇、操太圣:《生活教育运动的历史及对当代教育的影响》,《教育研究》1997年第10期。
② [瑞士]裴斯泰洛齐:《裴斯泰洛齐教育论著选》,夏之莲等译,北京:人民教育出版社,2001年,第246页。

通过个人参与人类社会意识进行的。教育过程的本质是"个人因素和社会因素的协调或平衡"。教育在"本质上是一个使个人特性与社会目的和价值协调起来的问题"。① 他关于教育的著名命题有:教育即生活;学校即社会;从做中学等。

教育即生活,即教育不是生活的预备,而是儿童现在生活的过程;学校课程不应是借助于文字符号向儿童灌输文学、历史和地理等学科,而应着眼于儿童现有的生活经验;教学应从儿童现有的直接经验开始,经过经验的不断改组、改造,使儿童获得适应社会环境的能力。学校必须呈现、净化和简化现实社会生活,起到调节个人和社会因素的作用。必须改革教材和教法。学校科目相互联系的中心是儿童本身的社会活动,应提供过去由家庭负责的那些教育因素,把各种不同形式的主动作业如烹调、缝纫、木工等引进学校,使人人在生活过程中学习。②

学校即社会,即学校应简化社会生活,成为一个雏形的社会,呈现儿童当下的社会生活,以便从中培养出能完全适应眼前社会生活的人。杜威在《学校与社会》中,明确提出应把学校办成一个小型的社会,一个雏形的社会。这体现了杜威反对学校完全脱离实际生活,要求学校教育应与社会实际联系的观点。

从做中学,意思是从活动中学,从经验中学。杜威认为,"人们最初的知识,最根深蒂固地保持的知识,是关于怎样做的知识"。③ 教育最根本的基础在于儿童的活动能力。使儿童认识到他的社会遗产的唯一方法是使他去实践,使他从事那些使文明成其为文明的主要的典型活动。如果我们采用与儿童获得最初经验尽可能相类似的方法来扩大儿童的经验,就可以大大提高教学效果。

20世纪初,特别是"五四"新文化运动之后,西方的进步教育思想相继被引入、介绍到中国,从而为生活教育思潮提供了丰富的思想资源。中国的教育家们通过批判地继承这些西方的教育理论,结合自身在改造中国教育实践中所获得的宝贵经验,推动和促成了生活教育思潮。④

---

① [美]杜威:《芝加哥实验的理论》,赵祥麟、王承绪编译《杜威教育论著选》,上海:华东师范大学出版社,1981年,第320页。
② [美]杜威:《民主主义与教育》,王承绪译,北京:人民教育出版社,2001年,第59页。
③ [美]杜威:《民主主义与教育》,王承绪译,北京:人民教育出版社,2001年,第201页。
④ 董宝良、周洪宇:《中国近现代教育思潮与流派》,人民教育出版社,1997年,第527页。

三、生活教育思潮的形成与发展

生活教育思潮滥觞于20世纪初期，形成于20年代中期至30年代中期，发展于30年代中期至40年代末。从20年代中期起，开始对中国教育界产生影响，至三四十年代，其影响逐渐遍及全国乃至海外某些国家和地区。[①]

1. 生活教育思潮的萌芽

1906年，学部制定了中国近代第一个正式颁布的教育宗旨，其中将"尚实"列入其中。1912年中华民国成立以后，时任教育总长的蔡元培，发表了《对于教育方针之意见》，提出"五育并举"的教育方针，其中包括实利主义教育。同年，中华民国教育部正式公布了教育宗旨，即"注重道德教育，以实利教育、军国民教育辅之，更以美感教育完成其道德"。实利主义教育被列入教育宗旨，以法律条文的形式规定下来，推行全国。实利主义教育的目的是改变学校教育与社会脱节的现象。同年，庄俞发表《采用实用主义》一文，引发巨大反响。他提倡实用主义，倡导教育紧密联系生活，改革现行教育，提出了实用主义教育观。

1913年，时任江苏省教育司司长的黄炎培颁布了《江苏今后五年间教育计划书》，首次提出"生活教育"。同年，他发表了《学校教育采用实用主义之商榷》一文，批判了当时中小学教育脱离学生生活实际的现状。在该文中，黄炎培从理论上论证了教育与生活、学校与社会相联系的必要性与可能性，结合我国普通教育、实业教育的实际情况，具体地提出了改革各科教学内容和教学方法，以及实用主义教育的方案。他提倡实用主义教育，认为应从小学普通教育入手，即在小学推行"实用主义教育"。1914年，顾树森发表《实用主义生活教育设施法》，深入分析了当时小学教育的弊端及根源，提出以"生活教育"作为推行实用主义教育的标准，同时在小学学校编制、教学方法等方面提出了"生活教育"的实施方案。

学校教育采用实用主义的提出，反映了当时中国社会经济由封建小农经济向资本主义工商业经济转变的历史趋势，适应了社会进步人士的普遍愿望。因此，一经提倡，应者如云。江苏、上海各小学热烈的响应，安徽、江

---

① 董宝良、周洪宇：《中国近现代教育思潮与流派》，北京：人民教育出版社，1997年，第528页。

西、浙江、山东、直隶各省亦有实行。① 这些教育改革的试行,推动和促进了生活教育思潮的形成。

1918年,陶行知在《教育与职业》上发表《生利主义之职业教育》一文,在文中对生活教育进行了表述,这是目前所能见的陶行知关于生活教育最早的表述,但还没有明确提出生活教育的概念。② 他在文中说,"生活主义包含万状,凡人生一切所需皆属之。其范围之广,实与教育等。有关于职业之生活,即有关职业之教育;有关于消闲之生活,即有关于消闲之教育,有关于社交之生活,即有关于社交之教育;有关于天然界之生活,即有关于天然界之教育。"③

另外,随着杜威、孟禄1919—1922年间相继来华讲学,尤其是杜威来华两年多的讲学,促进了实用主义教育思想的传播。但这个时期,"生活教育"仅作为一个名词在使用,既无系统的理论界定,又无教育实践。④ 因此20世纪初期是生活教育思潮的萌芽期。

2. 生活教育思潮的兴起

20年代中期开始,生活教育思潮开始形成。陶行知及其同事、学生创立了"生活教育派"。陶行知在传播杜威教育理论的同时,对其进行了修正。1926年11月,陶行知在中华教育改进社特约乡村教师研究会发起并通过《我们的信条》,生活教育的思想逐渐明朗。在《我们的信条》中,他指出:"我们深信生活是教育的中心","我们深信教育应当培植生活力,使学生向上长","我们深信乡村学校应当做改造乡村生活的中心","我们深信乡村教师应当做改造乡村生活的灵魂"。⑤ 同年12月,在改进社乡村教育讨论会上,陶行知指出中国乡村教育走错了路,生路"就是建设适合乡村实际生活的活教育。我们要从乡村实际生活产生活的中心学校;从活的中心学校产生活的乡村师范;从活的乡村师范产生活的教师;从活的教师产生活的学生,活的国民。"⑥1927年,陶行知与赵叔愚、杨效春、陈鹤琴等创办了南京试验乡村师范学校,他的生活教育逐渐明朗,并用生活教育理论指导教育实践。在

---

① 吴洪成:《略论民初实利主义、实用主义教育思潮》,《四川师范大学学报》(社会科学版),1994年第1期,第69页。
② 蒋纯焦:《教育家陶行知研究》,济南:山东人民出版社,2016年,第135页。
③ 陶行知:《陶行知全集》(第1卷),成都:四川教育出版社,2005年,第10页。
④ 徐莹晖:《中国生活教育运动史(1927—1946)》,南京:河海大学出版社,2017年,第94页。
⑤ 陶行知:《陶行知全集》(第1卷),成都:四川教育出版社,2005年,第74—75页。
⑥ 陶行知:《陶行知全集》(第1卷),成都:四川教育出版社,2005年,第85页。

批判地继承中外教育理论的基础以及晓庄学校实验的基础上,陶行知提出了系统的生活教育理论。

除了生活教育派,当时从事民众教育、乡村教育和社会教育的知识分子,在认识到传统教育的弊端的基础之上,开始撰文宣传生活教育。这些知识分子包括俞庆棠、陈礼江等人。30年代初,为了配合蒋介石在国民党统治区开展"新生活运动",陈果夫、陈立夫等国民党政府官员和御用学者也忽然对生活教育产生兴趣,纷纷成立生活教育研究会,写文章,出专辑,宣传生活教育。①

20年代中期至30年代中期,生活教育思潮开始兴起。尽管提倡生活教育思想的流派众多,目的各异,但生活教育是各派进行教育改革的核心词汇。

3. 生活教育思潮的发展

20世纪30年代中期以后,随着社会政治、经济形势的不断变化,尤其是抗日战争的全面爆发,民族救亡运动的方兴未艾,生活教育思潮有了新的发展。②生活教育思潮在理论上更系统、全面,实践中得到广泛传播与运用。陶行知与他的同事、学生们相继发表了一系列文章,使得生活教育理论的研究和阐述更加全面和深入。1934年,在《生活教育》创刊号上,陶行知撰文说,"生活教育是生活所原有,生活所自营,生活所必需的教育。教育的根本意义是生活之变化。生活无时不变,即生活无时不含有教育的意义"。③1935年,陶行知在《中华教育界》上发表《普及现代生活教育之路》,该文由三篇文章组成,约17 000字,系统论述了现代生活教育的相关问题。④ 1946年5月,陶行知在生活教育社上海分社筹备会上对生活教育作最后一次阐释,"教育不通过生活是没有用的,需要生活的教育,用生活来教育,为生活而教育"。⑤ 实践中,生活教育的重要主张尤其是陶行知的"生活即教育""社会即学校""教学做合一""即知即传""小先生制"等在全国乃至海外某些国家和地区得到传播及运用,如印度、印度尼西亚、缅甸等国家和地区对陶

---

① 董宝良、周洪宇:《中国近现代教育思潮与流派》,北京:人民教育出版社,1997年,第533页。
② 董宝良、周洪宇:《中国近现代教育思潮与流派》,北京:人民教育出版社,1997年,第533页。
③ 陶行知:《陶行知全集》(第3卷),成都:四川教育出版社,2005年,第206页。
④ 金林祥、胡国枢:《陶行知词典》,上海:上海百家出版社,2009年,第172页。
⑤ 陶行知:《陶行知全集》(第4卷),成都:四川教育出版社,2005年,第530页。

行知的生活教育理论产生了浓厚兴趣,有的还开展了不少具体的实验工作,并取得一定的成绩。其后,因种种原因,生活教育思潮渐趋沉寂。

第二节 生活教育思潮的主要内容

生活教育思潮的提倡者和推行者是一个相当庞杂的社会群体,包括或包容了众多的教育流派和个人。这些提倡者主要包括三个流派。第一个流派是多年在理论上和实践上一贯提倡、推行生活教育的陶行知及其同事、学生们(时人称之为"生活教育派")。生活教育派在所有流派中起到了主导作用。该流派以陶行知为主要代表,以生活教育理论为基本理论,以生活教育社为核心组织,以《生活教育》杂志为基本阵地,形成于20世纪20年代中期,活跃于30至40年代。代表人物还包括张宗麟、刘季平、董纯才、张劲夫、方与严、王洞若、戴伯韬、程今吾、操震球、汪达之、马侣贤、师昌书、孙铭勋、戴自俺、张健等人。第二个流派是在理论上和实践上与生活教育派比较接近的一般民众教育、乡村教育和社会教育者,如俞庆棠、陈礼江、高阳等人。他们对陶行知及其生活教育派的主张表示赞同,并就生活教育发表自己的见解,成为宣传和推行生活教育的重要力量。第三个流派是指与前两者理论上有所不同,政治上距离尤远的以陈果夫、陈立夫等人为代表的部分国民党政府官员与御用学者。这一派的理论观点与前两者截然不同。[①] 上述流派在教育本质、教育目的、教学、教育场所方面都形成了自己的理论体系,促进了生活教育思潮的传播。

一、教育本质论

对于教育是什么,生活教育思潮的各流派观点都不尽相同。生活教育派关于教育本质的核心观点是"生活即教育"。该提法源自杜威的"教育即生活"。但生活教育派对杜威的观点进行了修正。一方面陶行知批评杜威所倡导的"教育即生活""学校即社会"知识在学校里模仿社会生活是虚拟的生活,并未真正将教育与生活融为一体,把杜威的名言"翻半个筋斗",另一方面他的生活教育论又是杜威现代教育理论中国化修正的产物。[②]

[①] 董宝良、周洪宇:《中国近现代教育思潮与流派》,北京:人民教育出版社,1997年,第524—525页。

[②] 蒋纯焦:《教育家陶行知研究》,济南:山东人民出版社,2016年,第24页。

"生活即教育"是生活教育派的重要主张,"生活教育是生活所原有,生活所自营,生活所必需的教育。教育的根本意义是生活之变化。生活无时不变,即生活无时不含有教育的意义。因此,我们可以说:'生活即教育'"。①

"生活即教育"不是要把生活与教育等同起来,二者的关系是生活决定教育,教育改造生活,"从生活与教育的关系上说,是生活决定教育。从效力上说,教育要通过生活才能发出力量而成为真正的教育。②"

生活决定教育,即过什么样的生活便是受什么样的教育,有什么样的生活就有什么样的教育,"过好的生活,便是受好的教育;过坏的生活,便是受坏的教育;过有目的的生活,便是受有目的的教育……"③教育改造生活,指教育不但可以使个体生活得到很好的改造,而且能改造社会,增进文明。陶行知认为,一方面,教育可以改造个体的生活,"使人天天改造,天天进步,天天往好的路上走;就是要用新的学理,新的方法,来改造学生的经验"。④ 另一方面,教育可以改造社会,陶行知在《我们的信条》中说:"我们深信乡村学校应当做改造乡村生活的中心。我们深信乡村教师应当做改造乡村生活的灵魂。"抗战时期,陶行知更是提出"'教育是民族解放、大众解放、人类解放之武器。'这种教育观,是把教育从游戏场、陈列室解放出来,输送到战场上去。……生活教育理论,是半殖民地半封建的中国争取自由平等的教育理论。"⑤

在理论上和实践上与生活教育派比较接近的教育界其他人士在开展自己的教改实验(如民众教育、社会教育等)的基础之上,赞同生活教育派的思想,并提出了对教育本质的理解。陈礼江认为,生活教育是为生活而施行的教育,应该积极地培养并增加人类的生活能力。⑥ 俞庆棠认为,教育与生活合一的理论,单靠学校教育是不能实现的,"所以只有将整个生活予以意识的指导使发生教育的功能"。她同时指出,"教育的最大功能,只有将整个生活继续的予以指导"。⑦

---

① 董宝良:《陶行知教育论著选》,北京:人民教育出版社,第390页。
② 陶行知:《陶行知全集》(第4卷),成都:四川教育出版社,2005年,第358页。
③ 陶行知:《陶行知全集》(第3卷),成都:四川教育出版社,2005年,第206页。
④ 陶行知:《陶行知全集》(第1卷),成都:四川教育出版社,2005年,第266页。
⑤ 陶行知:《陶行知全集》(第4卷),成都:四川教育出版社,2005年,第358页。
⑥ 董宝良、周洪宇:《中国近现代教育思潮与流派》,人民教育出版社,1997年,第555页。
⑦ 俞庆棠:《民众教育理论的探讨》,《教育与民众》1934年第6卷第9期。

以陈果夫、陈立夫等人为代表的部分国民党政府官员提出了对生活教育不同的理解。陈果夫认为中国教育存在与实际不相接轨的弊端,在《中国教育改革之途径》中他阐述了社会教育的意义,含有生活教育的意蕴。他说,"人类既然要'做到老,学到老',那么除了学校教育与补习教育之外,最好把人类社会造成一个广大的教育环境,使社会本身成为一个教育机关,使社会上一切设施,各方面都配合成教育的机体。使人人生长在教育的空间里,随时随地都可以学,所闻所见,都得到受教育的机会。"①陈立夫在抗战时期任国民党政府的教育部长,他认为"生活教育是生活所原有,生活所自营,生活所必需的教育。"这种观点借用了陶行知的生活教育定义,但有所不同。②

二、教育目的论

对于生活教育的目的,不同的派别有不同的认识。生活教育派主张以教育的手段来培养人们做自己和国家的主人,培养德、智、体、美、劳诸方面和谐发展,具有自觉性和创造力的"真善美的活人",培养为民族、为大众、为人类求解放、谋幸福的新人。③

陶行知认为教育是培养国民主人翁意识的根本。1914年,陶行知在金陵大学毕业论文中写道,"罗比尔曰'吾英人第一责任,即教育为国家主人翁之众庶是已。'故今日当局者第一要务,即视众庶程度,实有不足。但其为可教,施以相当之教育,而养成其为国家主人翁之资格焉。"④

陶行知还认为教育是改造社会的利器,是民族解放、大众解放、人类解放的武器。他说:"'教育是民族解放、大众解放、人类解放之武器。'这种教育观,是把教育从游戏场、陈列室解放出来,输送到战场上去。时间不许我细说,总之,生活教育理论,是半殖民地半封建的中国争取自由平等的教育理论。"⑤此外,生活教育派认为,生活教育是"大众教育"、"民主教育"、"是

---

① 陈果夫:《中国教育改革之途径》,台北:正中书局,1946年。转引自李国瑞:《陈果夫的教育思想》,《教育学术学刊》2011年第10期。
② 董宝良、周洪宇:《中国近现代教育思潮与流派》,北京:人民教育出版社,1997年,第551页。
③ 董宝良、周洪宇:《中国近现代教育思潮与流派》,北京:人民教育出版社,1997年,第539页。
④ 陶行知:《陶行知全集》(第1卷),成都:四川教育出版社,2005年,第189页。
⑤ 陶行知:《陶行知全集》(第4卷),成都:四川教育出版社,2005年,第358页。

人民的教育,人民办的教育,为人民自己的幸福而办的教育"。①

陈果夫主张生活教育的目的是人性的改良,生活的改善,人能尽其才,造就三民主义的国民。② 他说,"生活教育之目的,在养成国民独立生活之技能,而使其各有美满快乐之生活,并加以严格之精神训练,使其深知做人之道理,能发挥敬业乐群合作互助之精神,以跻民族生活于共同进步之境,而增强全民族之力量"。③

三、教学论

在教学论上,生活教育思潮的各派别都非常重视实践,强调生活教育是在生活实践中开展的。生活教育派的教学论是"教学做合一"。1926年陶行知在为提倡乡村教育而作的《我们的信条》中说,"我们深信教法学法做法合一"。④ 在《中国师范教育建设论》中再次提到了教学做合一,"教的法子要根据学的法子,学的法子要根据做的法子。教法、学法、做法是应当合一的。我们对于这个问题所建议的答语是:事怎样做就怎样学;怎样学就怎样教;怎样教就怎样训练教师。"⑤1927年3月,晓庄学校成立以后,陶行知将"教学做合一"作为晓庄的校训。"教学做合一"的意思是,"教学做是一件事,不是三件事。我们要在做上教,在做上学。在做上教的是先生;在做上学的是学生。"⑥

在理论上和实践上与生活教育派比较接近的教育界其他人士对生活教育教学各自提出了不同的看法。有的学者赞同陶行知的做法,主张采用"身心并用,手脑合一"的方法,将生活教育从学校教育中推广至民众教育中去。如陈礼江说:"只有民众教育才算是以'宇宙为教室,万物为导师,生活为课程'。只有民众教育才能运用'教学做合一'的方法,建造大众的新生命。"⑦陈礼江认为,民众教育是"本着'生活即教育'的主张,运用'教学做合一'的方法,使民众'身心并用'、'手脑合一',以适应生活,改造生活的生活教

---

① 陶行知:《陶行知全集》(第4卷),成都:四川教育出版社,2005年,第490页。
② 李国瑞:《陈果夫的教育思想》,《教育学术月刊》2011年第10期。
③ 陈果夫:《生活教育之意义》,《江苏教育》1934年第3卷第3期。
④ 陶行知:《陶行知全集》(第1卷),成都:四川教育出版社,2005年,第75页。
⑤ 陶行知:《陶行知全集》(第1卷),成都:四川教育出版社,2005年,第76页。
⑥ 陶行知:《陶行知全集》(第1卷),成都:四川教育出版社,2005年,第106页。
⑦ 陈礼江:《民众教育的哲学基础》,《山东民众教育月刊》1931年第3卷第1期。

育。"①宝山县立师范学校教师孙伯才持不同意见,他在考察过晓庄学校之后,主张"做学教合一"。他说:"这做学教合一与教学做合一,在原则上本是同出一辙的,不过那教学做合一很会引起人的误解,以为是由教而学,由学而做。一种演绎的说法,做学教合一比较醒目一些,因为做是生活的手段,由做上学,由做上教,不致误会到'做'是教学后之一种附属物。"②陶行知虽认为这一提法"格外有意思"③,但始终坚持"教学做合一"的主张。

四、场所论

在生活教育的实施场所方面,生活教育思潮的各流派,提出了不同的见解。"生活即教育"的基础上,陶行知提出了"社会即学校"。陶行知希望将社会变成学校,使社会具有教育意义,成为教育场所,"到处是生活,即到处是教育;整个社会是生活的场所,亦即教育之场所。因此,我们又可以说:'社会即学校'。……自有人类以来,社会即是学校,生活即使教育"。④陶行知认为"社会即学校"包含两方面的意思。一是社会本身具有教育的意义,学校要充分利用社会资源,"将校门打开,运用社会的力量,使学校进步"。⑤另一方面,指学校要了解社会、研究社会,运用教育的力量改造社会,谋求社会进步,"动用学校的力量,帮助社会进步"。⑥

俞庆棠长期从事民众教育,赞同陶行知"社会即学校"的观点。如在抗战胜利后,她在上海创立实验民众学校。在实验民众学校的办学方针上,俞庆棠大胆尝试,采取学校与社会并举的思路,着力推动民众教育健康发展。⑦相菊潭主张生活教育应该是通过家庭、学校和社会来加以实施。他说:"其实真正的生活教育,应该将学校教育和社会教育打成一片,学校即是社会,社会就是学校。"⑧

以陈果夫、陈立夫等人为代表的部分国民党政府官员对生活教育的场所提出了不同的看法。以陈果夫为例,他主张通过学校教育实施生活教育,

---

① 陈礼江:《民众教育的哲学基础》,《山东民众教育月刊》1931年第3卷第1期。
② 孙伯才:《"做学教合一"之理论与实际》,《教育杂志》1928年第20卷第11号。
③ 陶行知:《陶行知全集》(第1卷),成都:四川教育出版社,2005年,第106页。
④ 陶行知:《陶行知全集》(第3卷),成都:四川教育出版社,2005年,第206页。
⑤ 陶行知:《陶行知全集》(第4卷),成都:四川教育出版社,2005年,第482页。
⑥ 陶行知:《陶行知全集》(第4卷),成都:四川教育出版社,2005年,第482页。
⑦ 赵伟:《俞庆棠:中国近代民众教育的拓荒者》,《教育与职业》2009年第16期,第99页。
⑧ 相菊潭:《生活教育发凡》,《江苏教育》1934年第3卷第3期。

"在国民教育(即小学教育)与大学教育之间特设一生活教育阶段,并在这个阶段里开设初级生活学校和高级生活学校。前者旨在养成学生自谋生活的能力,以使其生活适应环境,美满而有意义;后者旨在培养熟练技巧与有组织能力之人才。"①

第三节 生活教育思潮的影响及评价

以生活教育理论为代表的生活教育思潮不仅对中国的教育思想和教育实践产生影响,而且在世界范围内产生了影响。作为一种具有中国特色的教育思潮,生活教育思潮既具理论价值,又有实践意义。但因为产生于特定的历史时代,以生活教育理论为代表的生活教育思潮不可避免地带有历史的局限性。

一、生活教育思潮的影响

生活教育思潮对20世纪20年代以后的中国社会变迁和教育发展起到了巨大推动作用,在许多方面都产生了巨大影响。它既对中国的教育思想产生影响,也对教育实践产生了影响;既对国内有影响,也在国外有影响;既对当时的教育有影响,对当下的教育改革也有影响。

(一)生活教育思潮在国内的影响

生活教育思潮引发了中国教育思想的更新。在生活教育思潮的影响下,人们重新思考了教育、学校、教学、课程等概念。生活教育思潮也引发了中国教育实践的变革,促使中国当时的教育体制、教育方法、教育组成形式等均发生了嬗变。教育体制上,生活教育思潮促进了乡村教育、普及教育、民众教育、社会教育、幼稚教育、女子教育、师范教育、职业教育等多种教育事业的发展。② 以生活教育派为主要代表的生活教育思潮通过陶行知的平民教育运动、乡村教育运动、普及教育运动、国难教育运动和民主教育运动得以传播,产生了巨大的影响。

20世纪20年代开始,"生活教育"被作为"学制标准"列入了1922年的

---

① 董宝良、周洪宇:《中国近现代教育思潮与流派》,北京:人民教育出版社,1997年,第553页。
② 董宝良、周洪宇:《中国近现代教育思潮与流派》,北京:人民教育出版社,1997年,第562页。

《学校系统改革案》(简称"新学制"),各类生活学校、乡村师范学校等先后成为学制系统大家族的新成员,师生共同生活、共同管理成为20年代以后的一种新的办学模式。① 在生活教育思潮的影响下,中国的教育内容开始实用化、生活化,教育组织形式开始从单独重视学校教育,到学校教育和"大教育"并重,学校、社会、家庭均成为教育实施的场所。

以陶行知生活教育理论对乡村教育实践的影响为例。首先,生活教育理论以晓庄师范为实践基地,建立一种全新的办学模式,推进了乡村教育改革,引起了中国各界的瞩目。一方面,教育团体、机构、教育名流或教师个人慕名而来,厦门大学、南京市教育局、上海市教育局、宝山县立师范、全国教育会议代表等均来校参观,尤其是梁漱溟为办理乡村教育曾两度来到晓庄。另一方面,晓庄也吸引了军政界人物的目光,如蒋介石和宋美龄两次参观晓庄,冯玉祥也数度赴晓庄参观考察。②

其次,生活教育理论在晓庄师范的实践,直接推动了乡村师范学校的改革和发展。江、浙、皖、闽、粤、赣、豫等省于1927年后增设了乡村师范,这些学校仿效晓庄模式,同时求援晓庄师范学生办理。晓庄师范毕业的学生大多赴各县市增设的中心小学担任教师或校长,推动了乡村教育的改革和发展。如1930年夏,陶行知的同事张宗麟来到厦门集美幼师担任教员,并于1932年担任集美试验乡村师范学校的校长,实践生活教育,推动了福建的乡村教育改革。1933年春,陶行知推荐晓庄学校的同事潘一尘,学生程今吾、程本海等人赴广东大埔县百侯中学任教。在他们的推动下,百侯中学从课堂教学、学校管理和社会生活等各个方面贯彻生活教育理论,掀起了改革教育和普及教育的热潮。百侯中学的生活教育实践还影响到了大埔县的其他学校,该校"实行生活教育,影响深远,成为南方农村中小学教育改革的一面光辉旗帜。"③陶行知的同事杨效春于1935年在安徽巢县创办黄麓简易乡村师范学校并担任校长,继续推行生活教育,影响了安徽的教育改革。

最后,生活教育理论在晓庄师范的实践,间接促进了教育行政当局乡村教育政策的出台。如1928年5月第一次全国教育会议上通过了《提倡乡村教育设立乡村师范案》《请大学院明令各省注意训练乡村教育师资案》等,8

---

① 董宝良、周洪宇:《中国近现代教育思潮与流派》,北京:人民教育出版社,1997年,第562—563页。
② 徐莹晖:《中国生活教育运动史》(1927—1946),南京:河海大学出版社,2017年,第29—30页。
③ 杨冰:《陶行知教育思想传播史》,南京:河海大学出版社,2017年,第104页。

月公布《全国教育会议议决乡村师范学校制度和办法》;1930年4月第二次全国教育会议进一步规定了初中高三级乡村师范。①

(二)生活教育思潮在国外及港台地区的影响

生活教育思潮对日本、美国、新加坡、印度等国及港台地区均产生了巨大影响。1930年4月,陶行知避难于日本,他的生活教育理论引起了日本学者的极大关注,并对日本教育产生了影响。1934年,陶行知主编的《生活教育》和其他著作随之传到了日本的"儿童之村"小学,之后该小学创办了学习介绍生活教育的刊物《生活学校》。"儿童之村"小学的教师牧泽伊平、户塚廉对陶行知的思想进行宣传和介绍。其中,1935年和1940年,牧泽伊平分别在《生活学校》、《训导生活》等杂志上撰文介绍了陶行知及其"小先生制"运动、"工学团"运动,使得陶行知的思想对日本产生了影响。二战后,斋藤秋男、新岛淳良、市川博、阿部洋等一批学养丰厚、思想进步的教育学者,通过对陶行知的研究,对战后日本的教育改革发挥了积极作用。②

美国学者克伯屈、杜威、孟禄、朱宕潜、费正清等学者充分肯定了陶行知的教育理论与实践。如克伯屈是陶行知当年在哥伦比亚大学师范学院的老师,他于1929年参观晓庄师范后,对晓庄给予很高的赞誉,"它实施的方针和办法,以及发动的理想,进步的过程……这也可以代表中国整个民族的精神。"③美国援华会总干事毕莱士在1946年曾撰文,"我觉得陶博士不仅仅是属于中国的,而且是属于全世界的。"④

此外,陶行知1936年担任国民外交使节期间,曾访问新加坡,并做了《新中国与新教育》的演讲。1938年访问印度,拜访了甘地和泰戈尔,并出席印度学生、工人、农民代表及全印大会领袖举行的欢迎茶会。同时,应甘地之约,在印度杂志《民族旗帜》上刊发《中国的大众教育》一文。在20世纪30年代和40年代,印度尼西亚和缅甸的一些教育工作者(有晓庄学校的毕业生,也有生活教育的追随者)就开始尝试在当地学校推行陶行知的教育理论。

陶行知的生活教育理论对港台地区也产生了影响。陶行知于1936—1939年间曾三次在香港逗留。1938年他与黄泽南、吴涵真、方与严一起创办了中华业余补习学校(亦称店员职业补习学校),该校按照生活教育的指

---

① 徐莹晖:《中国生活教育运动史》(1927—1946),南京:河海大学出版社,2017年,第30页。
② 董宝良、周洪宇:《中国近现代教育思潮与流派》,北京:人民教育出版社,1997年,第566页。
③ 陶行知:《陶行知全集》(第2卷),成都:四川教育出版社,2005年,第382页。
④ 周洪宇:《陶行知生活教育学说》,武汉:湖北教育出版社,2011年,第320页。

导思想,以教学做合一为教学方法,以教育方式发动侨胞救国。该校为国家和社会培养了不少人才。1949年蒋介石逃往台湾后,重新提出了"新生活运动"的口号,提出了所谓"新生活教育学说",要求青少年改进生活作风,要求教师实行"新生活教育"。此后,蒋介石通过演讲、撰文、颁布政策法案来推进"新生活教育"。但蒋介石的所谓"新生活教育"不过是把儒家的那套封建伦理道德与西方现代教育的某些因素糅合在一起,旨在以儒家学说来收拾人心,整饬教育,巩固其统治,与陶行知倡导的充满时代气息的、进步的"生活教育"完全是两码事。①

二、对生活教育思潮的评价

以生活教育派为主的生活教育思潮对批判中国传统教育、洋化教育,推动中国教育改革具有重大贡献。该思潮揭露并批判了旧教育存在的问题,同时提出了解决办法,在当时的历史条件下,形成了一种具有中国特色的教育思潮,既具理论价值,又有实践意义。作为一种与现代社会生活相适应的教育学说,生活教育在许多方面都反映了教育发展的客观规律,蕴含不少合理因素,它的现代大教育观、主体教育论、实践教学法和终生教育论等,为我国社会主义教育理论体系提供了丰富的思想养分。② 同时,生活教育理论在实践方面具有现实意义,为中国当前的教育改革提供了有益的理论借鉴。

但作为特定历史时代产生的教育理论,生活教育理论不可避免地带有历史的局限性。生活教育理论的"生活即教育"旨在促进教育与生活的融合,普及教育,出发点是好的,但将生活与教育完全等同,教育完全以生活为中心,使得教育失去了其特殊性,同时夸大了生活的教育作用。"社会即学校"超越了杜威的"学校即社会"的"鸟笼式"的教育,目的是改造中国学校与社会脱节的旧学校教育,将学校与社会融合。但将工厂、农村、店铺、家庭、戏台、茶馆、庙宇、监狱均视为学校,淡化了学校教育的特殊功能。"教学做合一"对于破除"教死书、死教书、教书死"的传统教学方法,无疑起了巨大作用,有很大的进步性,是对教学方法论的历史性贡献。但"教学做合一"要求教与学完全以"做"为中心,事怎么做就怎么学、怎么教,实际上是把"认识过

---

① 周洪宇,《陶行知生活教育学说》,武汉:湖北教育出版社,2011年,第334页。
② 周洪宇,《陶行知生活教育学说》,武汉:湖北教育出版社,2011年,第277页。

程"和"教学过程"等同起来,忽视了教学活动的特殊性。①

思考题

1. 简述生活教育思潮形成的社会背景及思想渊源。
2. 简述生活教育思潮的发展轨迹。
3. 简述生活教育思潮的教育本质论。
4. 简述生活教育思潮的教学论。
5. 简述生活教育思潮的场所论。
6. 生活教育思潮对中国教育产生了哪些影响?
7. 简析陶行知生活教育思想的现代价值。

拓展性阅读导航

1. 陶行知:《陶行知全集》,成都:四川教育出版社,2005年。
2. 董宝良、周洪宇:《中国近现代教育思潮与流派》,北京:人民教育出版社,1997年。
3. 董宝良、周洪宇:《陶行知教育学说》,武汉:湖北教育出版社,1993年。
4. 周洪宇:《陶行知生活教育学说》,武汉:湖北教育出版社,2011年。
5. 蒋纯焦:《教育家陶行知研究》,济南:山东人民出版社,2016年。
6. 胡国枢:《中华本土教育家——陶行知》,杭州:杭州出版社,2009年。

---

① 孙培青、李国均:《中国教育思想史》(第三卷),上海:华东师范大学出版社,1995年,第437页。

第八章 终身教育思潮

终身教育是指人一生中所受教育的总和。它包括一切教育活动、一切教育机会和教育的一切方面,是一个人从出生到死亡一生的教育和个人以及社会整个教育的统一的综合。个人一生的教育机会和社会的教育机会的统一才是终身教育。

终身教育思潮是 20 世纪人类认识教育的本质、探索教育新方式、新模式的一种理论创举,是"教育史上最引人注目的事件"(查尔斯·赫尔梅)。自 20 世纪 60 年代著名的法国成人教育家保罗·朗格郎提出终身教育的口号之后,终身教育已成为一种席卷全球的国际教育改革的浪潮。了解终身教育思潮的形成背景和发展过程,具体探究它的涵义、特征和内容结构,客观地分析它对现代社会的意义、影响,对于我们构建现代终身教育体系无疑具有指导的价值。

第一节 终身教育思潮的形成和发展

一、终身教育思想的萌芽

人的一生要接受教育作为一种教育思想源远流长。中国有一句家喻户晓的格言"活到老,学到老"就是这种思想的体现。2500 年前的孔子认为人"非生而知之",因而要终身不断地努力学习。他说"吾十有五而志于学,三十而立,四十而不惑,五十而知天命,六十而耳顺,七十而从心所欲,不逾矩。"这既是他一生"学而不厌"的写照,又是他终身教育思想的体现。孔子被誉为"发现和论述终身教育必要性的先驱者"[1]在西方,古希腊著名的哲学家、教育家柏拉图 2000 年前就对人从出生到老死各个年龄段所应进行的

---

[1] [日]持田荣一等:《终身教育大全》,北京:中国妇女出版社,1987 年,第 16 页。周蕴石:《终身教育》,哈尔滨:黑龙江教育出版社,1989 年,第 4 页。

不同内容的教育进行了详尽的论述。柏拉图认为要实现"理想国"的目标只有通过一个从生到死整个过程的教育。他把终身教育分为影响教育阶段、意志教育阶段、发展智慧教育阶段、研究"辩证法"教育阶段、哲人王教育阶段。可见，不论在东方，还是在西方，终身教育的思想古已有之。只是由于历史的局限，这些朴素的思想没有也不可能得到充分的实践和发展。

随着资本主义制度的兴起，欧洲文艺复兴和工业革命孕育了广泛的成人教育。一些进步的教育家提出了启蒙时期的成人教育、终身教育思想。17世纪捷克教育家夸美纽斯倡导"泛智"，即让一切人通过接受不断的教育获得广泛全面的知识。他主张学习的程序应从婴儿期开始，一直继续到成年。在他晚年的著作中将终身教育及相关学校的构想划分为7个阶段：胎儿期、婴幼儿期、儿童期、少年期、青年期、成年期、老年期，创见性地提出了比较系统的终身教育的构想。英国空想社会主义者欧文也认为"人从出生到成年，应当通过当时的最好方式受到教育和培养"。在《新道德世界书》中他要求对社会居民按年龄进行分组，使每一年龄的人受到适合他们的教育。他还具体规定了包括60岁以上各年龄段的教育职责，强调未来社会的新人，从出生到老死都应接受不同内容的教育。法国近代教育理论的奠基人孔道塞更加明确地提出："教育应该不限年龄，任何年龄学习都是有益的而且是可能的。"他提倡学校向社会开放，以所有年龄的人为教育对象。

20世纪初有两位伟大的教育家对终身教育的发展做出了更大的贡献。一位是美国教育心理学家桑代克。他首次通过科学实验提出了成人学习能力随年龄增长呈现新的变化曲线，证明"学习之能量，永不停止，成人的可塑性和可教性仍大"。他的科学发现和理论建树堪为成人教育研究的"奠基石"，为实施终身教育和个人终身学习提供了依据。另一位是中国伟大的人民教育家陶行知，他提出"出世便是破蒙，进棺材才算毕业"，认为教育是"整个寿命的教育"。他把教育的周期同人的生命周期联系起来，强调教育寿命同个人身体的寿命一样长，人要终身不断受教育。他指出"生活教育与生俱来，与死同去，出生便是启蒙，进棺材才算毕业"，"生活教育是提供人生需要的教育"。

以上这些终身教育思想，虽然是零散的、不系统的，但并非孤立存在着，其积极的进步的内涵对终身教育思潮的形成有着深远的影响。

二、终身教育思潮的形成

(一) 终身教育思潮形成的背景

终身教育作为一种国际性的教育思潮诞生于 20 世纪 60 年代。它是时代的变迁和社会变革的必然产物,具有显著的历史性和时代感。

1. 适应国际间的协作

终身教育的观点不是作为一个学者或某个国家机关、团体的见解提出来的,而是在联合国教科文组织这样的国际机构中提出来的。过去地球上的人类,与其说愿意同他人共存,不如说更注重于追求自己的繁华,其结果是不断发生战争,以致人类自我走向毁灭。现在人类共同面临的最重要的课题是继续生存下去。"而且这不是最适应者得以生存的问题,而是要么全体生存下去,要么全体毁灭的问题。为了继续生存下去,世界各国必须学会在和平中共存"。联合国教科文组织在其宪章里曾做如下叙述:"在人类历史上,对相互风俗习惯和生活的无知,成为引起世界各国人民之间的疑惑和不信任的原因。这种疑惑和不信任往往导致战争的后果。为了确保人类的尊严,必须扩展文化,进行追求正义、自由、和平的教育。"[①]通过不断地教育、科学文化活动加强各国人民之间的联系,并以此确保世界的和平和安全。以教育革新为理念的终身教育,正是在国际的联系和协作的基础上适应世界所面临的这一重要课题,而于 20 世纪后半叶登上历史舞台的。

2. 适应民主化的进程

联合国教科文组织认为,为了维护地球上所有人的尊严,以保证其生命的安全和福利,必须依照正义的原则,创造出包括老年在内的都有受教育和学习的机会这样一种新局面。改变过去那种教育只作为一部分人们享受的特权的不合理现象,把教育变为所有的人都可以享受的公共福利,以适应全世界不断加快的民主化进程。

3. 适应社会的急剧变化

20 世纪后半叶科学技术的显著发展及随之而来的生活变化,导致了社会的日新月异,这就要求人们终身接受教育,以适应日益变化的环境。

(1) 科学技术的革命使人类进入一个知识爆炸的时代。旧的知识不断淘汰,新的知识不断增加(据统计目前的知识已达每三年就增加一倍)。如果人们不坚持不间断的学习和教育,就会成为时代的落伍者。

---

① [日]持田荣一等:《终身教育大全》,北京:中国妇女出版社,1987 年,第 17 页。

(2) 随着现代社会的飞速发展,经济建设水平和人们新的生活需求不断提高,产业结构不断变化,产品不断更新,新的职业和新的工种不断涌现。在这种情况下,一个人要不断变换自己的角色,这就要求人们必须坚持终身学习和教育,以便掌握新的生产技术,具备新的工作能力。

(3) 随着人类寿命的普遍延长,人类生活的时间相应增加,随着生产力的不断提高,人的闲暇时间相对增加,加之运输通信手段的发达,地区社会的城市化,人口结构的"小家庭化"使终身学习和教育成为可能。

(4) 当人类的物质生活需求得到基本满足以后,精神生活的丰富和自我实现的欲望就成为必要,终身不断的学习和教育是满足这种欲望的最主要的途径。这就是所谓的社会生活文化化。

(二) 终身教育思潮形成的过程

终身教育一词最早提出的人是英国著名成人教育家耶克斯利,1919年他参与制定了英国政府所属的成人教育委员会的一个报告。报告指出:"成人教育是国家的永久的需要,是公民权利不可分割的一部分。因此它必须是永久性和终身的。"1926年耶克斯利又推出了其终身教育思想的专门著作《终身教育》,这是有史可考的第一部以终身教育命名的专著。1956年法国的议会立法文件也引用了这一概念。20世纪60年代终身教育的倡导者首推联合国教科文组织成人教育局局长、法国成人教育专家保罗·朗格郎。朗格郎提出,数百年来把人生分为两半,前半生用于受教育,后半生用于工作,是毫无科学根据的。教育应该是贯穿人的一生的连续不断的过程。因此,他主张建立一个新的一体化教育体系,使今后的教育在每个人需要的时刻,以最好的方式提供必要的知识和技能,核心就是把教育扩展到一个人的一生,也就是使教育贯穿人的整个生活,将整个社会变成有体系的教育场所。1965年在联合国教科文组织召开的"第三届促进成人教育国际委员会"会上,郎格朗首次以"Education Permanent"为题做报告,提出了关于终身教育构想的提案。提案经讨论,得到许多成员国的赞同和支持,并广为传播。1970年联合国教科文组织出版了郎格朗的《终身教育入门》一书。这本系统阐述终身教育原理的专著的问世成为终身教育思潮形成的标志。

在终身教育思潮形成的过程中,联合国教科文组织始终是直接的推动者。它通过一系列国际性活动,使终身教育思想在世界各国迅速传播,促进终身教育思想进一步完善。

1970年"国际教育年",联合国教科文组织集中讨论了终身教育问题。从"49项工程"方面考察了终身教育在识字、职业进修、规划、理论等领域的应用。1972年发表了该组织国际教育发展委员会的报告《学会生存——教育世界的今天和明天》。该报告提出了21条革新建议,其中第一条就是把"终身教育作为发达国家和发展中国家在今后若干年内制订教育政策的主导思想"。1973年出版的《回归教育——为终身教育的战略》一书,明确提出:"回归教育是把义务教育或基础教育以后的一切教育都包括在内的教育战略。它的基本特征在于,此回归的方式,即教育和劳动(也包括业余的其他活动和老年生活等)交互进行的方式,把教育分散在个人的一生。"定义包含着两个重要素,一是提供变革传统教育体系的新战略,把教育伸展到个人的毕生——接受了终身教育的原则;二是主张有组织进行学习、教育并与社会其他活动有效地相互交替和循环。它为终身教育的实施提供了组织框架。1975年联合国教科文组织教育研究所主任研究员戴夫把终身教育理论概括为20条,对终身教育的概念、性质、组成部分、基本特征,教育形式和方法以及实施条件等一系列问题做了阐述,使这个理论更加系统化。1975年—1977年联合国教科文组织连续召开了3次有关终身教育的专题会议,把终身教育的讨论引申到教育领域的许多层面。1985年在巴黎召开的第四次国际成人教育大会,中国首次派团参加,参会的122个会员国一致同意"发展成人教育是实行终身教育的基本条件和教育民主化的主要因素"[①]。此后举行的关于教育的国际会议也都围绕终身教育的主题来讨论,特别是联合国教科文组织召开的一系列国际教育会议,都始终把终身教育作为构建21世纪的教育蓝图和学习化社会的关键因素之一。由于联合国教科文组织的不懈努力,终身教育的理论不断丰富,日益完善,并为国际社会普遍接受,最终形成一股巨大的教育思潮。

第二节　终身教育思潮的内容

一、终身教育的涵义

　　终身教育,顾名思义就是人一生所受的教育或人一生都受教育。大体的意思似乎人们都理解。然而作为一个定义,人们从不同的角度分析,有着不同的诠释。它最初的表现形式是法语"Education Permente"。有人译为

---

① 陆有铨:《躁动的百年——20世纪的教育历程》,济南:山东教育出版社1997年版,第584页。

"永久教育"、"恒久教育",一开始主要在从事社会教育的人们中间使用,并不很普及。后来联合国教科文组织把它译成"Lifelong Education",便普遍翻成"终身教育",日本人称为"生涯教育"。有人从制度的角度把它定义为"教育权的终身保障",即终身教育是"精神面包=教育"的终身保障,也就是马斯洛所说的人的最高欲望——"自我实现"欲望的满足。由于人不可能一辈子总是在学校读书,这就需要把学校教育和学校以外的教育结合起来,以制度形式保障每个国民得到这种"精神面包",也就是人生一贯教育的保障。这是民主和人权的要求。又有人从学习的内容角度把终身教育解释为"是专业和教养的教育",这是"精神面包"的营养问题。正如吃饭时考虑营养平衡那样,人生必须谋求"专业(职业)"与"教养"的统一。还有人从方法出发指出"不当未来的文盲就是终身教育"。按照托夫勒的观点,"不学习学习方法的人"是未来的文盲。不学习学习方法的人无法面对不可预测的新情况。人们必然会遇到若干偶发事件,这时人们必须拥有一种能力和方法,这就需要终身学习。

《学会生存》曾经这样界说终身教育的本质属性:"终身教育并不是一个教育体系,而是建立一个体系的全面组织所依据的原则,而这个原则又是贯穿在这个体系的每个部分的发展过程之中的"。① 终身教育按直观意义理解,就是:在纵向方面,教育贯穿于人生的所有阶段,从幼年到少年、青年、成年直至老年;在横向方面,教育涵括人生活的每一个场所,从学校到家庭、社区、劳动场所、大众媒介直至整个社会生活的人的全部活动。这就是现代终生教育思想的本质规律性。终身教育的权威郎格朗认为"终身教育的概念是一个人从出生到死亡一生的教育和个人以及社会整个教育的统一综合。个人一生的教育机会和社会的教育机会的统一才是终身教育"。

郎格朗的阐释得到人们的普遍认可。为此,我们把终身教育定义为:人们一生中所受教育的总和,它包含一切教育活动、一切教育机会和教育的一切方面。

二、终身教育的特征

终身教育是相对于传统的一次性学校教育提出来的。从它诞生的那一天起人们便在传统教育体系与终身教育的比较中认识分析阐述终身教育的

---

① 联合国教科文组织国际教育发展委员会编著,华东师范大学比较教育研究所译《学会生存——教育世界的今天和明天》,北京:教育科学出版社,1996年,第223页。

特性。朗格郎在1972年联合国教科文总部召开的"有关终身教育专题讨论会"上提出了终身教育的10个特性。此后荷兰的欧勉在《终身教育论文集》中列举出8个方面的特性。2015年联合国教科文组织在巴黎通过并发布了"教育2030行动框架",对终身教育不断发展目标做出分析。我们抓住终身教育的本质,结合客观实际,认为终身教育的主要特征有如下6个方面。

(一) 全员性

终身教育要求每一个人从生到死都必须接受连续不断的教育。它是面向所有人的教育,包括婴幼儿、青少年、中壮年和老年人。欧勉说:"终身教育是为一切人的教育。"教育是一项基本人权,是一项可行使的权利。为了实现这一权利,国家必须确保普及全纳、公平的优质教育和学习,不让一个人掉队。①

(二) 综合性

就其教育的机会有学前教育、学校教育和学校教育后的继续教育,终身教育追求其时空的综合;就其教育的内容有职业教育、生活教育、闲暇教育等,终身教育追求其专业(职业)和教养(自我实现)的综合统一。终身教育应以人类个性的全面发展,促进相互理解、宽容、友谊与和平为目标。②

(三) 灵活性

终身教育不仅在时间空间上有很大灵活性,而且在教学的内容、教学的技术、教学的方法上也进行灵活的选择。为了对正规的学校教育进行补充和辅助,应该通过提供资源充足、机制健全的非正规学习途径,鼓励非正式学习,包括使用信息通信技术,提供广泛和灵活的终身学习机会。③

(四) 民主性

终身教育反对教育只是为几个所谓的尖子服务,主张使具有多种能力和兴趣差异的一般民众都能平等获得教育和发展的机会。正如郎格朗所说:"终身教育尊重每个人的个性、独立性和本身的特殊风格,重视自发地、自主地、不断地发展成长。"它还体现在准入、参与、保留、完成和学习结果方面消除所有形式的排斥、边缘化、不公正的差异性、脆弱性和不平等问题。④

(五) 教育性

终身教育所创设的一切环境、提供的一切机会、开展的一切活动,或传播知识,或培养技能,或启迪智慧,或发展身心,无一不对受教育者予以教

---

①②③④　徐莉、王默、程换弟:《全球教育向终身学习迈进的新里程——"教育2030行动框架"目标译解》,《开放教育研究》2015年第21期。

育。当下又提出了确保"优质教育"是教育权利中必不可少的一部分,要确保教育能在所有水平和不同环境里导向相关、平等和有效的学习成果。优质的教育使得学习者具有基本的识字和计算能力,成为学习者进一步学习和获得高层次技能的基础。①

(六) 终身性

终身教育强调教育是贯穿人一生的连续不断的过程。"人的教育是与诞生同时开始"。正如陶行知所说:"生活教育与生俱来,与死同去,出生便是启蒙,进棺材方称毕业。"现在人们更是提出了受教育权从出生开始,贯穿一生。

三、终身教育的结构体系

终身教育作为一种教育思潮、一种科学的教育理论为教育构建了一个层次分明、结构完整的体系。横向上它包括家庭教育、学校教育、社会教育;纵向上它分为学前教育、学校教育、学校教育后的继续教育。我们认为横向上的内容结构,交叉渗透,相互的联系更加密切。下面就从这个角度对终身教育的结构体系做一些分析。

(一) 终身教育与家庭教育

终身教育的宗旨就是强调人从出生到老死一辈子受教育。家庭是人最早也是最久的受教育的场所,父母是孩子的第一任教师。所以家庭教育是终身教育的起点,是极其重要的组成部分。

家庭教育对人生的影响,尤其是对孩子的影响是巨大的,这一点可能大家都认识到了。然而长期以来在实际生活中远远没有引起应有的重视,或者说由于父母的无知,家庭教育没有起到应有的作用,甚至严重地阻碍了孩子们的发展。终身教育理论吸收了现代生理、心理和教育研究的最新成果,强调婴幼儿为人类生活的开始时期,是一生最富可塑性的时期,和婴幼儿直接接触、朝夕相伴的父母对他们的照料和教育直接影响他们的成长,决定他们一生性格的形成、智力的开启、能力的发展。因此人从一出生就要接受各种教育。在这个意义上婴幼儿期的家庭教育,是家庭教育中的第一阶段,作为连接学校教育、社会教育、终身教育的起点有着特别的意义。

其实,家庭教育的意义不仅在于对婴幼儿的影响,不仅在学前,而且对

---

① 徐莉、王默、程换弟:《全球教育向终身学习迈进的新里程——"教育2030行动框架"目标译解》,《开放教育研究》2015年第21期,第6页。

中小学生、对大学生,甚至对成人的发展都起着促进或阻碍作用。学校教育工作者提出"三结合教育"的口号正是因为这一点。百姓俗语"有什么样的父母,有什么样的孩子"、"家有贤妻,男儿不遭横事",说的就是这个道理。从形式上看,家庭教育有"私"的性质,然而家庭是社会的细胞,是社会和国家的重要基础,父母作为社会的代表者或继续者,接触儿童,传授社会的文化(言语、道德、知识、技术、理想等),把他们锻炼成社会人,具有社会的因素,它又有"公"的性质。终身教育强调只要家庭教育是教育,就必须具有方向或方针。这种方向和原则决不单纯是从家族的小社会中引出的,而是从父母期望子女将来怎样在社会上更好地生存下去出发的。

依靠家族使家庭教育社会化,使孩子社会化,不单纯是亲人的爱和保护,而是作为人生的先辈、人生的权威,作为社会的代理人的公共意识。若干父母自己年轻时并不爱学习或学习并不好,但是不约而同地要求自己的孩子要刻苦学习、学习好就是这个道理。

终身教育特别强调家庭教育的技术技巧和质量。多少年来之所以家庭教育没有引起足够的重视,没有起到应有的作用,是因为人们对家庭教育的无知。因此要想进行有效的家庭教育,走好家庭教育这一站,父母必须不断学习,社会必须提供帮助,通过社会教育、学校教育提高父母们的认识水平和家庭教育的能力。

(二) 终身教育与学校教育

终身教育是相对于学校教育提出来的,然而终身教育不仅不排斥学校教育,而且将学校视为终身教育的主要内容、主要阶段和主要过程。众所周知,学校教育是教育者根据一定社会的要求对受教育者进行的有目的、有计划、有组织、有步骤的教育。它相对集中在特定的环境里,由受过专业训练的专门工作者利用精心编撰的教科书,根据人的身心特点和教育规律组织进行,其效果是惊人的,能让受教育者在很短的几年、十几年时间内接受千万年人类留下的知识,最大限度地促进人身心的发展。所以学校教育一向受到人们的重视,也将更加受到人们的重视,是终身教育特别重要的一个阶段、一个环节。

因为人们对学校教育研究得太多了,这里我们不再赘述。然而终身教育对学校教育的本质要求必须提醒人们注意。比如终身教育要求对人的"智育、情绪、审美、职业、政治、身体等,授予多面性的教育,并从整体上寻求具体的联系"。终身教育反对把学校变成筛选人的工具,认为"在未成熟时期只限于一次的挑选是无益和有害的,希望在一生成长的各个阶段都能使人的素质充分地发挥出来"。终身教育要求学校教育要把"提高每个人的创造性"作为教育目的。这些在学校大力实施素质教育的今天有着特殊的意义。

传统的一次性学校教育的观念,忽视了人生智力开发的最佳期——学前教育,使学校很难培养出应有人才;又忽视了学校教育后的继续教育,使学校培养出的人很快就不能适应变化的社会。人们把培养人才的使命全部赌押给了阶段性的学校教育,对学校教育提出了苛刻的要求,做出了不公正的评价,严重影响了学校教育的声誉和发展。终身教育强调家庭教育、强调早期教育,强调社会教育,强调职后的继续教育,还给了学校教育的本来面貌,保证了学校教育的生源质量,保证了学校教育发展的整体性、连贯性、公平性。

(三) 终身教育与社会教育

终身教育的基本设想就是既存的学校教育体系和社会教育体系的综合统一。终身教育是圆周式的教育,是一种统一性、整体性、连贯性的教育。鉴于以考试为旨趣的传统学校教育,严重脱离社会生活,扼杀学生的创造性和社会的适应性。因而,教育必须打破学校教育的封闭性,在课程内容、组织形式、教学环节诸方面向社会开放,将社会、家庭、社区、大众传媒、工作场所等都纳入教育的范围,从而建立一种开放性的现代新型教育制度。在这种教育制度中,学习将是一个人普遍的行为方式,每个人随时都能够寻找到学习的机会或条件;只要他愿意,学习权是掌握在自己手中的。[①] 社会教育是一个庞大的教育体系。它既包括各种公共设施和宣传媒介的教育,如博物馆、图书馆、新华书店、影剧院、体育场馆、青少年宫、老年之家、广播电视、报纸杂志,又包括职后的各种成人教育,如农民教育、职工教育、干部教育、军人教育;既包括职业性的技术教育,又包括自我实现的"教养"教育;既包括制度化的规范教育,又包括自主性的休闲教育。这一庞大的教育体系涵盖了所有年龄层次的社会成员,从婴幼儿到老年人无一不可从中找到自己的场所,受到想受的教育。它对家庭教育、学校教育都有着不可估量的影响作用。可以说终身教育思潮形成的最大意义就在于突出了社会教育,尤其是职后的成人教育、老人教育的重要性和特殊地位,使家庭教育、学校教育和社会教育成为一个统一的有机体,使终身教育的思想落到了实处。

---

① 唐爱民:《当代西方教育思潮》,济南:山东人民出版社,2010年,第232页。

第三节　终身教育思潮的影响及评价

一、终身教育思潮的意义和影响

终身教育作为一种国际性的教育思潮一经形成便引发了整个教育理论的震荡和教育实践的空前变革。正如查尔斯·赫梅尔所评价的，终身教育的想法是简单的，但就其效果而言，"终身教育概念的提出可以与哥白尼式的革命相比，它是教育史上最引人注目的事件……，终身教育孕育着真正的教育复兴"[①]。终身教育的历史意义集中表现在大大促进了社会的进步，大大促进了自身的发展。

（一）终身教育促进了社会的进步

终身教育对社会经济发展的推动作用是十分显著的。终身教育弘扬的长期（终身）教育，尤其是职后的成人教育普遍提高了劳动者（生产力中最重要、最活跃的因素）的素质和创新能力。终身教育推动了科学技术的不断发展，加快了科学研究成果转化成生产技术的速度。这一切使生产过程更加科学规范，生产效率日益提高，产品的质量不断提高，新产品不断涌现，促进产业结构的调整和变化。比如农民技术教育直接推动了农业经济的发展，职工技术教育直接推动了工业经济的增长，科学技术的普及使整个社会的经济突飞猛进。

终身教育对现代社会政治制度的影响更是显而易见。终身教育所追求的是全民素质的提高和人的素质的全面提高和不断完善。这样的教育体系使人类相互之间增进了解、增进友谊，学会相互尊重、相互关心。这就大大促进了民主和法制的建设，对于政治制度的进步，上层建筑的发展，对于社会的稳定和繁荣都起到了积极的推动作用。它和世界发展的主旋律"和平和发展"完全合拍。

终身教育除了直接促进社会经济的发展、保证政治制度的进步之外，还在更广阔的范围内不断完善着人类的文化生活。当人的生存安全需要、物质需要得到基本满足之后，归属、爱、尊重和自我实现的需要成为必然。传统的学校教育或职业技术教育更多的是为就业生存着想，带着明显而强烈

[①] S.拉塞克等：《从现在到 2000 年教育内容发展的全球展望》，北京：教育科学出版社，1992年。

的功利性,很少顾及到人另一面的精神文化生活。终身教育除了强调就业的、技术的教育,以保证社会经济的不断发展,保证人类的物质生活水平不断提高,同时特别重视人类的精神生活。终身教育为了全面提高人的素质,提供各种层次、各种形式的教育,以保证不同层次、不同阶段的人能提高自己的文化素质和审美水平,都能丰富自己的精神生活,使身心得到愉悦。尤其是社会教育中的休闲教育、老年教育,发展了各种文化,丰富了生活内容,使每个人都可以生活得更加充实。

(二) 终身教育促进了人的发展

教育的本质就是培养人、发展人的一种社会活动。终身教育打破了学校教育对于人受教育机会的垄断权限,使教育在空间上与一个人的全部生活融合起来,校内与校外、工作与学习的界限消失了;它摒弃了教育囿于青少年群体的限隔,使一切人都进入了教育的视域,使一切人的一生都成为教育的时机,一次性教育的陈旧观念被根绝,使人的发展始终能得到教育的引领和指导。[①] 同时人的发展是指人身心两个方面有规律的和谐协调的变化。它的规律性就在不同的教育对象身上也有着不同的表现。终身教育针对人生不同阶段的情况,考虑到个体的差异,有力地保证了人自身更好地发展。

(三) 终身教育在世界上已产生巨大影响

终身教育思潮作为一种最有影响的国际教育思潮在20世纪70年代以后超越国界,席卷全球。无论是发达国家或发展中国家普遍接受了终身教育思想,并将其作为教育改革的目标或"总政策"。郎格朗的《终身教育入门》被译为17种语言在全世界出版,世界各国全面进行终身教育理论的研究和实践,使得终身教育思潮迅猛发展。

法国是较早采用立法形式确立终身教育地位的国家。1968年法国《高等教育基本法》规定:"大学,特别要运用普及知识的新方法……协助终身教育。"1971年颁布的《终身教育中继续职业教育组织法》规定:"终身职业教育是国家的义务,继续职业教育是终身教育的一部分。"1975年颁布的《教育基本法》再次明确指出,"学校教育是终身教育的基础"。国家设立"国立终身教育开发局"(ADEP),协调促进社会各领域中的终身教育活动,又于1984年2月制定并通过《职业继续教育法》,作为前者的补充与完善。日本政府从20世纪70年代初就决定进行教育体系的第三次改革,并明确以终

---

① 唐爱民:《当代西方教育思潮》,济南:山东人民出版社,2010年,第237页。

身教育为前景,贯彻"从终身教育的观点出发,对整个教育体系加以综合的整顿和发展"的方针,从学前阶段一直改革到成人教育阶段。1981年,日本中央教育审议会提出"关于终身教育"的咨询报告,对终身教育做了全面的阐述。1984年日本政府临时教育审议会用3年多时间完成了教育改革方案,先后提出4次咨询报告。贯穿教育改革的基本思想主要是两条:一是重视个性的原则;二是逐步向终身学习体系过渡。建立终身学习的教育体系,并于1990年颁布《终身学习振兴法》。1976年美国联邦政府通过了作为教育修改法的一部分的"终身学习法",从而使终身学习的思想和制度明确化。美国十分注意为国民提供终身学习的机会,出现了适应各种学习者需要的多种学习形式。其中最能体现美国终身教育特色的就有社区学院、无墙大学、中央美国大学(简称 UMA)。1984年"全国高质量教育委员会"在题为《国家处在危急之中:教育改革势在必行》报告中指出:"为了寻求教育问题的答案,必须致力于终身教育。"英国政府于1998年发布《学习的时代》绿皮书,强调全民终身学习体系的紧迫性,又于2000年颁布了《学习与技能法》,旨在积极推进终身学习。欧盟一直在寻求包括终身教育在内的教育一体化。2000年11月,欧盟成员国教育部长会议签署"终身学习备忘录"。2006年,欧洲理事会和欧洲议会又批准了欧盟委员会关于发起"2007—2013年终身学习整体行动计划"(以下简称"终身学习计划")的议案,每年发布年度终身学习指南。俄罗斯的终身教育称为"连续教育"或"不间断教育"。进入21世纪,在终身教育思想影响下,开始提出从婴儿到老年都要"不间断"学习的终身教育方针,并且以终身教育的观点探讨整个教育的合理结构。可见,终身教育思想已成为世界性的教育潮流。

(四)终身教育对中国的影响

20世纪70年代末,80年代初,随着国家改革开放政策的实施,终身教育理论被引进到中国,引起了整个教育观念和教育思想的重大飞跃,进而为成人教育改革发展奠定了理论基础。1987年国务院批转国家教育委员会《关于改革和发展成人教育的决定》,明确指出:成人教育是我国教育事业的重要组成部分,在整个教育事业中,它与基础教育、职业技术教育、普通高等教育同等重要。由此,确立了成人教育在现代教育体系中不可替代的地位,并把成人教育提高到当代社会经济发展和科学技术进步的必要条件的战略高度。同时还规定了成人教育的5项任务:岗位培训、基础教育、文化与专业教育、继续教育、社会文化和生活教育,扩大了成人教育的内涵和服务范围。1993年中共中央、国务院颁布的《中国教育改革和发展纲要》明确指出:"成人教育是传统学校教育向终身教育发展的一种新型教育制度。"1995年正式颁布的《中华人民共和国教育法》以立法形式确认成人教育作为国家的一种教育制度,规定国家要"建立和完善终身教育体系"。1999年颁布的《中共中央国务院关于深化教育改革,全面推进素质教育的决定》中第一次明确提出了"终身教育",不仅要求形成社会化、开放式的教育网络,逐步完善终身学习体系,而且还要求在减轻学生课业负担、课程设置、教学内容、考试等方面进行改革。同年国务院批转教育部《面向21世纪教育振兴行动计划》中提出,到2010年基本建立起终身学习体系。终身教育作为一项规定和任务,已分别写入《中华人民共和国教育法》和《中国教育改革和发展纲要》中,并在面向21世纪教育振兴行动计划中作为一项行动目标提了出来。2010年《国家中长期教育改革和发展规划纲要(2010—2020年)》,提出"到2020年基本实现教育现代化,基本形成学习型社会,进入人力资源强国行列"的战略目标。在13亿人口的发展中国家,建设世界上最大规模的全民学习和终身学习社会,对中国和全世界都意义重大,影响深远。2012年党的十八大报告再次提出"积极发展继续教育,完善终身教育体系,建设学习型社会。"改革开放40多年来,在终身教育思想的影响下,我国逐步建立起有别于传统学校教育而相对独立的多层次的教育体系,并不断向终身教育推进。

综观世界,各国都在以不同的方式朝着终身教育的目标迈进。尽管在认识上、理解上存在着差异,但终身教育已不再是一种遥远的理想,而是存在于复杂的教育变化中的现实。

二、终身教育思潮的反思

在我们系统地介绍终身教育思潮的产生和发展、涵义、内容及意义以后,我们有必要回过头来冷静地对它进行反思。它究竟是怎样一种性质的教育?还有哪些有待进一步完善的地方?到目前为止,接受、肯定、宣传它的人多,冷静反思的人少。根据郎格朗等专家学者的研究,我们认为至少以下三点值得我们审慎思考。

(一)终身教育是对近代公共教育的改良

保罗·朗格朗认为近代公共教育的发展主要表现在学校教育的兴盛,特别是义务教育的普及。也正因为如此应该受到重视的早期教育、家庭教育被人们忽略,必不可少的职后成人教育被人们遗忘,学校教育背着社会托付的培养人才的全部重任艰难跋涉,远远不能赶上社会发展的步伐,远远不能满足时代提出的要求。双轨制、重点中学、重点大学、片面追求升学率、重智轻德、重知轻能等等使近代的学校教育走向歧途。在国际化、民主化、工业化、信息化、城市化、小家庭化、老龄化、文化化的社会面前,近代公共教育暴露出自身的弱点和矛盾。在这样的背景下终身教育应运而生。它在不改变原有教育体制的基础上,对近代公共教育进行改组或改良;重新协调学校教育、家庭教育、社会教育三者之间的关系,填平三者之间的鸿沟,拆除三者之间的壁垒,使从出生到死亡一生的教育贯穿于各个年龄阶段,把家庭、学校、社会贯通一气,使之系统化、综合化。这样的改组或改良,是人类历史的一大进步,然而并没有能从根本上克服近代公共教育存在的缺陷和矛盾。我们认为被查尔斯·赫梅尔称为"哥白尼式革命"的终身教育思潮,是一场不彻底的革命。

(二)终身教育是福利国家的教育设想

终身教育强调所有的人,所有的时候都有受教育的机会和权利,这是人类物质文明和教育发展到一定阶段的产物,是人权和民主性的体现,是人类的一种公共福利。然而就是那些发达的福利国家到目前为止也没有能真正达到这一点。所以说终身教育是福利国家福利社会的教育设想,而并未真正成为现实。当今社会"福利"的概念扩大了,"不仅是过去的经济贫困者,只要是有某些障碍或困难的人,即使是一般性的,也作为对象。而且,在这样的现实中,福利的重点,不仅是物质生活还必须保障精神生活"。人的成长和发展、学习和教育,都是福利的重要内容。因此"重新建立从婴儿到老年人的各个年龄阶段有着各种要求的各种福利体系,就成为终身教育应尽的职能"。然而当今世界有好多发展中国家近代公共教育的任务尚未完成,中小学教育尚未普及,一时根本无暇顾及无法实施所谓的终身教育。所以我们认为终身教育只是福利国家的教育设想、教育计划。

(三)终身教育尚未形成完整的有机体

终身教育的设想是美好的,有些地方它已不只是一种设想一种计划,而是作为实践存在于现实生活中,然而毋庸讳言,迄今为止尚未形成完整的有机体。终身教育企图填平家庭教育、学校教育、社会教育之间的鸿沟,拆除壁垒,将从出生到死亡一生的教育贯彻于各个年龄阶段,把家庭、学校、社会贯通一气,使之系统化、综合化,但是在实践中它缺乏一种机制保证做到这一点。家庭教育和学校教育、社会教育格格不入,无法协调;溺爱、放纵或自私冷漠甚至成为实施终身教育的障碍,而家庭教育方法不得要领,又直接影响或削弱了学校教育效果。社会教育更是杂乱无序，没有起到它应有的作用，也根本没有和学校教育"贯通一气"，甚至适得其反。学校教育仍远离生活，相对封闭独立。近代公共教育所暴露的一系列弱点和矛盾依然存在，所以我们认为终身教育至今没有形成一个完整的有机体。

三、终身教育思潮展望

通过反思，我们对终身教育思潮有了更深切更全面的认识。虽然终身教育的理想尚未完全变成现实，虽然还有这样那样不完善的地方，但它已成为势不可挡的国际教育思潮席卷全球，引起各国的关注。从东方到西方，从发达国家到发展中国家，无不欣然而积极地接受。不同学派的教育家都把它作为"现代教育学的重要主题"进行科学研究和学术探讨。联合国教科文组织则把它作为教育领域活动的指导原则，并组织了一系列国际会议和地区会议，同时出版了大量的专著文献。许多国家正在结合本国的具体情况，把终身教育当作教育改革的"总政策"，结合着教育结构、教育内容、教育方法、教育管理、教育研究、师资培训、远景规划等一系列问题进行革新和实验，不仅理论研究逐步深化而且出现了推广应用的强大势头。终身教育对于现代教育实践显示出越来越大的影响。进入21世纪以来，现代终身教育思潮的主要思想和措施表现为这样几个方面，建构一个以终身学习为目标的学习化社会；形成一个涵括家庭教育、学校教育、社会教育为一体的现代新型教育体系；成人教育是构建终身教育体系的关键；推进以终身教育思想为指导的整个教育活动体系的改革；实现每个个体的终身自主学习。我们相信只要广泛宣传、提高认识、认真研究、勤于实践、建立健全法规体系，终身教育的理想必将变成美好的现实。

思考题

1. 简述新时代终身教育的内涵？
2. 终身教育的特点有哪些？
3. 终身教育对新时代我国教育改革有怎样的现实意义？

拓展性阅读导航

1. [法]保罗·朗格郎:《终身教育导论》,滕星等译,北京:华夏出版社,1988年。

2. 联合国教科文组织国际教育发展委员会:《学会生存——教育世界的今天和明天》,华东师范大学比较教育研究所译,北京:教育科学出版社,1996年。

3. S.拉塞克等:《从现在到2000年教育内容发展的全球展望》,马胜利等译,北京:教育科学出版社,1992年。

4. 陆有铨:《躁动的百年——20世纪的教育历程》,济南:山东教育出版社,1997年。

第九章 教育现代化思潮

教育现代化是一个国家适应现代化社会发展要求所达到的一种较高水平的教育状态,是传统教育在现代社会的现实转化,是包括教育思想、教育制度、教育内容、教育方法在内的教育整体转换运动。教育现代化的核心是人的素质的现代化。教育现代化是当今世界颇具影响的教育思潮,是现代教育理论研究的又一生长点。

第一节 教育现代化思潮的形成和发展

一、现代化:人类社会发展的新理念

教育作为一种社会现实,作为社会系统中的一个子系统,其变化、发展的过程从总体上说是与社会的变迁过程相一致的。因此,认识教育现代化的内涵和特征,首先需要从现代化概念的基本涵义和现代化过程的特征入手。现代化作为人类近期发展进程中社会急剧转变的总的动态的概念,一方面,既有时间的涵义,又有变化的涵义;另一方面,现代化作为人类社会发展的过程,也是既有时间的特征,又有变化的特征。

现代化研究是在20世纪50年代末和60年代迅速兴起的一门社会科学的边缘学科。它首先是由经济学家、政治学家和社会学家提出的。最早开辟现代化研究的新领域是发展经济学。1960年8月底,在日本箱根举行近代日本研究会议。美国的赫尔和赖肖尔在会上首次提出用现代化的概念作为研究日本近代史的分析架构。与会代表对现代化的含义和标准进行了广泛的讨论,并提出社会现代化的8条标准。70年代西方的一些学者对传统的西方化的现代化理论展开批判,认为这是一种美国式的观念。80年代是对现代化理论进行修正和变革的时期。值得注意的是,一批发展中国家学者从本国国情出发,总结发展的经验教训及其发展规律,努力探索现代化理论。这就突破了现代化理论的西化特征,打破了以欧美发达国家作为唯

一模式,转向探索现代化的多元模式。当前现代化理论研究与运用正进入一个新的发展阶段。

我国对现代化的探索始于五四运动前后。那时中国知识分子就已经研究中国现代化问题。"现代化"一词经常见之于报刊,成为讨论的热门话题。当时一些人认为,西方即欧美列强是现代国家中独立富强的典范,中国走向独立富强,就只有向西方国家学习。这是中国人的早期现代化思想。由于历史原因,现代化的课题研究中断了几十年。时至今日,我国走上以实现社会主义现代化为中心内容的新的发展轨道之后,现代化重新成为热门话题,现代化正成为当今时代的最强音。在现代化理论研究中,那种把现代化仅仅视为是"西化"、"欧美化"的狭隘观念已被一个具有广泛涵盖性的新的"现代化"概念所代替,并在政治学、经济学、社会学、历史学、文化人类学、教育学等学科研究中开始被广泛使用。

通览世界现代化的历程,大体上包括从农业社会向工业社会转变和从工业社会向信息社会转变这两大阶段。

现代化的最初萌芽大约在 1500 年前后就已产生。1492 年,哥伦布发现美洲新大陆;1500 年前后,文艺复兴运动从意大利开始;1521 年,发生马丁·路德倡导的宗教改革运动;1554 年,哥白尼发表《天体运行论》;1640 年英国资产阶级革命爆发等,这些都是现代化运动的先兆。18 世纪 70 年代英国产业革命的爆发,打破了保守的生产技术基础,把科学技术与生产结合起来,以工业机器大生产代替手工业小生产,使人类开始了现代化的进程。这一阶段的现代化具有如下特点:第一,工业化;第二,城市化;第三,社会结构的分化与集中化;第四,世俗化和理性化。

第二阶段是从工业社会向信息社会转变。这一阶段的特征是信息化、知识化、科技化,其标志有两件大事:一是 1956 年美国白领工人的数量在历史上第一次超过蓝领工人;二是 1957 年苏联发射第一颗人造卫星。美国未来学家约翰·奈斯比特概括信息社会的几个特征:(1) 信息是经济社会的驱动力;(2) 信息和知识在经济增长因素中起着举足轻重的作用;(3) 人们的时间和生活观念总是倾向未来;(4) 人与人相互交往增多,竞争日趋激烈等。

如果说产业革命时代现代化的主要特征是机器代替了人的体力,那么,20 世纪中叶以来现代化的主要特征则是电脑代替人的部分脑力,社会生产趋于智能化。

教育作为培养人、塑造人的社会实践活动,是伴随着人类社会的产生而产生、发展而发展的。教育现代化运动也是与人类社会现代化运动同步发展的。世界教育现代化运动首先在欧洲兴起。为适应工业化的要求,教育发生历史性的变革,改变了教育发展的进程。以夸美纽斯为代表的资产阶级教育家,倡导推行班级授课制度,提出实施普及教育,使所有的人都学到所有的知识,主张人的自由发展,培养健全的人。自然科学知识进入课程,动摇了神学统治的教坛。英国率先举办各种工厂学校、职业学校以及专门技术学院。到18世纪90年代,法国专科学校遍地开花,其中有被誉为"欧洲工业大学最早典范"的巴黎理工学校,强大的法国取代英国而成为世界教育科技中心。19世纪30年代到20世纪30年代的教育现代化运动,进一步使新教育发展。19世纪中叶以后电动机的应用,中、高级科技教育的迅速兴起,特别是德国发展的以柏林大学等研究型大学和工科大学以及工业学校网构成的科技及工业教育体系,使德国一跃成为欧洲强国,成为科技教育中心。19世纪下半叶,美国生产力的大发展,要求大力发展高等科技教育,工农学院的创立,使高等教育与生产的各个领域都结合起来,极大地推动了世界教育现代化运动,促进了美国经济飞跃发展。以杜威为代表的实用主义教育家批判赫尔巴特的传统教育是保守主义教育,脱离社会,脱离生活,提出"学校即社会,教育即生活"的命题。这一思想对美国教育现代化运动产生了重大影响。第二次世界大战之后,新科技革命向教育提出全新的要求。1957年苏联人造卫星上天,对美国震动很大,促使美国推进学科现代化运动。1972年联合国教科文组织国际教育发展委员会《学会生存——教育世界的今天和明天》的报告,提出学习社会化、社会学习化及终身教育的思想。1980年联合国教科文组织第21次大会认为,教育最主要的使命是使人类顺利步入21世纪,为此必须进行课程内容的变革和更新。1989年12月,联合国教科文组织在北京召开的"面向21世纪的教育"圆桌会议指出,需要一种新的适合于21世纪的教育哲学,建立新的知识观、学习观和道德准则。会上瑞典学者提出"第三本学习护照"的观点,认为在现代社会每个人应接受三种教育,即学术教育、职业教育和创业教育。1996年联合国教科文组织21世纪国际教育委员会提交的《教育——财富蕴藏其中》报告,进一步强调要建立以人为发展中心的教育体系,认为21世纪教育不再是发展的手段,教育本身就是发展的基本内容和目标。2015年11月,联合国教科文组织在继承1972年、1996年两个报告基础上,发布了第三份教育报告,即《反思教育:向"全球共同利益"的理念转变》。该报告的核心理念包括了三个关键词:人文主义教育观、可持续发展和全球共同利益。该报告为全球教育治理注入了新的思想和灵魂。在当今社会,教育现代化运动进一步深化,从学校阶段教育发展到终身教育,从封闭教育发展到开放教育,从学校教育发展到社会教育化,从精英教育发展到全民教育,从知识教育发展到素质教育,这些都已成为教育现代化的重要标志。教育现代化运动也不局限于一些发达国家,大多数发展中国家,积极学习仿效发达国家办教兴邦,推进国家现代化,赶超发达的早发生型国家。可见,世界各国在现代化进程中,都以教育现代化为基础,以教育现代化促进国家现代化。教育现代化已成为当今世界教育改革与发展的主题词。

第二节　教育现代化思潮的内涵及基本特征

教育现代化作为社会整体现代化的一个组成部分,具有现代化的共同属性,同时又有其自身的属性。教育现代化不是一个抽象的模型,而是一个具体的概念;不是一个孤立的过程,而是一个发展的整体,是社会整体现代化中必然出现的一种教育变动过程。

一、教育现代化的内涵

(一) 教育现代化是一个国家教育发展的较高的水平状态

正如现代化是一个国家的社会、经济、科学技术以及相应的民族心理所达到的一种较高水平状态一样,教育现代化是一个国家或地区教育发展较高的水平状态。一个国家或地区教育发展的水平是教育现代化的重要标志。教育现代化不是一种教育形式,而是表示一定的教育水平,是指教育发展所达到的较高标准,是教育与一个国家或地区的社会、经济、科学技术以及与相应的民族心理相适应的具有现代化社会先进特征的水平状态。美国社会学家阿历克斯·英格尔斯提出的现代化的 10 条标准中,第 5 条、第 6 条就是教育现代化的标准,即识字人口占总人口的比重>80%,受高等教育者占适龄青年的比重>10%～15%。1960 年日本箱根举行的"日本和现代化"国家学术会议上,为现代化确定的第 5 条标准是"通过个人对其环境的世俗性和日益科学性的选择,广泛普及文化知识"。江苏省教委《关于在苏南地区组织实施现代化工程试点的意见》中也把教育发展水平作为教育现代化的重要内容。教育现代化是一个动态的发展的概念。教育现代化的水平是处于动态的发展过程之中。C·F·布莱克在《现代化的动力》一书中指出,现代化一词指的是"近几个世纪以来,由于知识的爆炸增长导致源远流长的改革过程所呈现的动态形式","现代化不是一个固定的目标或一个各种数据组成的体系,而是一种动态的发展过程。"从总体上说,它是人类自觉的有目的的活动,具有自我控制,自我调节和自我组织性,从而不断地得到发展和完善。认识和把握教育现代化这个动态系统,即需要从纵向的时间方面追踪其全程,又需要从横向的空间方面总揽其全局。从纵向坐标看,教育现代化是一个历史的发展进程,是同一定社会的历史条件相联系的,在现代社会不同发展阶段具有不同的发展水平和发展特征,因而教育现代化表现了不同的发展阶段性。从横向坐标看,教育现代化一方面是同整个社会现代化、同社会方方面面的现代化紧密联系的。另一方面,它又体现在不同的国家和地区之中。由于各国、各地区发展不平衡性,教育现代化的发展显得参差不齐,呈现地区的差异性。

(二) 教育现代化是对传统教育的超越,是传统教育在现代社会的现实转化

与人类社会从传统的农业社会向现代工业社会转变的现代化过程相适应,教育现代化则是教育的传统形态向现代形态转化。教育现代化的实质就是要突破传统的束缚,建立超越性的教育机制。传统教育是历史上的教育传统的积淀,泛指历史延续下来的整个教育思想观念、教育制度、教育内容和教育方法。中国传统教育是指中华民族漫长的历史发展过程中创造出来的,归属于农业型的文化系统。它在中国历史上延续了2000多年。到了近现代,随着"西学东渐"的强大潮流以及马克思主义的广泛传播,中国传统教育发生了巨大变化,它除了受到儒家思想根深蒂固的影响外,还受到欧洲赫尔巴特、美国杜威、苏联以凯洛夫为代表的教育流派的影响,形成一个由多种因素组合而成的结合体。随着中国社会由农业型为主的自然经济向以科技为导向、工业为基础的社会主义市场经济的过渡,传统教育的弊端日益暴露。

教育思想观念的僵化、教育目标的单一,教育内容的陈旧、封闭,教育教学方式、方法的"模式化"、"一刀切"等,不但不能培养受教育者现代意识和现代素质,相反禁锢学生的思想,压抑学生的创造精神;不但不能适应现代社会培养开拓性人才的要求,相反阻碍学生的主动性、独立性、积极性的发挥以及个性的生动活泼地发展。因此,传统教育必须改革,必须转型,必须走向现代化。教育如果不敢突破传统,就不可能听从时代的召唤,跟上时代前进的步伐,更不可能创新和发展。传统是随着时代不断生长的有机体,现代化的大变革必然要更新和发展传统。继承传统教育并不是回归传统教育,而是要超越传统教育。从这种意义说,教育现代化是与传统教育对立的,它意味着对传统教育的否定,对传统教育的改造与更新,对传统教育的超越和扬弃。当然任何国家的教育现代化的推进,都不可能走完全抛弃民族教育传统的道路,必然是在传统教育的基础上进行的,它又必然受到传统教育的制约和影响,不可能"重起炉灶"。教育现代化总是对传统教育有所继承,不断延续。教育现代化的过程,实质上就是对传统教育的批判、继承和发展的过程。

(三) 教育现代化是一种教育整体转换运动

罗马俱乐部总裁A·佩切依在《未来一百页——罗马俱乐部总裁的报告》中指出:"任何的进步(不论是科学进步还是其他),如果不同时使道德、社会或政治也取得进步,那就毫无价值可言。"A·英克尔斯把现代化理解为经济、政治、文化构成的总体系统的格式塔转换。他认为,现代化不是一个孤立、狭义的经济增长现象,而是广义的整体转换。这些观点给予我们的启迪是,必须以系统整体观点来研究教育现代化的问题。要赋予教育现代化不同于以往的全新的含义,使其内涵由狭义向广义、由单一向复合扩展。教育现代化是一种整体现代化,是内容十分丰富的现代化教育体系,而不仅仅是教育内容、教育方法、教育手段等某一方面的现代化。谈起教育现代化,人们往往就想到先进的办学条件和设备。诚然教育现代化离不开办学条件、设备的先进性,这是教育现代化的物质基础和必备条件。但是,如果把教育现代化与物质的现代化画等号,这就是一种简单、片面的认识。教育现代化是一种整体的转换运动,它的目标和内容涉及众多因素,而不能只从某一方面或某几方面去理解它的内涵及特征,应从整体性上把握。教育现代化的整体性,表现为两个方面:一是从教育内部来说,包括教育思想的现代化、教育体制的现代化、教育内容和方法的现代化,办学设备条件的现代化、教师队伍现代化、学校管理现代化、城乡教育一体化等。从纵向序列分析,又包括学前教育现代化、初等教育现代化、中等教育现代化、高等教育现代化、职业教育现代化、成人教育现代化等。二是从教育外部来说,包括科学的教育决策和发展战略、健全的教育投入机制、优化的教育环境、教育系统与社会系统中其他子系统的协调平衡等。这里说的教育外部实质上就是教育宏观系统。教育宏观系统现代化是不容忽视的。它在整体教育现代化中是十分重要的方面。因此,教育现代化的整体性,既体现在教育内部,又体现在教育外部,既有教育微观系统,又有教育宏观系统,还体现在内部因素与外部条件、微观系统与宏观系统的统一性上。

(四)教育现代化的核心是实现人的现代化

人是社会的人,社会是人的社会,人和社会之间始终是一种相互影响、相互促进的辩证关系。社会进步促进了人的发展,人的发展也促进了社会的进步。习近平总书记在党的十九大报告中指出,改革开放之后,我们党对我国社会主义现代文化建设做出战略安排,提出"三步走"战略目标。解决人民温饱问题,人民生活总体上达到小康水平这两个目标已提前实现。在这个基础上,我们党提出,到建党一百年时建成经济更加发展,民主更加健全,科教更加进步,文化更加繁荣,社会更加和谐,人民生活更加殷实的小康社会,然后再奋斗三十年,到新中国成立一百年时,基本实现现代化,把我国建成社会主义现代化国家。要实现我国现代化的这一目标,需要我国公民具有与此相适应的现代素质。有了现代人,才会有现代社会、现代国家。没有具有现代意识、现代精神、现代素质的一代新人,社会现代化是不可能成功的。

作为社会历史的范畴,现代化包含诸多内容。人们往往从不同角度看待现代化问题,有的侧重于经济现代化,有的侧重于政治现代化,有的侧重于社会和文化现代化。但是,人们在从不同侧面探讨现代化时,都注意到,人是现代化的中心问题,又是社会现代化的核心因素。人的现代化与社会现代化是同一历史过程的不可分割的两个方面,只有实现人的现代化,才能实现社会现代化,只有实现人的现代化才算达到社会现代化。社会现代化的推进,首先是人的素质提高的过程,是使人成为现代社会有效公民的过程。美国学者A·英格尔斯认为,人的现代化是国家现代化必不可少的因素。它并不是现代化过程结束后的副产品,而是现代化制度与经济赖以长期发展并取得成功的先决条件。他说:"我们并不怀疑经济在国家发展中的重要性,不否认经济制度和生产方式的重要性。我们要坚决否定的,只是那种忽略实现现代化所需要的人,不去关心和探讨他们的心理是否能与现代化经济发展节奏相吻合的研究观点。我们所以在研究国家现代化时,把人的现代化考虑进去,正是因为在整个国家发展的进程中,人是一个基本因素。一个国家,只有当它的人民是现代人,它的国民从心理和行为上转变为现代人格,它的现代政治、经济和文化管理机构中的工作人员都获得了某种与现代化的发展相适应的现代性时,这样的国家才可真正称之为现代化的国家。否则,高速稳定的经济发展和有效的管理,都不会得以实现。即使经济已经开始起飞,也不会持续长久。"因此,人的现代化,人的比较全面、比较自由、充分的发展,是社会现代化的根本标志。

人的现代化,必然涉及教育现代化的问题。教育为立人之本,现代人的培养离不开现代化的教育。许多研究表明,教育是决定一个人现代性的重要因素。受教育的程度直接决定了个人现代化的水平和现代性品质的转变。A·英克尔斯曾在6个发展中国家调查研究学校现代性与人的现代性的相关性问题。他认为,"教育等级每升高一层,在现代人的比例上就有相当规律和实质性的增加","在决定个人现代性水平方面,教育是一个首要的因素",是"一个非常强有力的直接的和独立的因素"。正如马克思主义创始人在《资本论》中早就指出的,"要改变一般人的本性,使它获得一定劳动部门的技能和技巧,成为发达的专门劳动力,就要有一定的教育和训练"。在现代社会,教育对于现代化具有决定性、主导性的作用。它不仅使人掌握现代知识,热爱科学,用理性的态度对待生活,而且塑造人的现代意识和现代价值观念。当今世界各国政治家和企业家已经从广阔的视野来重视人力资源的开发。如今许多大型企业设立人力资源开发部,其主要职能就是开展教育培训,提高员工素质。可见现代化是实现人的现代化的必由之路,教育现代化的核心是人的素质现代化。

总之,教育现代化是一个国家教育适应现代社会发展要求所达到的一种较高水平状态,是传统教育在现代社会的现实转化,是包括教育思想、教育制度、教育内容、教育方法的教育整体转换运动。教育现代化的核心是人的素质现代化。

二、教育现代化的基本特征

教育现代化作为一种教育变动、教育变革的过程,与以往教育运动相比,具有如下的特征:

(一) 教育全民化

在古代社会,尽管有远见的教育家提出"建国君民,教学为先"的主张,但是,那时的教育仅仅是为少数剥削者服务的工具。在现代社会,教育已成为全社会的整体事业,成为全球人民自己的事业。教育全民化,是现代文明社会的标志,是实现教育现代化的标志,也是实现教育现代化的前提条件。正如雅斯贝尔斯所说,"教育是属于人并且归属于所有人的事业。今日教育不可能再局限于某个阶层;它必须是全民的教育,唯有这样它才能发生效用","教育在个人的心中成为人类全体未来的希望,而全体人的发展又是以个人教育发展为基点的"。

1990年3月联合国教科文组织、儿童基金会,开发计划署和世界银行联合发起并赞助在泰国宗迪恩召开世界全民教育大会,来自世界 150 多个国家和地区以及联合国系统各机构、政府间国际组织、非政府组织等共 1 500 多名代表、观察员及专家出席会议。这次会议通过的《世界全民教育宣言》和《满足基本学习需要的行动纲领》的文件,为现代教育树立了一个宏大的发展目标。它明确提出全民教育的新理念,提出全民教育的基本目标和原则是"满足全体儿童、青年和成人的基本学习需要"。全民教育大会的召开,标志现代教育已发展到一个新的阶段,正如《教育展望》主编扎吉尔·摩西斯所指出的那样,"在所有方面,宗迪恩世界会议都标志着一个转折点"。全民教育和终身教育已经成为现代最具影响力的两大教育思潮,它们不仅主导国际教育改革和发展的方向,也代表了新世纪国际教育发展和进步的趋势。所以,联合国教科文组织总干事费德里科·马约尔断言:"全民教育:2000 年的挑战。"

  全民教育包含的基本思想有两个方面:一是教育的民主性和平等性;二是教育的普及性和广泛性。

  教育民主化的进程是与教育现代化的进程同步发展的。打破由少数人,特别是社会统治者垄断、主宰、专制教育的局面,而使越来越多的人享受、掌握和利用教育,这是社会进步、人类进步和教育进步的重要标志。民主性和平等性是现代教育的一个基本特征,不民主的教育,是不可能实现教育现代化的。在当今世界,追求教育的民主和平等目标,已成为各国的共识和教育改革的主题,成为各国政府制定教育政策的依据。1975 年联合国教科文组织在 35 届国际教育会议的报告指出:"教育民主化是全世界所有国家和所有与教育有关的人最关心的问题。……在教育领域中也难找到一个不包含这样或那样民主化方面的问题。"所谓教育民主,就是使全体社会成员有权利接受教育,人人享有受教育的权利。所谓教育平等,就是使每个公民都有充分的公平的受教育机会,真正感到受教育的均等。教育民主和平等,首先要求学校对每个学生负责,对每个学生尽到责任,让所有学生"在学校里抬起头来走路",而不是对一部分人负责,对另一部分人不负责,真正做到"有教无类","使每个人不论其社会、经济、民族和所处地位不同,均可享有公正而平等的受教育机会",不同民族均等,不同阶层均等,不同性别均等。其次,要求教育效果平等。当今世界一些国家对教育民主和平等已有更高的层次要求,即注意到教育民主与平等的质量,不仅仅满足于机会均等,而且要达到教育效果均等,"给每个人以更好的教育"。再次,教育民主和平等,还表现在教学民主与平等上。要求在教学过程中建立民主、平等的师生关系。教师公平对待学生，一视同仁、不嫌弃后进生，不偏爱拔尖学生。允许学生各抒己见，有充分发表意见的机会，实现师生双向交流。教育民主和平等，还体现在教育资源的配置和使用上，所有学生应均等享有使用教育教学的条件设施的权利。

教育全民化另一个内涵是教育的普及性和广泛性。教育的普及性和广泛性，是教育民主化的基本保证，没有教育的普及就根本不可能有教育机会的均等。普及教育是国家对学龄儿童不分种族、肤色、宗教信仰、性别和能力而普遍实施的一定程度的基本教育。许多国家为了有效地实行普及义务教育，以法律形式规定其义务性质，因而又被称为普及义务教育。普及义务教育是现代化大生产的产物，是现代文明的标志和现代教育发展的基础。据统计，在20世纪80年代，全世界已有170个国家和地区实施普及义务教育，中国也于1986年4月正式颁布《中华人民共和国义务教育法》。综观世界各国普及义务教育的实践，其共同经验是：(1)利用法律手段执行义务教育，以提供强有力的法律保证。现代义务教育制度是从教育立法开始的。德国、英国、日本、法国等最先制定了义务教育法令，以后其他国家相继立法，以强制性措施推行义务教育。这里的强制性主要有两方面：一方面是要求学生的家长（或保护人）承担使其子女（或被抚养人）接受学校教育的义务，这是家长对国家和社会的义务，也是国家强制家长必须承担的义务；另一方面，要求国家和社会承担设置实施义务教育学校的义务，以保证儿童、青少年受教育权利的实现，这是国家和社会对公民应当承担的义务。(2)实施普及义务教育，是政府行为，同时也是全社会的行为。国家政府必须保证人力投资，保证普及义务教育经费来源的稳定性和可靠性。各国又要根据本国的国情，采取多种渠道、多种形式来筹措和解决教育经费问题。真正实施义务教育，必须有必要的经费作保证。各国经验证明，凡普及义务教育有成效的国家，都重视教育投资，不断增加教育经费在国民生产总值和国家财政预算中的比例，并优先保证义务教育。(3)免费教育是实施普及义务教育的一项重要原则和一根重要支柱。有的国家认为，只有以免费作保证，才能成为真正的义务教育。免费教育与义务教育的统一是历史发展的必然。它不仅具有经济意义，还具有政治、社会教育等多方面的意义，而免费的范围也在不断扩大。(4)从实际出发，因地制宜是实施普及义务教育应遵循的重要原则。各国有各国的国情。各国自然地理形态、政治形态、经济形态、人口形态、科技文化形态等各不相同。普及义务教育就不能"一刀切"，不能依照同一模式，必须从实际出发，走自己的路，探索符合本国特点的普及义务教育的道路和模式。(5) 实施普及义务教育,必须建立一支相对稳定的素质优良的教师队伍。要大力提高教师的工资待遇和社会地位,要实现师范教育职前职后一体化,不断提高教师整体素质和教育素养,以适应普及义务教育的要求。

真正普及义务教育,必须具备以下几个条件:(1) 实现一定程度的免费教育,并以此作为就业的条件;(2) 在义务教育阶段,免除入学考试,所有学生能够直接升入高一级学校;(3) 规定为儿童、青少年开设共同课程,不管这些儿童、青少年来自什么背景;(4) 规定来自不同背景的儿童、青少年都能在同样条件的学校就读;(5) 规定地区的平等一致,儿童、青少年原则上按学区分配入学。按照上述条件,目前即使是一些发达国家也尚未达到真正普及义务教育的要求,教育民主化的目标也未完全实现,仍然存在教育非民主化的现象。可见,世界各国普及义务教育任重而道远。

(二) 教育终身化

终身教育思潮始于20世纪20年代,发展于60年代。终身教育思想的提出是现代教育史上一个重要的里程碑。终身教育思想主张教育应该贯穿于人生的各个年龄阶段,而不只限于儿童和青少年时代,认为应以终生受教育代替传统的学校阶段教育。20世纪60年代,曾任联合国教科文组织成人教育局局长、法国的保尔·朗格郎首先提出终身教育的概念,并阐述了终身教育的必要性、目标、内容、方法和发展战略。他认为,数百年来把人生分为两半,前半生用于受教育,后半生用于工作,这是毫无科学根据的,接受教育应当是一个人从生到死永不休止的事情,教育应当在每个人需要的时刻以最好的方式提供必需的知识和技能。1972年联合国教科文组织国际教育委员会发表《学会生存——教育世界的今天和明天》的报告,再次提出学习化社会的主张,认为"每一个人必须终身继续不断地学习。终身教育是学习化社会的基石"。报告建议"把终身教育作为发达国家和发展中国家在今后若干年内制订教育政策的主导思想"。终身教育的思想导致了世界各国教育思想、教育制度、教育目标、教育内容和方法的一场深刻变革。日本文部省根据临时教育审议会在教育改革方案中"向终身学习体系过渡"的建议,1988年改组社会教育局,新设终身教育局,并确立建立终身教育结构体系的目标。1985年英国教育与科学国务大臣在向议会提出的建议书中,第四章专门阐述终身教育问题。法国、德国等许多国家实行教育休假制度,确保职工有更多或更集中的时间接受教育或培训。许多国家的企业在工作时间内组织职工学习,以最大限度开发人力资源。瑞典前教育部长帕尔梅还提出了"回归教育"这个概念。他认为,回归教育是"以回归的方式,即教育和劳动交叉进行的方式,把教育分散在个人的一生当中"。

终身教育是现代社会、经济发展的巨大推动力,它适应了可持续发展的目标和战略。正如1983年5月国际终身教育会议所强调的,"终身教育是当代社会一种绝对必要,是使全体人民在未来得到和谐发展的唯一途径,是更新劳动力知识技能的战略性投资"。保尔·朗格朗也指出,在变革的加速、人口增长、科学技术发展等诸多挑战面前,人的发展不再是生命的某一阶段的问题,人需要终身完善自己、发展自己的创造力,使自己的生命富有更充实的意义,这就要终身学习。而传统教育无法担负如此重要的使命,出路只有一条,那就是建立终身教育体系,使之成为人类应付挑战,获得自身完善和发展的强有力的武器。可以说,终身教育是实施可持续发展的最有效的策略之一。

终身教育是对传统教育思想和模式的突破,它对于改革传统教育内容和方法,建立新的教育结构和教育体系,实现教育现代化具有重要意义。适应当今信息革命时代,终身教育思想要求人们把教育的着眼点放在教会学生学习上,放在培养学生自我教育、自我发展、自我完善的能力上。在现代社会,每一个人都应成为自己的教师。学习将不再是作为谋生的手段,而是人类生活的本身目的和内容。

终身教育作为现代化教育的重要特征之一,既是一个终身存在的连续体,又是一个人一生教育与社会整体教育的统一体。终身教育不是把教育限制在某一特定的时期上,它是人们一生中所受到的各种培养、培训的总和,是每个人永远离不开的导师。它表现为帮助人们在一生中保持学习和训练的连续性,是学校教育在时间和职能上的延伸,突破了传统教育仅仅对人一生的某一阶段负责的思想,而确立了对人一生负责的观念,促进人一生不断发展,实现终身发展。终身教育又具有一个人一生教育和社会整体教育的统一性。它对于个人而言,是人生的一贯教育,对社会而言是全体国民、全体人类的教育,这两者的统一是终身教育追求的理想目标。终身教育不能只限于个人的教育水准,而要作为社会全体国民来考虑,个人一生的教育机会与社会的教育机会的有机结合,才是终身教育。

(三) 教育开放化

开放性是现代化教育的又一个显著特征。教育的开放性是由当代社会发展的开放性特点所决定。随着社会现代化的推进,开放性逐渐代替了传统社会的封闭性。在传统社会,由于生产方式、交通条件的限制,一个人在其一生中很少能离开他生于斯、居于斯、死于斯的地域,很少能与更广大的社会发生密切的联系。随着工业化而来的现代生产方式,有力地打破了这种局限,大大扩展了人们的社会生活范围。在今天,每个人都和社会发生千丝万缕的联系。而且整个世界正在成为一个有机的整体,一个全球的社会正在出现。不仅"一切国家的生产和消费都成为世界性的了",就是在文化上,也"由许多种民族和地方的文学形成了一种世界的文学"。在这种情况下,任何"民族的片面性和局限性日益成为不可能"。我国的经济改革打开了对内对外的门户,城乡社会已不再是传统封闭的社会,新的价值观念、新的文化通过各种渠道送到广大城乡,开放性的人际关系代替了自然性的人际关系。各国、各民族之间以及各国内部各部门、各行业、各团体、各阶层之间的交往、关系和合作,向深度和广度发展。一个信息化、国际化的开放时代已经到来。

开放性的社会环境,需要有开放性的教育。作为与社会相适应并为之服务的教育,它和社会的发展具有明显的对应关系。在传统社会里,学校与外界处于一种隔离状态,学生"两耳不闻窗外事,一心只读圣贤书"。在现代社会,学校已不再是一座孤岛或世外桃源,它已打破自我封闭的围墙,主动走向社会,投身开放的社会之中。正如西奥多·W·希普尔所说的,"无围墙学校将兴盛起来,小学以上的学校更是如此……学校将成为社区中心,同时将是社区的各种设备与人力资源的用户"。从世界各国教育改革和发展的经验来看,教育的开放化主要表现在以下4个方面:

1. 教育社会化

这是现代教育改革与发展的一种重要趋势。教育社会化是指教育已成为全社会的共同事业,教育在社会生活中的功能、作用日益加强,教育向全社会开放,为全社会服务,同时,整个社会都关心、支持教育事业,都承担着教育的职能,参与政策的制定,参与学校教育的管理,甚至直接或间接参与学校教学、课程设置、质量评估等微观管理。教育社会化的内涵还体现在学校教育、家庭教育、社区教育一体化趋势上。这三种教育形态各有自身的优势,也都存在一定的局限性,它们之间只有协调和密切配合,才能取得最佳的教育效果。把三种教育形态有机地结合起来,构建一体化的教育体系,已成为当代教育改革的重要内容。正如王海山等在《教育·科学·社会》一书中所阐述的,"在这个大教育体系中,家庭教育和社会教育的职能将得到进一步加强,并将取代学校教育的一部分职能;而学校教育将破除以往那种以学校为中心,以课堂为中心,以教师为中心的传统教育观念和教育模式,打破封闭、保守、僵硬的教育结构和教育行政制度,向整个社会开放,灵活办学,用自身雄厚的教育资源和教育实力大面积地向社会教育和家庭教育辐射,同时又积极地收集、吸纳社会教育和家庭教育中可借鉴的教育方式和教学形式,优化自身的结构和功能"。这种一体化的教育体系,体现了一种大教育观,它结束了社会把教育职能专门委诸学校,学校是教育的唯一场所的时代。

2. 各级各类教育相互沟通,相互渗透,形成具有整体性特征的现代学校教育制度

在传统教育中,各级各类教育互不沟通,缺少联系。以普通教育和职业教育为例,以往各自按照不同目标运行。如今普通教育渗透职业教育,职业教育也加强基础教育,形成普通教育职业化,职业教育普通化的格局,同时普通教育和中等职业教育都可以与相应的高等教育衔接。正如《学会生存——教育世界的今天和明天》一书中所指出的,"如果所谓的普通教育要真正成为普通的教育,那就必须发展职业技术教育;如果普通学科要具有充分的教育价值,那就必须注意使智力训练与体力和谐一致,并经常把学习与工作结合起来"。

3. 教育、科研、生产一体化

为了加强教育与社会生产、社会生活的紧密联系,使教育更有效地为科学技术的进步和社会经济的发展服务,世界各国都在寻求教育、科研、生产一体化的对策。不仅在国内加强高校与企业的合作,而且一些高校走出国门,开始与国外企业建立合作关系。许多大公司也资助高等学校的科研机构,提供科研资金。我国学者预测,"从世界高等教育发展来看,各国联合体的发展将不断扩大其规模。一方面在造就专门人才和开展科研工作方面日益增多,而这种联合体实质上就是一种新型的学校;另一方面高校研究的规模将日益扩大,客观上将使高校变成巨大的跨部门的联合体"。

4. 教育国际化

这也是现代教育的重要标志。现代科学技术的飞速发展,把教育推向信息化的阶段,教育国际化的趋势日益明显。教育国际化表现在各国人员交流、信息交换、财力支援、教育机构的国际合作、跨国的教育活动和研究活动等方面。教育国际化还体现在培养国际化人才。国际化人才应是有国际视野、关心和了解国际形势及其发展,具有国际交往能力的人。有的还提出培养国际公民的目标。

（四）教育与生产劳动相结合

教育与生产劳动相结合，是现代教育又一个基本特征。以往认为教劳结合仅仅是社会主义教育的本质特点，现代社会实践和教育实践已表明，教劳结合不仅是社会主义教育的本质特点，而且是现代化社会大生产的本质要求，是社会生产力发展的必然结果，是现代教育发展的共同趋势和普遍规律。当今世界，无论是社会主义国家，还是资本主义国家，无论是发达国家，还是发展中国家，都很重视教劳结合，把它看作是培养现代人的必由之路。

教育与生产劳动相结合，在教育学上具有重要意义。正如马克思所指出的，"生产劳动同智育和体育相结合，它不仅是提高社会生产的一种方法，而且是造就全面发展的人的唯一方法"。《中国教育改革和发展纲要》也提出，各级各类学校要认真贯彻"教育必须为社会主义现代化建设服务，必须与生产劳动相结合，培养德、智、体全面发展的建设者和接班人"的教育方针。只有贯彻教劳结合的原则，才可能实现理论与实践的结合，才可能使教育与社会生产、社会生活紧密联系，使整个教育事业同国民经济发展的要求相适应，使教育成为国民经济现代化的重要支柱，同时在这结合和服务的过程中造就一代适应现代社会要求的全新的人。

现代的教劳结合，具有鲜明的时代特征。现代教育已不仅仅是指普通教育，而是包括一切教育形式，从初等教育、中等教育到高等教育，从职业教育到成人教育，从正规教育到非正规教育，都是现代教育的组成部分。当代的现代化生产比蒸汽机时代也有了长足的发展。自动化和信息化的发展，已将现代化大生产推到了一个前所未有的阶段，科学技术已成为"第一生产力"。以科技为标志的现代生产，对人的素质提出更高层面的要求，即要求人具有应变能力、创造能力，具有合作精神和交往能力，具有自律意识和自律能力等。由于现代教育和现代生产劳动已具有时代特征，这就赋予教育与生产劳动相结合的新内涵。今天的教劳结合，已不再是传统社会的教育与手工劳动和体力劳动的结合，而是教育与以科学技术为第一生产力的现代化大生产的结合。教劳结合是一个双向作用的过程，它一方面强调教育必须结合生产劳动，另一方面则强调生产劳动必须依靠科学和教育。正如列宁指出的，"无论是脱离生产劳动的教育和教学，或是没有同时进行教学和教育的生产劳动，都不能达到技术水平和科学知识现状所要求的高度"。

（五）教育现代化的本质特征：塑造人的现代素质

在任何阶段、任何形态的社会，教育的本质特征和本质功能都是培养人、塑造人。教育现代化也不例外。与以往任何形态社会的教育不同的是，教育现代化的目标指向是培养现代人,塑造人的现代素质。

人的现代素质是指适应现代社会的要求,满足现代社会需要,具有时代特征的身心结构要素及其较高层次质量发展水平。这一概念包含三个方面的内涵:(1)人的现代素质必须适应现代社会的要求,满足现代社会的需要;(2)人的现代素质必须具有鲜明的时代特征;(3)人的现代素质与以往人的素质相比,应达到较高发展层次,具有较高发展水平。

第一,人的素质现代化是与社会现代化同步发展的。只有在社会现代化过程中,才能实现人的素质现代化。这正如马克思所说的"环境的改变和人的活动的一致",也就是我们过去经常讲的一个命题,"在改造客观世界的同时改造自己的主观世界"。人的素质现代化过程的实质就是人的素质实现较高层次社会化的过程。高度的社会化是人现代化的首要条件,社会化程度的高低亦是人的素质现代化程度的基本标志。

第二,人的素质现代化又是一个自主性、能动性不断增强的过程。与传统人的依附心理相比,现代人的一个重要品质就是自主性。现代人具有个人自主的心态,能够自己决定自己的命运,自己决定自身应该如何行事,自己对自己所做的选择及其后果负责,同时有很强的自制力和自我管理能力。与传统人的无为思想相比,现代人还具有能动性的品格。现代人应最敢于有所作为,有所创造,有所发现,有所创新,而不是人云亦云,盲目服从,无所作为。

第三,人的素质现代化还表现为开放的个人品格。在传统社会,由于生产方式、交通条件的限制,人们很少能与更广大的社会发生密切联系。而在现代社会,整个世界正在成为一个有机的整体,一个全球性的社会正在出现。在这过程中,人的开放性品格得以塑造。

第四,教育在人的素质现代化过程中发挥着主导作用。人的素质现代化不是自发产生的,而是在教育和环境影响下人的素质结构实现质的飞跃的过程。教育现代化正是人的素质现代化的必要条件。塑造人的现代素质,正是教育现代化的本质特征。

第三节　教育现代化思潮的影响及评价

在经济全球化和信息网络化的当今社会,世界各国都在积极主动地变革教育现状,推进教育现代化,并探索教育现代化多样化模式,教育现代化已经成为世界各国的共识和追求目标。联合国教科文组织在《富尔报告》、

《德洛尔报告》、《反思教育:向"全球共同利益"的理念转变》三个教育发展报告基础上,2015年发布了《教育2030行动框架》,提出确保全纳、公平、有质量的教育,增进全民终身学习机会的全球教育发展总体目标。美国2013年制订了教育发展战略规划,引导美国教育发展走向,特朗普政府又提出了一系列建议和优先发展事项,确保每个学生有接受高质量教育的平等机会。日本先后提出《第1期教育振兴基本计划》、《第2期教育振兴基本计划》,强调培养学生社会生存能力,同时提出面向未来的创新人才培养目标。德国新一届执政党联盟提出继续执行教育和科研经费不低于国内生产总值(BIP)10%的投入目标,在高等教育、基础教育、职业教育、科研等方面制定了明确目标。法国明确把教育"成为国家现代化的尖刀",并确定教育现代化的原则和内容,如尊重的统一性和文化的多样性;学校教育形式应多样化;增加学生成功的机会;利用现代化工具传播知识和技术等。2014年荷兰教育部推动成立了"教育2032平台",旨在对未来教育模式进行展望和探讨。韩国在2013年公布了《国家教育政策规划纲要》,主要内容有改进学校教育,为学生提供一个塑造品格和培养才能的环境;到2016年,所有初中实施免试学习;通过职业教育培养专业劳动力等。

在中国,长三角、珠三角等较发达地区相继启动教育现代化工程。习近平总书记在党的十九大报告中提出,"优先发展教育事业。建设教育强国是中华民族伟大复兴的基础工程,必须把教育事业放在优先位置,深化教育改革,加快教育现代化,办好人民满意的教育。"2019年2月,中共中央、国务院印发《中国教育现代化2035》。该文件提出推进教育现代化总体目标:到2020年,全面实现"十三五"发展目标,教育总体实力和国际影响力显著增强,劳动年龄人口平均受教育年限明显增加,教育现代化取得重要进展,为全面建成小康社会做出重要贡献。在此基础上,再经过15年努力,到2035年,总体实现教育现代化,迈入教育强国行列,推动我国成为学习大国、人力资源强国和人才强国,为到21世纪中叶建成富强、民主、文明、和谐、美丽的社会主义现代化强国奠定坚实基础。到2035年主要发展目标是:建成服务全民终身学习的现代化教育体系,普及有质量的学前教育,实现优质均衡的义务教育,全面普及高中阶段教育,职业教育服务能力显著提升,高等教育竞争力明显提升,残疾儿童少年享有适合的教育,形成全社会共同参与的教育治理新格局。

江苏是我国推动教育现代化的先进地区。1993年江苏省教委印发《关于在苏南地区组织实施教育现代化工程试点的意见》,1999年江苏省政府印发《江苏省教育现代化实施纲要》,2005年江苏省委、省政府颁布《关于加快建设教育强省,率先基本实现教育现代化的决定》,2010年江苏省委、省政府颁布《江苏中长期教育改革和发展规划纲要(2010—2020年)》,提出更高水平教育现代化建设的主要指标。2018年12月,江苏第二师范学院、江苏省教育科学研究院、江苏教育现代化研究院研究制定《江苏教育现代化2035规划纲要(学术版)》,提出了江苏2035年教育现代化的主要战略思想和思路,研究制定了江苏教育现代化指标体系。如今江苏省在教育思想现代化、教育发展水平现代化、课程教学体系现代化、办学条件现代化、师资现代化、教育治理现代化等方面均已取得了令人瞩目的成就。

如前所述,教育现代化是一个动态的发展的概念,它不是一成不变的,不是完美无缺的。20世纪后半叶在西方开始流行的后现代主义教育思潮,针对教育现代化的"优势文化",提出"边缘教育学"、"差异教育学"的主张。后现代主义教育思潮的代表人物认为,现代主义教育的某些强权主张,无法造就具有批判能力的公民,也不能为民众社会中的绝大多数的不同的人们提供教育的机会。他们批判现代性教育领域的基础层面,批判现存的形而上学、认识论前提,甚至提出"现代性工程"应该"终结"。他们在教育研究方法、教育目的观、师生关系、课程观等方面提出自己的见解。由于后现代主义教育思想基本上是西方教育体系的产物,考虑到中西方的教育存在着不同国情、不同文化背景的差异,我们对后现代主义教育思想应持一种审慎的态度。

从世界范围来考察教育现代化,按照启动的时间序列和启动的原因,大致可以分为早发内生型、后发外生型、后发内生型等不同模式。早发内生型是指现代化过程起步早并主要靠其内部社会经济要素发展而成的一些欧美国家。这些国家的教育现代化是由其内部动力来推进的。后发外生型是指现代化起步较晚,主要由外来文明因素刺激开始工业化和现代化过程的一些国家。这类国家教育现代化的最初动力来自社会外部,面对外部的挑战而被迫进行教育改革,推进教育现代化。后发内生型是指一些国家现代化发展虽然较迟,但是并非主要受其他国家的影响,而是自发地走向工业化和现代化。这3种教育现代化模式虽各有其利弊,但是从其推进过程来看,无论哪一个国家教育现代化,都必须从本国实际出发,选择适合本国国情的发展道路,否则,教育现代化是不可能成功的。

思考题

1. 教育现代化的内涵是什么?
2. 教育现代化的基本特征有哪些?
3. 教育现代化思潮对当今我国教育改革及教育现代化的推进产生了哪些影响?

拓展性阅读导航

1. 冯增俊、陈时见、项贤明主编《当代比较教育学》,北京:人民教育出版社,2015年。
2. 杨汉清主编,方彤、王建梁、欧阳光华副主编《比较教育学》,北京:人民教育出版社,2015年。
3. 王铁军,《教育现代化论纲》,南京:南京师范大学出版社,1999年。
4. 褚宏启:《教育现代化的路径——现代教育导论》,北京:教育科学出版社,2013年。
5. 冯增俊、张运红、王振权、杨启光:《教育现代化论纲》,广州:广东高等教育出版社,2014年版。
6. [美]英克尔斯:《人的现代化》,成都:四川人民出版社,1985年。
7. 联合国教科文组织编《反思教育:向"全球共同利益"的理念转变》,联合国教科文组织总部中文科译,熊建辉校译,北京:教育科学出版社,2017年。

第十章　教育产业化思潮

　　教育产业化即教育市场化,泛指利用市场机制来运营教育,即在教育经费不足的背景下,为弥补经费短缺,利用市场手段扩大教育资源,围绕着学校创收、经营、转制、收费、产权等问题,以增长和效率为主要追求目标的教育改革,如集资办学、基础教育阶段的"转制"学校政策等。在一定的历史时期,教育产业化思潮的形成是有其理论依据与现实基础的,所提出的教育市场及运作、教育投入与产出、教育开发与经营等观点给教育工作以新的启迪,对于社会主义市场经济条件下的教育发展无疑是有一定积极意义的。当然,其消极影响也不容忽视。教育产业化思潮的产生与发展是特定社会历史条件下的产物,其利弊会随着社会与教育的发展逐步显现出来。

教育产业化思潮是中国改革开放以来逐步兴起的一种新的"教育与经济"关系观。这一思潮的产生是有其理论依据和现实基础的,其形成与发展也为教育理论研究提供了新的生长点,为教育实践提供了新的指导。毋庸置疑,这一思潮也受到了许多人的批评,认为其观点易给教育发展带来误导,削弱教育,特别是基础教育的良性发展。但是,不管怎么说,追踪这一思潮的形成与发展过程、理清其内涵与内容、澄清其正向与负向功能,在当前的教育改革浪潮中,既有理论意义又有实践意义。

第一节　教育产业化思潮的形成和发展

　　教育属于消费性事业而非产业,这是长期以来大多数人的普遍观点[①]。正是这种主导的观点在社会实践中产生了一些惯性思维及其行为,诸如教育决策部门对教育发展事实上的不重视或重视不够,致使教育投入严重不

---

① 梁丽芬:《教育产业化的探索》,呼和浩特:远方出版社,2005年,第1页。

足,教师待遇问题长期得不到解决,教育发展相对经济发展滞后,教育发展缺乏动力与活力等等。尽管人力资本理论的发展,在很大程度上改变了人们对教育的生产性价值的认识。但是,上述问题的产生,在一定程度上来说与教育不是产业的传统观念有很大的关联。否认教育的产业属性,对教育生产性的认识不足就会降低教育经济功能的发挥,淡化教育与经济的密切关系,这样一来教育对促进经济发展和社会文明进步的作用就难以主动、有效地发挥。在这种大的社会背景下,我国教育领域于20世纪90年代提出了教育产业化的概念,并逐步形成一种潮流。其实,"教育产业化"是纯粹的"中国概念"。国际上与之相似的概念为"教育市场化",是具有确定内涵的严格的理论概念,主要用于高等教育以及职业教育领域。西方国家从20世纪80年代开始的"高等教育市场化"改革,是新公共管理改革的一个组成部分,旨在改善政府治理方式,通过引入市场机制配置资源、调整结构,提高高等教育的活力、质量和效率。它在实践中主要表现为:一是增强学校的自主权,减少国家、政府对高等教育经费投资的比例,增加非政府(市场、个人或家庭)对高等教育的投资;二是强化高等教育与私有经济部门的联系,加强大学与工商界的联系。尽管教育市场化和教育产业化有所区别,但作为一种社会思潮,必有其理论的源头与现实的基础,若考察教育产业化思潮的形成和发展,首先可从其理论发展的脉络来把握。

一、理论的脉络

在农业社会中,无论是以采集经济、农耕经济为主还是以狩猎经济或以游牧经济为主,生产效率都比较低。其时的教育自然也是简单的且并未专门化,而是与生产劳动、社会生活紧密相连的,因而教育充其量是个体社会化的一种形式。随着生产力的发展,教育开始从生产、生活中凸显出来,成为专门化的社会活动。然而,由于教育是一种稀缺的"资源",自然是被少数统治者所独占,教育开始与生产、生活相背离。因而,可以说在整个农业社会中教育对社会生产的发展并无多大作用,更遑论教育的产业化问题了。

18世纪初叶,从哥白尼"日心说"的提出,到牛顿古典力学的诞生,发生了人类历史上第一次科学革命,由此带动了整个社会生产力的迅猛发展,以纺织机的出现为先导的技术革命、能源革命打破了延续数千年的农业社会的封闭与保守,现代化工业开始逐步取代原有的生产方式,工业社会开始形成。其后,人类社会又经历了以电的使用为标志的第二次工业革命,由此也产生了许许多多的新的"产业",不可否认,这一时期人们对"产业"的看法,仍将其看作是以生产物质资料为主导经济特征的物质生产部门。无疑,这一时期,教育仍未被当作是一种"产业",但此时,人们已认识到教育的重要性,特别是其在物质生产中的重要作用。"工业化初期的英国厂矿主们发现,要把来自农村和手工业的成年人,训练成熟练有用的工厂工人,几乎是不可能的。如果能使青年人预先有适应工业制度的训练,那就可以大大减轻他们日后在工业中的纪律问题。"①因而,资本家产生了大面积推行教育的需求。由此,班级上课制,强迫性的义务教育应运而生。随着生产的进一步发展,教育对生产的作用进一步显示出来:在蒸汽机时代,劳动者具有初等教育程度,基本上可以满足生产的需要,劳动者所需的教育和训练的费用较少;到了电气化时代,要求劳动者受过中等教育,教育和训练的费用随之增加;进入信息化时代,对劳动者的教育程度提出了更高要求,同时也就需要花费更多的教育训练费用。

可以这么说,在农业社会中,由于劳动的简单化,教育的不普及,教育的经济价值并未体现出来。到了工业社会,教育促进经济发展的功能一下子凸显出来,这一过程最初表现为"机器生产力对手工生产力的全面胜利,其后表现为技术含量高的资本战胜技术含量低的资本②"。教育经济功能的凸显为教育产业化理论的提出奠定了坚实的基础,马克思的劳动对象化理论正是在这基础上建立起来的,并成为教育产业化思潮形成的思想源泉之一。

20世纪70年代,美国社会学家丹尼尔·贝尔即坦言,西方国家已进入后工业社会阶段③,其特征是:第一,经济方面,从产品生产经济转变为服务性经济;第二,职业分布,专业与技术人员阶级处于主导地位;第三,中轴原理,理论知识处于中心地位,它是社会革新与制定政策的源泉;第四,未来方向,控制技术发展对技术进行鉴定;第五,制定政策创造新的"智能技术"④。阿尔温·托夫勒则称之为第三次浪潮,并认为其核心是"我们正在创造一个

---

① [美]阿尔温·托夫勒:《第三次浪潮》,北京:生活·读书·新知三联书店,1983年,第74页。
② 闫水金、陈荣耀:《世纪之争:教育主导产业的崛起与发展》,《世界经济文汇》,1997年,第5页。
③ 后工业社会也称为后现代社会,信息社会,高技术社会,传播媒介社会和知识经济社会。
④ [美]丹尼尔·贝尔:《后工业社会的来临——对社会预测的一项探索》,北京:新华出版社,1997年,第14页

新的知识网络"。"社会知识体系的许多变迁,直接转化为经济经营运作;对公司来说,知识体系是比银行体系、政治体系或能源体系更普遍的环境因素"①。事实上,在六七十年代以前,西方社会是物力生产力起着决定作用,其后,建立在教育基础上的智力、知识、科技等生产力作用明显上升,甚至有人直接就称为教育生产力。90年代以来,西方社会又兴起了"信息高速公路"热。"信息高速公路"即"国际互联网",最初是由美国政府提出的,其全称是"国家信息基础结构"。从1993年提出以来在世界范围内得到了快速发展,截至2018年6月30日,仅我国网民规模就达8.02亿,普及率为57.7%。其中,手机网民规模已达7.88亿,网民通过手机接入互联网的比例高达98.3%。② 可以说,21世纪的人类社会是信息社会,信息成为比材料和能源更重要的资源。农业社会的各国经济基本处于自给自足的封闭状态;工业社会的经济则形成了行业化、区域化、集团化趋势;后工业社会的经济,则可以说是信息化、全球化、知识化的。也就是说,经济的发展最终决定于新型的经济形式——建立在教育基础上的知识经济。不仅如此,教育自身也在这一新的经济浪潮中脱颖而出,成为新的产业——教育产业。与之相伴的是提出了许许多多的教育产业"论",如:教育是第三产业的观点、人力资本理论、知识经济理论等。

为了解教育产业化思潮的理论脉络,我们有必要详细介绍一下几个代表性的观点,这些观点可以说基本上构成了当今教育产业论的理论依据。

(一)马克思的劳动对象化理论

教育是一种纯消费性活动,还是一种生产性活动,历来是教育理论界存有争议的问题。究其根本实际上就是教育的本质问题,即教育到底是属于社会的经济基础,还是属于上层建筑的范畴?赞同前者的人,无疑认为教育具有生产性;赞同后者的人,则否认教育的生产性。用马克思的劳动对象化理论来分析上述二观点,可以看出二者都有偏颇。

马克思认为,人在劳动的过程中,实际上是与外部客体进行双向建构的过程。一方面,在劳动中人将自己的本质力量(人的智力、体力)作用于客体,即进行对象化活动,由此造就出越来越符合人类生存所需要的"人化自

---

① [美]阿尔温·托夫勒、海蒂·托夫勒:《创造一个新的文明》,北京:生活·读书·新知三联书店,1996年,第24页。
② 中国互联网络信息中心:第43次《中国互联网络发展状况统计报告》,2018年6月30日。

然"。可见,劳动的结果(产品)并非是再现自然物,而是凝聚了人的本质的人化物。另一方面,作为主体的人,在劳动的过程中也不断从外界吸取各种有用的信息,使外界的各种自然规律为人所认识、运用,转化为人的观念、需求,并内化为个体的心理结构进而形成整个社会的文化结构。这一双向建构的过程是同时存在于同一劳动过程之中的。在此基础上,马克思进一步提出,教育的本质并非仅属经济基础或是上层建筑,而是人的自身的再生产过程。因而马克思认为"教育会生产劳动能力",不仅如此,劳动力再生产中的教育费用是随着教育程度的提高而提高的。马克思在谈到资本主义社会劳动价值中的教育费用时指出:"比社会平均劳动较高级复杂的劳动,是这样一种劳动和的表现,这种劳动力比普通劳动力需要较高的教育费用,它的生产要花费较多的劳动时间,因此,它具有较高的价值。"[1]教育水平的提高,会促进生产效率的提高。马克思指出:"要改变一般的人,使他获得一定劳动部门的技能和技巧,成为发达的和专门的劳动力,就要有一定的教育和训练。"[2]当然,教育的过程不仅具有生产性,更具有促进学生全面发展的功能。恩格斯就认为:"教育可使年轻人很快就能够熟悉整个生产系统,它可使他们根据社会需要或他们自己的爱好,轮流从一个生产部门转到另一个生产部门。因此,教育就会使他们摆脱这种分工为每个人造成的片面性。"

马克思劳动对象化理论中关于教育与经济的关系的论述,突出地提出了教育的生产性特征,为现代教育产业观的形成奠定了坚实的理论基础。

(二)人力资本理论

人力资本是人力资本理论的核心概念。一般而言,体现在物质产品上的资本称为物质资本,与此相对应,体现在人身上的资本称之为人力资本。较早对此问题做理论阐述的当推美国经济学家西奥多·W·舒尔茨。舒尔茨指出:"人力资本的显著标志是它属于人的一部分,它是人类的,因为它表现在人身上;它又是资本,因为它是未来满足或未来收入的源泉或者两者的源泉。在人力无偿提供的地方,人力资本不是一种能出售的可转让资产。人们当然能获得它,但不是作为一种市场上出售的资产,而是通过向自身投资来获得它。由此可见,没有人能把自己同他所拥有的人力资本分开。他必将始终带着自己的人力资本,无论这笔资本是用于生产还是用于消费。依据人力资本的这些基本属性,在解释这两类资本形成和运用所涉及的经

---

[1] 《马克思恩格斯全集》第23卷,北京:人民出版社,1962年第223页。
[2] 《马克思恩格斯全集》第23卷,北京:人民出版社,1962年第195页。

济行为时,人力资本和非人力资本之间产生了许多微妙的差别。"①可见,人力资本理论的基本观点是从对人自身投资来增强自己作为生产者和消费者的能力这一命题入手的,通过对人自身的投资(包括正规教育、在职培训、卫生保健等等),特别是通过教育投资,提高劳动者的知识水平,技能水平,以促进经济的发展。而且还认为投资于"人力"比投资于"物力"对经济增长的贡献要大得多。

在具体分析教育的经济价值过程中,舒尔茨明确提出"必须对学校教育的消费价值和生产价值加以区分","学校教育的生产价值,在于它是对未来进行生产,获取收入能力上的一种直接投资"②。从把学校教育当作经济增长源泉的许多研究中,舒尔茨认为,学校教育已成为比物质资本的作用更大的经济增长源泉,"学校教育和知识进展都是经济增长的主要源泉,很显然,它们都不属于自然资源,就本质而言,都是人为的,这就意味着它们需要进行储存和投资"③。

舒尔茨的人力资本理论,开辟了经济学研究的新领域,突破了传统经济学只关注自然资源而忽视人力资源的局限性,把人力资源的投入与产出作为分析经济发展的一个重要指标。从教育学研究的角度看,人力资本理论拓宽了教育与经济相互关系的探讨的思路,即把教育放入社会的大系统中加以考察。更重要的是,人力资本理论把"人力"作为促进经济发展的核心因素凸显出来,澄清了教育的生产价值问题。从研究方法上来说,运用统计分析等方法,把教育与投资、收益、费用等经济学概念结合起来,给教育产业化研究开辟了一种新的方法论。

(三)"教育是第三产业"论

按学术界通行的观点,一般可把产业分为三类:即第一产业农业(包括农、林、牧、渔、猎等);第二产业工业(泛称的工业包括制造业、采掘业、矿业、建筑业、煤电业和水利业等);第三产业服务业(包括运输业、通讯业、仓储业、房地产业、信息咨询业、科学研究、教育卫生、广播电视、公共行政和国防以及社会事务、娱乐、个人服务等)。对此分类法,最早可溯及澳大利亚经济学家费希尔(A. G. Fisher)在 20 世纪 30 年代的三次产业划分,及至 40 年

---

① [美]西奥多·W. 舒尔茨:《论人力资本投资》,北京:北京经济学院出版社,1990 年。
② [美]西奥多·W. 舒尔茨:《教育的经济价值》,引自张人杰主编《国外教育社会学基本文选》,上海:华东师大出版社,1989 年,第 314 页。
③ [美]西奥多·W. 舒尔茨:《教育的经济价值》,引自张人杰主编《国外教育社会学基本文选》,上海:华东师大出版社,1989 年,321 页。

代美国经济学家克拉克(C. G. Clark)创立了"产业结构理论",正式提出三次产业划分。事实上三次产业的划分是与前文所述的社会变迁相连的,可以说在农业社会中,其主导产业是第一产业;在工业社会中,其主导产业是第二产业;在后工业社会,主导产业将是第三产业。无疑,在后期的社会发展中,三种产业是并存的,只不过各自所占比例有所不同。美国经济学家西蒙·库兹涅茨通过对20多个国家庞大数据的分析,提出了三次产业在国民生产总值中各占份额变动的原因。同时,他还指出了当今三次产业发展的趋势:第一产业的国民总收入及劳动力都呈下降趋势,而第二产业,第三产业则趋于上升①。

毋庸置疑,把教育作为一种产业来考察,不得不回答的一个问题是教育属于第几产业,多数人认为教育是属于第三产业的,"教育可以是以教书育人为本质内容,以教育服务消费品为劳动产品,通过教育市场与社会各界和家庭交换,以获取特定价值补偿的新兴的第三产业"②。世界银行在统计分析中采用的 AIS 法也把教育归为第三产业,我国1992年颁布的《关于加快发展第三产业的决定》中,也把教育明确列为第三产业,并指出它是"对国民经济发展具有全局性,先导性影响的基础行业"。

此外也有人提出教育属于第四产业。所谓第四产业是指"精神产品再生产总过程的各个行业"③,这就更进一步把精神生产活动从广义的服务业(第三产业)中凸显出来了。

(四) 知识经济理论

所谓知识经济,就其内涵可概括为:建立在知识的生产、分配和使用(消费)基础上的经济,它表明人类经济发展将比以往任何时候都更加依赖于知识的生产、扩散和应用。④ 知识将取代权力和资本成为发展经济的最重要的基础。知识经济与既往经济的不同是不再依赖于物质资源的消耗、单纯人的体力的付出,而是转向对知识的依赖,教育的依赖。也就是说,经济的发展将越来越取决于知识的产出及其分配、使用上,从这一点来说,21世纪将是知识经济时代。知识经济时代的到来,引起了整个社会全方位的变革,教育也毫不例外地受到了极大的影响:从表层的教育手段的使用,中层的教

---

① 黄正:《现代教育产业的形成和发展》,《教育与经济》,1995年,第3页。
② 盛一平:《广东专家学者研讨后认为:教育是特殊产业》,《光明日报》,1993年12月7日。
③ 王树林主编《21世纪的主导产业——第四产业》,北京:京华出版社,1996年,第14页。
④ 彭坤明:《知识经济与教育》,南京:南京师范大学出版社,1998年,第75—76页。

育制度的创新,到深层的教育观念的转变,都与知识经济息息相关,这也必然牵涉到教育产业观的形成。在知识经济理论的视野中,教育是一种新兴产业,从总体上说有 4 个特征[①]:第一,知识性,即教育是以知识的生产、服务为主要内容的特殊产业;第二,基础性,在工业经济时期,农业、交通、能源等是最重要的基础产业,而在知识经济时代教育是最重要的基础产业;第三,全局性,知识经济发展的水平、质量直接取决于全社会知识的进步,取决于知识的生产、积聚、更新、运用的能力,而这一切又直接取决于教育的发展水平,教育的质量状态;第四,先导性,经济增长—知识进步—教育发展的内在逻辑决定了教育是具有先导性的基础产业。综上所述,如果说马克思的劳动对象化理论奠定了后续研究的基础的话,人力资本理论、第三产业论则开始了教育产业化的专业性研究,而知识经济理论则把新时期的教育产业理论的研究推向了新的高潮。

二、现实的缘起

正如上文所述,若论起教育产业化思潮的产生,早在工业社会的早期即已有之。美国经济学家米尔顿·弗里德曼被看作是当代西方教育市场化的重要代言人。国内"教育产业化"起源于中国的教育实践。自从 1978 年以来,中国进入了一个快速的社会转型期,这一转型期具有如下几个特点:第一,社会转型的目标是从传统社会向社会主义现代化社会转型;第二,社会转型的主要形式是改革开放;第三,社会转型的速率大大加快;第四,包括社会结构、社会运行机制、社会价值观念的全方位转换。[②] 毋庸置疑,转型的核心表现在由计划经济向市场经济的转变。社会主义初级阶段的市场经济理论与实践的发展,对全社会的各个子系统进行了全方位的解构与整合。在市场经济体制的催化作用下,各项社会事业,诸如文化、卫生、体育、新闻出版等行业,都逐步走上了产业化之路,它们通过自身造血功能,已进入良性循环之列。教育作为社会的一个子系统,自然也无法摆脱产业化大潮的冲击。然而,由于教育的特殊性,从根本上来说教育几乎是游离于市场经济之外的,以至于教育经济学家不得不惊呼"教育是计划经济的最后一个堡垒"。

伴随着社会主义市场经济不平坦的发展历程,从 20 世纪 80 年代初针

---

① 彭坤明:《知识经济与教育》,南京:南京师范大学出版社,1998 年,第 75—76 页。
② 郑抗生主编:《社会学概论》,北京:中国人民大学出版社,1994 年,第 422 页。

对我国教育经费短缺,教师待遇低等问题,教育界掀起了对教育的经济发展功能的探讨。到了20世纪90年代末,由于当时我国内需不振、财政和货币政策难以启动消费市场,供需平衡严重失调,致使教育经费愈发紧张,教育供给严重不足,加之受当时世界范围内的强化市场导向为特征的新自由主义经济政策的影响,教育产业化问题再次成为人们讨论和关注的焦点。1999年6月全国教育工作会议后,教育产业化被正式提出来。近年来,随着知识经济理论的兴起、社会信息化程度的逐步提高、教育产业化发展的十几年实践经验的总结、高考招生规模的大范围扩展、民办学校如雨后春笋般地涌现等因素的影响,教育产业化已成了教育界,甚至全国人民关注的一个热点问题。就其原因可归纳为如下3对矛盾:

(一) 从宏观角度看:存在教育经费短缺与教育需求膨胀之间的矛盾

教育经费短缺是指教育投资低于教育需求的失衡状态。一般而言,教育经费来源于3方面:即国家(包括各级政府)的教育投资;企业团体的教育投资;个人的教育投资。[①] 教育经费的短缺是上述三方面投入的不足造成的。改革开放以来,教育经费问题一直就困扰着我国教育界,至今仍是我国改革的一个"瓶颈"问题。教育经费的短缺是全方位的,主要表现如下几个方面:

第一,国家投资主渠道不到位,我国自1984年才有国民生产总值的数据,从1985年算起到1993年的8年内,除1986年教育经费占国民总收入的3.84%外,其余年份均低于3.7%,并且自1986年以后,一直呈下降趋势,到1993年下降为2.76%。尽管随着经济的发展,2012年以后,教育投入持续增加,已经连续6年超过4%。然而,我国教育的投入还是相对较低,不用说与发达国家,即便与发展中国家比还是有一定的差距。根据世界各国公共教育支出占国民生产总值来看,北美和西欧最高,平均达到5.7%,其中美国2018年8月官方公布数据显示教育支出占GDP约7%,其次为拉美和加勒比海及撒哈拉以南非洲为5.0%,中东欧4.9%,东亚和太平洋4.7%,阿拉伯国家4.5%。

---

① 杨葆焜、范先佐:《教育经济学新论》,南京:江苏教育出版社,1995年,第10页。

表 10-1 教育投入情况

年份	占 GDP 百分比	年份	占 GDP 百分比	年份	占 GDP 百分比	年份	占 GDP 百分比
1990 年	3.04%	1997 年	2.49%	2004 年	2.79%	2011 年	3.93%
1991 年	2.86%	1998 年	2.59%	2005 年	2.81%	2012 年	4.28%
1992 年	2.74%	1999 年	2.79%	2006 年	3.01%	2013 年	4.30%
1993 年	2.51%	2000 年	2.87%	2007 年	3.32%	2014 年	4.10%
1994 年	2.51%	2001 年	3.19%	2008 年	3.48%	2015 年	4.26%
1995 年	2.41%	2002 年	3.41%	2009 年	3.59%	2016 年	4.22%
1996 年	2.46%	2003 年	3.28%	2010 年	3.66%	2017 年	4.14%

数据来源:全国教育经费执行情况统计公告,http://www.moe.edu.cn/jyb_sjzl/sjzl_jfzxgg/

第二,企业缺少投资教育的意愿。直至上个世纪末,一些企业,特别是国有企业习惯于坐等国家分配毕业生。即便是 2010 年以后,仍然有为数众多的企业更愿意不付分文即可招到所需劳动力和专业人才。尽管现在很多大企业开始创办自己的企业大学,或者与制度化学校合作培养人才,但是企业对于教育的投入还是远远不足的,特别是对基础教育的支持力度有限。

第三,个人对教育的投入太少。除了义务教育外,即便是公立的中等教育、高等教育也大多由国家拨款的形式。当然,近来的招生改革已使这一情况有所改善,但资金短缺问题仍很严重。

第四,教育信息化的快速发展,使资金缺口巨大。随着信息技术的快速发展,为提升教育教学质量,学校需购置大量信息化教育装备,改造校园网络环境,建设数字化教学资源,提升学校基础信息化设备设施标准和质量,这些需要大量的资金投入,且信息化产品更新换代速度快,后续需要投入大量的资金。

教育经费的短缺,导致教育资源总量不足,势必引发人们对稀缺的教育资源的追逐,并导致资源分配不均等,无疑,这些问题已埋下了教育向产业化发展的种子。

与教育经费短缺形成鲜明对比的是教育需求的膨胀。从个人的角度看,为了获得一个好工作,得到更多的经济利益,个人需要不断地"充电"以提升自己的"市场价格"。这从 80 年代以来的"择校热"、"考研热"、"文凭热"等等,都可看出这一特点。从家庭的角度看,随着改革开放的深入,社会生产的发展,人民的生活水平普遍提高,再加上独生子女政策的实施,教育自然成为家庭的最主要支出之一,这从一个侧面也反映了家庭对教育的需求。从企业、从国家的角度看,教育需求的膨胀就更为明显了,生产扩大最缺的就是人才。

从我国教育的总投入与教育的总需求的比较来看,上个世纪末,这一对供需矛盾是十分严峻的。当然,21世纪以来,这一情况有所好转。根据相关学者的研究,预计到2020年我国教育经费投入强度需求将持续增高,如下表所示。

表10-2 2010年全国教育经费投入状况及2020年需求结构预测

教育类别	2010年经费投(亿元)	2010年经费占GDP比例(%)	其中:财政性投入比例	2020年经费总需求占GDP比例(%)	其中:财政性经费投入比例(%)
学前教育*	728	0.18	0.06	0.50	0.30
义务教育阶段	8 372	2.09	1.96	2.50	2.20
普通高中	2003	0.50	0.33	0.60	0.30
中等职业教育	1 357	0.34	0.24	0.70	0.40
高等教育	5 629	1.40	0.72	2.10	0.90
教育行政、事业单位	1467	0.37	0.32	0.30	0.20
合计	19 562	4.88	3.66	7.00	4.50

资料来源:中国统计年鉴2010,中国教育经费统计年鉴2010

(二)从中观角度看:存在学校快步走向市场与国家计划调配之间的矛盾

随着整个社会由计划经济向市场经济转型,两种不同经济模式之间的矛盾不断产生。表现在教育领域中,许多学校(包括新的各类学校)都试图在市场经济大潮中占有一席之地,而这与整个教育系统的国家一盘棋的计划体制产生了种种矛盾。这也成了引发教育产业化思潮的一种现实基础。

学校涉足教育市场,最初是从开办校办工厂,破墙开店开始的,由此扩展开来形成了广阔的教育"市场":教学仪器市场、教科书市场、教育建筑市场、文化体育用品市场、电子音像市场、青少年营养市场、校服市场、校办产业……从学生的衣食住行到学校的日常消费,形成了一个巨大的消费市场。此外,许多校办产业也广泛涉足社会大市场,在各行各业中都留下了教育者的足迹,大到电子行业、建筑行业,小到小商品经营,莫如此。甚至教授卖馅饼、教师忙赚钱成了"时尚"。且不论这些都是否属于教育产业,但无疑都与计划经济体制下的管理相背离。不仅如此,90年代又兴起一股"民办"教育的热潮。一批有经济实力的民营企业、社会团体和个人,以他们商海磨炼出的嗅觉,突然意识到教育这一巨大的商机,开始兴办起与国家办学存有不同目的的私立学校(也有不以营利为目的的立志兴学的有识之士兴办的学校)。毫无疑问,民办学校正是看准了不同层次的教育需求,满足了许多先富起来的人购买教育的愿望,因而早期的民办学校多为"贵族学校"并不令人奇怪。从另一个方面说,这种多渠道筹措资金、多元化办学在一定程度上减轻了计划经济体制下的办学压力,客观上带来了教育发展的新天地。近年来,许多官办学校也兴起办"民办二级学院"的热潮,事实上也是看准了教育高消费者这块"大蛋糕",而迅猛地加入瓜分者的行列。因而无论是传统的学校,抑或是新兴的民办学校,它们都有涉足市场,兴办产业的愿望与行动,因而这就呼唤对教育产业化发展进行理论上的指导与实践上的规范。

(三) 从微观的角度看:存在教师较高的社会声望与较低的经济收入之间的矛盾

改革开放以后,人们对教育、对教师的观念发生了很大变化。"文革"中"读书无用论"、"踢开教师闹革命"、教师是"臭老九"的一些错误观点得以纠正,教师的较高的社会地位得以确认。然而在市场经济大潮的冲击下,由于社会分配机制的不公正、不健全,使得教师的经济地位每况愈下,在20世纪80年代末,90年代初就出现过教师离职大潮,并造成了新的一轮"读书无用论"。虽然社会公众对我国中小学教师职业声望的总体评价较高,但与医生、律师以及公务员相比,中小学教师的经济地位和社会地位还处于较低水平。[1] 农村教师的情况则更不乐观。目前,农村教师在待遇、福利、工作条件等方面较前几年已经得到提高,教师的专业知识和教学水平方面也在不断提高。农村教师在学生、学校等层面满意度相对较高,而不满意的是工资福利待遇、学校设施条件等,致使部分教师产生更换职业的想法。[2] 一项对甘肃省3 000名中小学教师的调查研究发现,有三分之一多的教师(31%)具有不同程度的离职意向。[3] 总之,当前农村学校教师队伍不稳定,存在向

---

[1] 董新良:《中小学教师职业声望调查研究》,《教师教育研究》2011年第6期。
[2] 柴江、伏衡一:《农村教师工作满意度及其与离职意向的关系》,《中小学教师培训》2007年第10期。
[3] 赵志纯、柴江:《西部农村中小学教师离职意向调查研究》,《上海教育科研》2007年第9期。

城镇流动、离职、转岗的现象,导致农村师资短缺。这和教师的社会声望与较低的经济收入之间的矛盾密切相关。由于教师的短缺,教育资源投入匮乏,致使很多偏远地区进行了大规模的撤点校运动。教育部门的公开数据显示,从2000年到2010年,国内农村小学数量减少了52.1%;从2001年到2011年,农村初中数量下降26.19%。但撤点并校带来了严重后果,主要表现如下几个方面:

(一)教育费用骤增,增加了教育支出,家庭难以支撑。

从国家财政角度看,撤点并校后成本是降低了,但对农民来说成本却增加了。首先是并校后许多原来就近上学的学生因寄宿产生了住宿费、伙食费、生活费、交通费等合计每年数千元的开销。其次,学生年龄太小,异地就学家长不放心,不少家长选择了陪读。这样又增加了租房费等开支。第三,由于寄宿费用太高,一部分学生选择了走读上学,但由于路途较远,又要承担交通费等费用。上述这些支出对于不少贫困家庭来说,是难以承受的。

(二)求学路途较远,安全事件频发。

尽管一些地方配备了校车,但由于教育投入不够,很多地方没有校车,而是农民自发组织的"校车",为了多拉快跑,事故时有发生。据不完全统计,2010年至2014年7月,全国共发生43起校车事故,仅2011年就发生了14起,造成大量伤亡。

(三)孩子和父母之间亲情淡化

由于撤点并校的盲目进行,造成大部分农村学校消失,而农村学生求学的路途就越来越远,长时间和父母分离,使得孩子情感依托匮乏,很多负面情绪难以消除,致使很多孩子辍学,甚至走上违法的道路。

虽然近年来,国家为逐步增加教师待遇的投资力度,2018年1月发布的《中共中央国务院关于全面深化新时代教师队伍建设改革的意见》,明确提出要完善中小学教师待遇保障机制。健全中小学教师工资长效联动机制,核定绩效工资总量时统筹考虑当地公务员实际收入水平,确保中小学教师平均工资收入水平不低于或高于当地公务员平均工资收入水平。即使这样,我国目前的教师工资仍然处于较低水平。2018年《伯曼说教育》推送的文章《从中国教师的工资水平在全球是什么层次,来看全球教师薪资排行榜》中指出,根据中国的官方统计,2018年我国教师年平均收入是8.2万人民币,扣除五险一金,实际上卡的收入为每年大概5.7万人民币,如果换算成美元,每月收入为700美元左右。

表 10-4　全球教师工资前五名国家

全球教师工资前五名国家

排名	国家	教师工资水平(美元)	教师工资水平(人民币)
NO.1	加拿大	7196	49 440
NO.2	意大利	6 955	47 785
NO.3	南非	6 531	44 871
NO.4	印度	6 070	41 704
NO.5	美国	6 054	41 594

表 10-5　全球教师工资倒数五名国家

全球教师工资倒数五名国家

排名	国家	教师工资水平(美元)	教师工资水平(人民币)
NO.1	亚美尼亚	538	3 697
NO.2	俄罗斯	617	4239
NO.3	中国	720	4 947
NO.4	埃塞俄比亚	1270	8 294
NO.5	哈萨克斯坦	1 553	10 672

教师待遇低引发的问题是多方面的。从教师个体来说，影响了他们的工作热情和钻研精神，影响了他们的婚姻家庭与个人成长；从学校来说，影响了教学质量，影响了整个工作安排；从教育发展来说，损害了教育的良性运行，并直接地导致了教师素质、教育质量的降低，并导致了师范学校招生中的生源危机。

鉴于上述诸多问题，把教育确定为一种产业，转变教育是非生产性部门的传统观念，具有重大的理论意义和实践意义，把教育作为产业，体现了从教育与经济的辩证关系上对教育本质的把握。这不仅反映了教育与其他社会产业以及整个国民经济的外部关系上的经济联系，而且也涉及了教育内部应遵循的经济活动规律。教育产业化思潮的形成是与市场经济下的教育实践紧密联系的，是与市场经济引发的种种矛盾紧密联系的，正是建立在这样的基础上，我国教育产业化理论才得以发展。

总之，无论是从理论的脉络去探寻教育产业化思潮的由来与发展还是从教育实践的角度去分析教育产业化思潮的缘起与形成，都可看出这一思潮在几轮社会改革与教育改革之后逐渐成为一个公众与专家们的热门话题,这在很大程度上说明了教育产业化思潮的历史意义与现实意义。

第二节 教育产业化思潮的内容

教育产业化思潮,在其产生与发展的过程中,既是公众与专家的热门话题,也是一个引发众多非议的话题。其根本分歧是表现在对教育产业的界定上。归纳一下,对教育产业通常有3种界定:一种是狭义的界定,认为教育工作者通过消耗智力和体力,生产出适合不同教育对象需要的有多方面性能的教育服务消费品,教育服务消费品的消费者是受教育者。从教师的角度看,教师是生产教育服务消费品,处于生产领域;从学生的角度看,学生是在消费教育服务消费品,处于消费领域[1]。第二种是广义的界定,是从产业间、部门内实现经济联系的基本方式上提出的,认为教育部门与其他产业部门的经济联系,应通过市场等价交换的方式实现,将教育部门的产品——到达法定劳动年龄阶段的毕业生,作为商品投入劳动市场销售,一切劳动力的需求部门和单位,以相应的等价付给教育部门和学校,教育部门和学校获得教育投入,使教育部门和学校进入良性循环[2]。第三种是更广义的界定,认为凡是与教育有关的活动皆可以产业化,因而包括教育活动本身及其他相关活动(如,校办企业、学校后勤服务、教辅用具开发等等)都可"产业化"。

由于界定不清,人们的争论常常是南辕北辙。因而要分析教育产业化思潮的内容,须统一对教育产业界定。从上文的三种界定可以看出,第三种界定实际上是把并不属于教育活动的"教育相关活动"纳入教育中来,事实上它们并不属于教育活动,也就不存在把它们称作教育产业之说;第一种界定则隔断了教育与其他经济部门的联系,似乎教育产业就是由教师与学生之间的买卖构成,这样的界定不仅曲解了教育产业化思潮,而且在实践中也是有害的;而第二种界定则避免了第一、第三种界定的缺陷,形成了相对客观的描述,并与前文的第三产业说相吻合。

基于对教育产业的第二种界定,教育产业化思潮的内容分析可从以下几方面来进行:教育市场及其运作、教育投入与产出、教育开发与经营等。

---

[1] 张铁明:《教育产业论》,广州:广东高等教育出版社,1998年,第25页。
[2] 王善迈:《教育投入与产出研究》,石家庄:河北教育出版社,1999年,第275页。

一、教育市场及其运作

西方经济学研究消费者行为通常从欲望的研究开始。欲望是指人们的需要,也是人的一种心理感觉。关于需要的研究,最著名的是亚伯拉罕·马斯洛的研究,他认为人的需要有五个层级:第一,生理需要,这是直接与生存相关的需要,包括食物、水、性交、排泄和睡眠等。第二,安全的需要,当生理需要得到满足后,安全的需要就产生了,它包括对组织、秩序、安全感和可预见性等。第三,归属和爱的需要,在前二者需要得到满足后个体就会受到依附需要的驱使。人需要爱与被爱,如果这种需要不能得到满足,这个人将感到孤独和空虚。第四,尊重的需要,即需要受到他人的尊重,个人的能力被别人承认。第五,自我实现的需要,即获得成就的需要,希望自己的才智潜力能得到最充分的发挥,实现自己的目标和理想,这是最高层次的需要。①

马斯洛认为,人的需要正是按以上 5 个层面,由低到高发展的,当低层次需要得到满足后,人们就开始追逐高层次的需要。因而,我国改革开放以来,当人们解决了温饱问题之后,各种高层次的需要自然产生,教育的需要即是其中之一。可是人们的欲望和需要不可能得到无限制的满足,因为任何社会资源都是有限的。教育历来是我国的一种稀缺资源,面对人们的大量需求,无法一下子满足他们的需要,由此就产生了根据自身需求与能力差异对教育的选择,这就意味着选择者须以自己的投入来做交换以得到教育。有交换就有市场,教育市场的形成也就成了水到渠成的事了。而我国长期以来所形成的教育供不应求的状况,又急速地促进了教育市场的发育。

(一) 教育市场的供求关系

从供求关系的角度来分析,教育市场与整个社会商品市场是不同步的。在商品和服务出现"买方市场"的背景下,教育却依然是"卖方市场"占主导地位②,即教育依然是供不应求,由此导致教育价格上涨。一方面,社会对教育需求增多:表现在"质"上,国家和企事业单位为了效益,对毕业生的学历、素质要求越来越高,家庭和个人为了获取职业、报酬、地位等,从孩子入幼儿园就开始了教育竞争;表现在"量"上,国家和企事业单位对人才的需求量越来越大,家庭和个人对受教育年限要求越来越长。另一方面,则是教育

---

① [美]赫根汉:《人格心理学导论》,何瑾等译,海口:海南人民出版社,1986 年,第 444—448 页。

② 课题组:《教育产业的"卖方市场"现象分析》,《教育发展研究》1999 年第 1 期。

的供给渠道单一、总量严重不足；表现在基础教育上，义务教育在很多地方仍然未推行下去；表现在高等教育上，资金短缺、学科设置不合理、办学效率低等问题仍很突出。

教育供求矛盾的形成，使得教育出现了许多"怪现状"，中小学甚至幼儿园的"择校热"，高等学校招生中的千军万马过"独木桥"。教育市场的供求矛盾是教育市场形成的温床，正是教育的供不应求，给教育市场的快速发展带来了契机。

（二）教育市场结构

对于教育市场的结构问题，普遍的看法是要区分不同层次、不同类型的教育与市场的联结关系。①

1. 基础教育的基本任务是提高民族文化素质，基础教育是不能进入市场的

基础教育不直接培养劳动力，而是为培养劳动力打好德、智、体诸方面的基础。因此可以说基础教育是一个国家的教育与经济、社会发展的基石，若把它推入市场，必将削弱基础教育全民性、普及性的发展。从经济收益的角度看，基础教育只具间接性不具直接性，因而人们一般不会向基础教育投资。各国政府都把抓好基础教育视为自己不可推卸的责任，给学龄儿童提供一切便利，并通过立法规定家长送孩子接受基础教育的义务与权利。当然也不排除允许其他社会团体或个人兴资办学，但前提是不能进入市场。

2. 职业技术教育和成人教育要与市场紧密结合

职业技术教育和成人教育以直接培养从业和转业劳动者，提高在职人员素质为主要目的，应进入市场。对此，政府应鼓励多渠道筹资办学，并且办学的规模与内容应与市场相连，由市场的供需变化来调节。当然，政府的统筹管理也是必不可少的。

3. 高等教育的大部分也可进入市场

高等教育的门类很多，有理、工、农、医、法、财经等类，各类中又分基础理论教育与应用理论教育。对于那些与市场并无直接关联的基础研究，国家应大力扶持。从教育经费的筹措来说，国外的经验是采取政府拨款、学生交纳学费、学校创收、社会捐助等多渠道、多模式给教育提供资金。这也成为我国当前高等教育改革的方向之一。

---

① 王树森主编《21世纪的主导产业——第四产业》，北京：京华出版社，1996年，第139页。

4. 规范民办教育

民办教育是指国家机构以外的社会组织或者个人,利用非国家财政性经费,面向社会举办学校及其他教育机构的活动。民办教育是我国教育系统不可或缺的组成部分,与公办学校共同推进了学历教育发展。目前,我国民办教育体量庞大,占全国教育总量 1/3 强(如表所示),但由于历史原因,民办教育的相关法律法规建设还不完善,需要持续推进。

表 10-6 2018 年全国民办学校分布比例

类型	数量	占全国比重
民办幼儿园	16.58 万所	62.16%
民办普通小学	6179 所	3.82%
民办初中	5462 所	10.51%
民办普通高中	3216 所	23.41%
民办中等职业学校	1993 所	25.39%
民办高校	749 所(含独立学院 265 所)	28.13%
总计	18.35 万所	35.35%

数据来源:2018 年全国教育事业发展基本情况公报

(三)教育市场的运作

教育市场作为市场经济的一个组成部分,也受到价值规律的支配。教育系统必须在劳动力的供求结构和总量上与劳动力市场相适应,才能获得自身发展的物质条件和提高系统的效率。①

1. 教育供求关系促成教育资源的有效配置

教育的供求是由劳动力供求派生出来的。由于社会经济系统对劳动力的需求复杂多样,每个人及其劳动能力也天然地存在着差异,各个人对教育需求的内容、形式和手段也不尽相同,因而教育供求总是基于成本与收益比较原则而做出的。另一方面,由于现行教育体制在长期计划经济体制影响下形成了总量少、品种少的一元化教育管理模式,以及人们长期习惯于由国家包办教育的观念等的影响,教育供求总是围绕着政府计划调配来运作。可见,计划经济与市场经济的矛盾在教育市场上也可体现出来,而长期计划

---

① 张铁明:《教育产业论》,广州:广东高等教育出版社,1998 年,第 86 页。

经济影响下的教育的弊端随着市场经济的发展也逐渐被揭示出来,并得以纠正。其特征是建设有中国特色的社会主义市场经济,在教育市场上即要尊重市场规律也要发挥计划经济的全国统筹的优势,实现教育资源的有效配置。

2. 教育市场是非完全竞争市场

尽管教育系统的投入和产出都是直接或间接地在市场上出售的,然而,由于教育供求还受着各种非经济因素的影响,而且教育供求价格并不是一种容易确定的精确参数,因此,现实的教育市场并非一个理想的完全竞争市场。教育的许多领域属于非竞争的,如果试图完全由竞争的市场提供教育,势必会导致教育投资的不足。事实上,教育需求与教育供给之间始终存在一定的张力,试图达到均衡状态是不可能的,也是不必要的。

二、教育投入与产出

任何一种产业,都要投入一定的人力、物力和财力资源,才能产出一定的产品,教育也不例外。教育产业的运行也依赖教育的投入产出。教育投入也称为教育投资。教育投资是指投入教育领域中,用于培养不同熟练程度的后备劳动力和各种专门人才,以及提高人的劳动能力的人力和物力的货币表现。这里包含两层意思:第一,教育投资是投入教育来源,而非其他领域的人力和物力的货币表现;第二,教育的目的在于培养和提高人的劳动能力。[①] 从教育产出的角度看,教育不同于物质生产领域,教育的对象和成果不是物而是人,其表现是:直接产出的劳动力和专门人才与间接产出的国民生产总值在扣除教育成本后的净收益之总和。

(一) 教育投入

作为一种产业的教育,其投入是由产业生产的基本特征所决定的,即通常依据两个原则:第一,受益原则,即谁受益谁就应投资;第二,能力原则,由于教育投资最终来自国民收入,谁占有国民收入谁就有能力负担教育投资。由此可以说,教育投资的主体是多元的,投入方式是多渠道的。[②]

其表现为:第一,无论是资本主义国家还是社会主义国家,无论是实行市场经济抑或是实行计划经济,政府始终是最大的教育投资者。因为社会是教育投资的最大受益者,政府的财政收入在国民收入分配中居于主导地位。第二,企业也是重要的教育投资者,因为教育培养的人力是企业发展的

---

① 杨葆焜、范先佐:《教育经济学新论》,南京:江苏教育出版社,1995年,第69页。
② 王善迈:《教育投入与产出研究》,石家庄:河北教育出版社,1999年,第81—100页。

决定性因素之一。第三,受教育者本人及其家庭,从教育中可以获得经济的、非经济的收益。况且,从居民收入来说,在国民收入中也占有较大份额,因而也有能力负担自己应付的一部分教育费用。除此之外,社会、个人捐资助学,教育内部自筹资金也构成了教育投资多元化的特点。

教育投入的负担结构是指不同投资或投资主体在教育总投资中所占的份额。负担结构关系着能否获得相对充足的教育投资,关系着教育权利与义务是否对称,从而影响着教育机会的公平,还会影响着教育的效率。

综观二战以来的各国教育投资负担结构,其特征表现为,其一是义务教育投资基本上由政府负担且主要由地方政府负责;其二是非义务教育尤其是高等教育投资负担呈多元化结构,学生交纳的学费占一定比重。而比较一下我国计划体制下的教育投资负担结构,则与之有很大不同,主要表现为义务教育贯彻不力,经费紧张,高等教育由政府单一投资,一般不收学费。实行社会主义市场经济以来,教育投资结构发生了很大变化,非义务教育,尤其是高等教育直接与市场沟通,促使教育投资进入良性循环轨道。

(二) 教育产出

1. 教育的直接产出——教育效率问题

用经济学的术语来说,效率系指投入与产出之比。教育效率即是指教育资源消耗与教育产出成果的比较。用公式表示为:教育效率=教育成果(直接产出)/教育资源消耗(投入)。通常,教育投入包括人力、物力等,可计量资金来表示,直接产出用一定数量和质量的学生表示。比如:大学以成才率为产出;中小学以入学率、巩固率、毕业率、合格率等为产出指标。单位教育投入产出的成果多,质量高,表明效率高;反之,则表明效率低。

长期以来,由于教育只被当成纯消费事业、纯福利事业看待;而不是把它看成一种产业,因而人们只看到教育投入而忽视教育产出,更忽视了教育效率,导致我国教育效率极低。其后果是:第一,影响了多元化投资办学的热情,由于不讲效率自然并无多少人愿兴资办学;第二,产出的学生数量少,质量低,难以适应社会发展的需求;第三,政府面对日益膨胀的教育需求心有余而力不足;第四,造成教育资源配置不合理,严重浪费了有限的资源。

教育投入与产出的思想,为我们澄清了过去的片面认识,更新了我们的办学思想。这就要求教育活动不仅要符合教育规律也要符合经济规律,要遵循最小成本组合原则。因此,要提高教育效率,应做到:第一,教育资源优化配置,力求以最少的人力、物力、财力去培养更多、更好的学生;第二,学校规模要适度,规模过小易造成资源浪费,学校过大则造成质量下降;第三,教育布局合理,各级各类学校的位置,招生数量规模要根据相应的人口、经济等多种因素影响而定,避免盲目扩招造成学无所用、学非所用的现象,更要避免招生不足造成的人才缺乏、人才断档问题。

2. 教育的间接产出——教育的经济贡献

教育产出最有说服力的依据,就是办教育给社会带来的经济利益回报。接受不同程度教育的个体,在社会上可以获得不同的经济利益回报。当然教育对此是通过培养人才而间接实现的。

舒尔兹指出:"很多被我们称之为消费的东西,构成了人力资本投资。用在教育卫生以及为获得更好的就业机会而进行的国内迁移方面的直接费用就是证明。成人在校生及在职训练的工人放弃的收入同样是清楚的范例。但是,在任何地方这些都未列入国家统计数字中去。利用闲暇时间去提高技术增长知识的现象更普遍,这同样没有记录在案。利用这些及类似的方法,人们的工作质量可以大大改进,生产力可以很快提高。"[1]

可见,舒尔兹认为教育就是人力资本投资的一种形式,他还通过计算,认为1929年—1957年间美国整个国民收入增长额中的33%是通过教育投资获得的。除了舒尔兹之外,像苏联经济学家斯特鲁米林、科马洛夫、科基塔扬,以及美国的丹尼森等人都采用了定量研究的方法,指出了教育对经济的贡献。我国学者也提出用客观描述法、劳动简化法和生产函数法等方法来反映教育的经济贡献。这些研究都把教育作为产业研究的取向,并科学地揭示了这一产业的经济价值。

(三) 教育经济效益

教育投入与产出之间关系的直接表现就是教育经济效益,其表现形式有两种。一种为直接表现形式,即教育投资与劳动力再生产成果的比较。在一定的教育投资下,培养出的熟练劳动力和复杂劳动力越多,其经济效益就越高。另一种为最终表现形式,即教育投资对国民收入或个人收入的贡献。教育经济效益具有间接性、迟效性、长效性、多效性、条件性的特点,需要进行系统考量,不能一蹴而就。

三、教育开发与经营

教育作为新兴的第三产业,它是一块远未被自觉开发经营的处女地。因为人们还未深刻认识到它的经济价值,还未真正看到它是一种产业。教

---

[1] [美]西奥多·W.舒尔茨:《教育的经济价值》,长春:吉林人民出版社,1982年,第130页。

育并非以直接获取经济效益为宗旨,而是以培养人为直接目标,与市场的联结使得许多人看到了教育的预期经济价值。因而,教育成了可以开发经营的产业了。20世纪80年代以来,以浙江、广东为代表的沿海开放地区不断兴起的民办学校即为明证。

(一) 教育开发

教育开发就是对更适合社会各阶层各方面要求的教育选择机会的挖掘,是对教育市场空间的拓展,对教育消费要求的现实规划预测。

教育开发的最大、最根本的领域无疑是"人才开发"。我国是世界上人口和人力资源最多的国家,但人才的优势并不明显,甚至面临人才数量不足、质量低下的挑战,当然这是由于教育产业中人才开发质量低下造成的。据有关统计,我国3亿职工中,70%为初中以下文化水平,相当大比例为事实上的文盲和半文盲,受过中等专业(含技术学校)及大专以上教育或正规系统培训的不足40%,直到90年代中期,我国中学生占相应年龄组(12岁～17岁)的人口比重仍只有56%,低于世界120个国家61%的平均水平;大学生占相应年龄组(20岁～24岁)的人口比重只有4%,低于世界低收入国家的平均水平和同期印度的水平。从这些数据可以看出人才资源有待开发的潜力多么大。

人才开发并不仅仅是简单地根据需要开办学校、设置专业、制定课程等问题,更主要是要涉及教育的全方位开发问题,即要形成以人才开发为核心的包括师资开发、课程开发、专业开发、学校开发在内以及建立在资金开发为基础上的全方位的教育资源开发。因而近年来开办的私立学校、民办学校,设立的新型专业以及采取院校合并等许多新的办学方式,实际上正是教育开发的具体体现。

(二) 教育经营

教育开发是导向性的,关键在于教育经营。换句话说,光有好"项目",若经营不当,也出不了好产品,该产业也没有生命力。因此,教育经营实际上体现的是教育者(包括学校)向社会各阶层、各团体、个人及国家提供教育服务消费品的过程。教育经营的好坏,决定着教育产品是否适销对路,满足社会需求。

教育经营的关键在于严把质量关。当前由于经济发展,特别是政府导向的影响,教育开发十分火热,其中势必会出现"一切向钱看"的短期行为。教育市场良莠不齐,消费者无法辨明其优劣,低质量的经营不仅损坏了消费者的个人利益,更毁坏了教育产业的信誉,在更深层次上也影响了国家的发展,因而可以说质量是教育的生命。要把好质量关,首先要制定严格的法律法规,对办学资历、办学条件、办学质量、招生数量和质量、毕业生标准等要做出严格规定。其次,教育界自身也要严格自律,加强职业道德,明确办学的好坏及效益的体现在于人才的培养而不是赚钱的多少。

教育经营是一个产、供、销一体化的过程,既要有良好的生产——教育教学活动作为保证,也要注重开拓生源市场、毕业生市场,使得自己的生产有原料,产品有市场,从这个意义上说教育工作者不仅要做一个教育专家,也要做一个经济专家。

(三) 教育开发与经营的趋势

随着基础教育以及中等教育的普及,人们对教育的需求日益多样化,非营利性的教育机构在完成其社会职能的前提下,逐步派生出获利性分支机构,教育产业中商业化运作的成分逐步加大,形成包括公益性机构、非营利性机构、获利机构在内的"教育大产业"体系。

1. 跨区域的教育集团生成

教育集团在资源共享、优势互补、合作育人、合作发展上的优势逐步显现,通过输送优质教育资源,发展公平而有质量的教育,促进教育均衡发展。通过积极鼓励多元主体组建教育集团,切实提高跨区域的教育集团化的质量和水平,是近年来我国加快教育办学机制改革、促进优质资源开放共享的重要模式。职业教育在这方面做得比较好。职业教育集团是指职业院校、行业企业等组织为实现资源共享、优势互补、合作发展而组织的教育团体,其组成主体包括政府机构、行业组织、企(事)业单位、职业院校、研究机构和社会组织等构成。教育部于2015年发布了《关于深入推进职业教育集团化办学的意见》,为集团化办学提供指导思路,并提出规范化要求,支持职业教育集团建设具备教学、生产、培训等功能的共享型实训基地,建设共享型专业教学资源和仿真实训系统,建设就业、用工、招生、师资、图书、技术、管理等信息共享平台,建设产学研一体化研发中心和共享型教学团队,提高集团内涵发展和社会服务能力。

2. 教育集团公司上市

随着经济和产业结构的调整,据不完全统计,2018年一年上市的教育公司就达到14家。教育企业通过上市进一步产业化,为中国教育的企业发展提供了更好的平台,也使得教育家们、教育企业的领袖更有机遇了解整个世界的状况。通过上市,教育企业可以从资本市场拿回一些资金,为更好地拓展民众受教育的渠道,开发更好的教育产品,提高教育质量提供了更大的资金保证。

综上所述,可以说教育产业化思潮,是以经济学的视角来看待教育。它提出的教育市场及运作,教育投入与产出,教育开发与经营等观点给教育工作以新的启迪。此外,还有人提出教育产权、教育国际贸易、教育股票、教育银行、教育储蓄、教育产出集团等概念,为教育产业化提供了新思路。

第三节 教育产业化思潮的影响及评价

正如前文所述,教育产业化思潮从其产生起,就一直是存在争议的课题。这种争议,表现在:一方面,教育理论界对此持谨慎态度且反对者较多,认为教育产业化之后会带来更多的负面影响;而教育实践第一线的各级各类学校的管理者,则多赞同把教育作为产业来办才是教育发展的出路。另一方面,理论界内部对此分歧也较大,多数非教育理论领域的专家认为教育产业化既有必要也有可能;[①]教育理论界的一些专家则对此是担忧多于期望。归纳起来,无非是认为教育产业化是弊大于利或是利大于弊的问题,那么到底孰优孰劣呢? 显然,我们须从正反两方面来看。

一、教育产业化思潮的积极影响

教育产业化论者,无疑是认为其利大于弊的。这从第一、二节即可看出。事实上,教育产业化在多元化融资、增加教育投入、建立教育市场与运作、教育开发与经营等多方面的积极作用是不容置疑的。除此之外,还有如下几方面的积极影响。

(一) 拉动经济增长

教育消费可以说是国家、集体、家庭、个人消费的一个大头。然而由于我国一直未把教育视为一种产业,整个教育长期都被视为公益事业,因而,巨大的教育消费支出一直被经济发展所忽视。教育产业化发展,则促进了教育消费的发展,大量的资金被融入快速循环的经济领域。这在当前及未来一个相当长的时期内,将成为拉动我国经济发展的一股重要力量。

(二) 促进教育由应试教育向素质教育转轨

我国计划经济体制下的教育也是由"计划"控制的,大学招生实行配额制,使得中小学的教育几乎都实行以升学为目的的应试教育,其弊端已是人

---

① 李培林:《教育是一个经济增长点》,《人民日报》1998年8月17日。

所共知的了。教育产业化发展,通过把高等教育推向市场,逐步实现高等教育的大众化,使得升学不再是难事。这在很大程度上促进了中小学由应试教育向素质教育转轨,为具体实施素质教育解决了后顾之忧。

(三) 促进教育活动在一定程度上遵循经济规律

教育不是一种只讲投入不讲产出,只讲消费不讲生产的活动,而是二者兼有的"产业"活动。因而教育不仅在与外部世界的各个社会经济系统相联系时讲求一定的经济规律,而且在其自身的内部运作中也要讲求经济规律。这一观念的形成与教育产业化思潮的形成是息息相关的。

(四) 调动社会各方面力量办学的积极性

我国正处于社会主义初级阶段,政府的教育投入毕竟是有限的,完全依赖政府办教育已难以适应社会发展的需要。教育产业化思潮的形成为拓宽教育融资渠道、调动社会各方面力量办学的积极性指明了方向。教育发展的实践也已证明,教育投资多元化是解决当前和今后我国教育资金短缺问题的一条必由之路。

(五) 教育产业化带来的产业结构升级①

各地大学城、大学分校以及教育集团的生成,加速了当地第一产业向第二、三产业的转型。大学城建成后城市化率急剧提高,与大学生接触密切的餐饮、商场(店)、书店、通讯、体育休闲以及文化娱乐等行业发展最为迅速,在学校周围形成了较有规模的商业街,提升了就业率的同时,使得当地农村、农民迅速转型。

教育向资本靠拢,促进了教育集团的生成。2018年8月23日,教育部基础教育司在解读国务院办公厅印发《关于规范校外培训机构发展的意见》时披露,截至2018年8月20日,全国已摸排在册的培训机构38.2万家。截至2018年上半年全国共有272家上市的教育类集团公司(A股、港股、中概股、新三板),总营收822.42亿元,同比增长14.25%,净利润103.51亿元,同比增长13.01%。如此庞大规模的教育产业在提升就业率的同时,也加速了我国产业结构的调整。

二、教育产业化思潮的消极影响

随着我国东部沿海地区教育的部分产业化,随着高等教育逐步地推向

---

① 宋剑奇、刘博林:《中国式教育产业化与产业结构的分析》,《长春理工大学学报(社会科学版)》2016年第1期,第138—142页。

市场,教育产业化已经或即将给我们带来许许多多的消极影响。主要表现为如下几点:

(一) 基础教育受冲击,义务教育难实行

教育产业化之后,受冲击最大的就是中小学教育。假设我们把全国的中小学全部推向市场,由市场的供求规律来调节,很显然其结果是除了一些重点学校在竞争中能站得住脚外,其余的大部分学校将面临办学的困境。因为基础教育并不直接面向经济活动,更无法直接创造经济价值,在世界各国中一直都是由国家保护性地推行义务教育法来维持的。而全面实行教育的产业化,则必将冲击我国已初见成效的基础教育,造成义务教育的滑坡。

(二) 造成学生的"社会分层"加剧,形成事实上的"教育机会不均等"

从已有的"产业化"学校来看,与其说是"私立"学校更不如说是"贵族"学校,能入学的都是高收入家庭的孩子。这就使得我国学校之间原有的分层进一步加剧,即在发达地区与欠发达地区的学校之间、城乡学校之间、重点与非重点学校之间等的差别尚未解决的情况下,又增加了一个贵族学校与平民学校之间的差别。学校的分层加剧意味着学生社会分层的加剧,其结果是加剧了教育机会的不均等,甚至可以说各类学校学杂费的提高,事实上剥夺了更多的人受教育的权利,这与今天我们追求的教育民主化、教育机会均等是格格不入的。

(三) 造成高等教育质量下降、文凭贬值

随着高等教育市场的逐步放开,高等教育大众化已是大势所趋。但完全把高等教育推向市场,则不仅会削弱一些基础理论学科的研究与教学,而且会使整个高等教育质量下降。且不说扩大招生带来的生源质量的下降,从校方及教师这一方面来说,教育产业化的结果极易导致教育者的"教"不是为了学生的"学",而是为了更多地获取经济利益。从学生的角度来看,自费生、议价生在一定程度上就是一种"钱学交易"。因而,文凭不再是水平的反映,而是在一定程度上的"金钱"的蕴涵,若控制不力,文凭商品化大有愈演愈烈之势。

(四) 造成国有资产的流失

加大教育投入,提高教育公平,对教育进行监管,是政府"办人民满意的教育"的根本。但由于监管不到位,一些极个别的地方政府借助"产业化"把教育推向"市场",通过所谓的"改制"将优质公办小学、初中和高中卖给私人企业,后者再进行所谓的联合办学。这样,一方面,利用所谓的"教育产业化"和"市场化",推卸政府提供公共服务的责任,将政府教育投入成本转嫁给学生家长,寄希望于通过收费来弥补政府的投入不足的现状;另一方面,联办学校中的国有资产产权主体本身就是虚置的,无法追溯到真正的责任人,使权利与责任无法真正对应,换言之,也就是权、责、利的划分含混不清。正因如此,在联办学校的资产管理中自然会出现滥用职权、侵吞国有资产的现象。

(五)造成教育资源的浪费

退一步来讲,假设教育培养出来的人都是合格的高质量的人才。但是,我们在没有很认真地计算过人才的需求量的前提下,就盲目扩大非基础教育的学校的招生规模,这种过度超前的教育不仅浪费了有限的物力、财力,而且造成了人才供求的总量与结构的失衡。因而,大学毕业即意味着失业,工作后学非所用、学无所用的现象将会十分严重。这恐怕也是教育产业论者所不愿看到的。

(六)资本绑架教育,扭曲教育的本质

资本的本质是追逐利润,"一有适当的利润,资本就会非常胆壮起来。只要有10%的利润,它就会到处被人使用;有20%,就会活泼起来;有50%,就会引起积极的冒险;有100%,就会使人不顾一切法律;有300%,就会使人不怕犯罪,甚至不怕绞首的危险。"[1]资本无时无刻不在为追逐利益寻找机会和空间。而教育的本质是育人,具有公益性,两者之间有着似乎不可调节的矛盾。例如,现阶段资本在教育领域中运作的弊病主要有如下两个:

1. 造成中小学生学业负担加重

随着我国教育事业的快速发展,也衍生出了一些违背教育公益性原则的利益集团,这些利益集团将教育事业发展产业化,大量开设各种培训、辅导机构,编制名目繁杂的教辅用书,并借各种机会推销给学校和教师,严重阻碍了教育事业的正常发展。为了让学生获取高分、赢得家长的信任,一些课外培训班设置高难度、高强度的作业,编制了种类繁多的教辅用书,强制学生练习,大大加重了中小学生的学业负担;甚至很多教师加入和开办社会辅导机构,为达到经济利益,有意降低学校课堂教学质量和效果,暗示学生参加课外辅导。为此,2018年年初,教育部、民政部、人社部以及工商总局等四部门联合发布了《关于切实减轻中小学生课外负担,开展校外培训机构专项治理行动的通知》,以规范和引导教育产业市场。

---

[1] 马克思:《资本论》(第一卷),北京:人民出版社,1958年,第839页。

2. 教育与房地产资本深度结合

资本为了进一步提升利润,可以说无所不及。典型的现象就是将名校和房地产进行深度整合,绑架"名校"资源,追逐利润的最大化,致使名校周围的房价畸形高涨,各大城市中的学区房成为年轻人成家立业的一个沉重负担。例如,衡水中学在全国各地办了 23 所学校,基本上都是和房地产或者大企业合作的①。

(七)有"教育万能论"之嫌

教育系统作为社会的一个子系统无疑对社会的政治、经济、文化等诸多领域产生重要作用,但盲目夸大教育的作用极易形成"教育万能论"。教育产业化思潮在理论上试图突破教育对经济的依附、突出教育的经济价值;在实践上试图把教育推向市场,以求解决现行教育中诸如资金短缺等问题。让人的感觉是,教育只要产业化了,教育中原有的问题皆可迎刃而解,不仅如此,社会经济发展甚至整个社会进步全赖教育产业化进程了。从教育产业化思潮的整体观点来看,它确实有过去的"教育万能论"之嫌。

对于种种批评,教育产业化论者也做出了许多辩驳,也提出教育产业论所研究的并非教育的全方位问题,在研究中既要分析不重视教育产业性质带来的种种弊端,又要防止片面强调它的产业性质而忽视教育本身的和其他方面的特点和规律。②

三、产教融合

面对教育产业化所带来的诸多弊端,政府管理部门和研究者经过多年的探索,在实践中逐渐形成了一条新的发展思路,即产教融合。产教融合在高等教育以及职业教育改革发展的实践中取得了丰硕的成果。产教融合是在产学研结合基础上发展而来,即教育要面向产业和区域发展需求,充分调动企业参与产教融合的积极性和主动性,构建校企合作长效机制,逐步提高行业企业参与办学程度,健全多元化办学体制,全面推行校企协同育人,将教育和产业统筹融合。产教融合的根本是校企合作,各国在教育的发展过程中逐步探索出各自行之有效的发展之路,其中产学研结合、校企合作被公认为是职业教育人才培养的有效途径,其中德国的"双元制"、美国的"合作

---

① 杨东平:《新一轮"教育产业化"的特征与治理》,《清华大学教育研究》2018 年第 1 期,第 36 页。
② 黄正:《现代教育产业观的形成和发展》,《教育与经济》,1995 年,第 3 页。

教育"、英国的"工读交替"、日本的"产学合作"和澳大利亚 TAFE 等模式都形成了一套完整的体系。这些模式共同的特点就是企业全程参与办学过程,如学校管理、专业设置、师资培养、教学计划、课程改革、教学条件建设等。相对而言,我国校企合作起步较晚,尚处于摸索和探究阶段。

2017年12月国务院办公厅发布了《国务院办公厅关于深化产教融合的若干意见》为产教融合提出了具体指导意见,明确了产教融合原则和目标。由于思想认识、产业基础、体制机制等多方面原因,我国产教融合向纵深发展依然面临不少障碍,主要表现在如下一些方面。

(一)宏观层面——教育与产业之间的统筹融合、互惠互利的格局尚未形成

有效地推进产教融合需要教育政策、管理政策、法律规范以及产业政策的有机结合。但一些地方的行政管理部门对产教融合的本质和内涵的认识还停留在应用层面,政府部门进行统筹和规划的力度还不够,未能充分地调动企业的积极性。在另外一个层面,由于产教融合涉及的面较广泛,需要多个部门进行协调。但不同的职能部门对待产教融合的认识和工作方式存在冲突,例如教育、科技部门努力向前,但国资管理部门恪守原则不愿尝试,而审计部门检查烦琐、层层设卡等问题时有发生,学校大多只能被动等待。这在一定的程度上打消了企业与学校的积极性,致使产教融合步履维艰。

(二)中观层面——行业组织缺乏规范,在产教融合中难以有效地发挥协调作用

行业组织是现代化企业规范和发展的核心,是企业和学校对接的桥梁和纽带,但我国法律并没有明确规定行业协会在职业教育发展中的地位和作用。另外,我国现有的行业组织相对松散,自身的规划指导能力偏弱,不像欧美等发达国家的行业协会组织健全、规范,具有制定标准、主持考试、颁发资格证书的资质和能力。这导致目前国内的行业组织在校企合作中难以发挥相应的协调作用。

(三)微观层面——校企协同的有效实践模式还未形成

目前我国校企合作大多是自发式、点对点的直接对接,产教融合的程度不深,校企关系脆弱,属于典型的一厢情愿,即"学校热、企业冷"。深度产教融合的关键在于让企业真正成为人才培养的重要主体,在校企合作中发挥主导作用,提升企业参与产教融合的内驱力。由于学校和企业分属"事业"和"市场"两种体制,双方在财务制度、人事编制、考核评价、产权界定等方面存在一定的沟通障碍,导致校企合作中存在交易成本偏高、风险偏大的困境。

为了进一步提升加速产教融合,充分利用发挥企业的优势和主导的作用,需要政府部门进行深入的改革和探索。首先,要加大改革创新力度,拓宽校企合作渠道,支持校企混合所有制改革,构建"公私合营、共同管理、利益共享、风险同担"的运行体系,并依法明晰产权归属,按照"谁投资、谁所有、谁受益"的原则,以股份合作制的方式分享合作收益。同时建立学校、企业人才双向交流机制,明确教师以技术、专利方式入股获利办法,引入企业技术工人、工程师等加入学校教学工作。赋予学校更大办学自主权,探索企业参与学校专业设置、自主招生改革和日常管理等,完善学校内部治理结构。其次,要完善企业参与的成本补偿机制,鼓励企业实施深度产教融合。政府部门在法律规范内,对校企合作在规划调整、供地保障、立项审批等方面予以支持,允许学校将土地、校舍、设备等用于产教融合项目,以有效降低企业参与产教融合成本,充分调动企业参与产教融合的积极性和主动性。

不管怎么说,教育产业化发展都是一把"双刃剑",有利有弊,这也是不争的事实。这就需要企业和学校恪守职责,政府部门加大监管力度,有效的保证教育产业化在符合教育本质与道德规范的前提下健康发展。

思考题

1. 教育产业化思潮形成的历史背景是什么?近年来为何很少提及了?
2. 教育产业化能够促进教育与社会不同领域的协同发展吗?如何避免教育产业化的消极影响?
3. 尝试通过调查研究,了解分析当前教育产业化的表现形式。
4. 结合实际,探讨如何建立产教融合长效保障机制。
5. 从不同学科的视角,分析教育产业化的本质。

拓展性阅读导航

1. 梁丽芬:《教育产业化的探索》,呼和浩特:远方出版社,2005年。
2. 王丽娅:《教育产业化的理论与实践》,北京:中国经济出版社,2002年。
3. 钟杏云:《中国高等教育的产业化发展研究》,太原:山西人民出版社,2003年。

4. 周龙军:《教育产业化研究》,兰州:甘肃文化出版社,2001年。

5. 张会军、戎占怀、相力:《教育产业化实用全书》,北京:开明出版社,2000年。

6. 刘和平:《21世纪中国教育产业化趋论》,沈阳:辽宁人民出版社,2001年。

7. 张蕴启:《深化产教融合 提升内涵建设水平》,成都:四川大学出版社,2015年。

8. 和震:《职业教育产教融合制度创新》,北京:科学出版社,2018年。

9. 王钰:《高职院校产教融合体系建设》,长春:吉林大学出版社,2019年。

10. 钟和平:《企业冗余资源与校企合作创新的关系研究》,北京:经济科学出版社,2018年。

11. 王梦云:《国际校企合作比较研究》,太原:三晋出版社,2017年。

第十一章　个性全面和谐发展教育思潮

> 个性全面和谐发展教育思潮是 20 世纪中期在苏联出现的一种新的教育思潮。苏霍姆林斯基在大量的教育理论和实践的基础上，从马克思列宁主义关于人的全面发展的基本原理出发，明确提出社会主义教育的任务就是培养"个性全面和谐发展"的人，主张德育、智育、体育、美育、劳动教育各方面协调发展和个性和谐发展。

个性全面和谐发展教育思潮是 20 世纪中期在苏联出现的一种新的教育思潮。1958 年赫鲁晓夫亲自倡导了一次全面的教育改革，开始了苏联教育发展的新时期，这一时期教育改革次数之多、范围之广、教育思想之丰富，是以往任何一个时期都不能比拟的。个性和谐全面发展是这一时期苏联教育的一大特点，它以苏霍姆林斯基(1918—1970)为主要代表人物，主张德育、智育、体育、美育、劳动教育各方面的协调发展和个性和谐发展。这不仅推动了教育理论和实践的发展，而且将全面发展教育理论推到了一个新高度，对当时苏联及世界教育都产生了较大影响。虽然现在时代在发展，但是苏霍姆林斯基的教育思想仍然具有指导意义。

第一节　个性全面和谐发展教育思潮的形成和发展

一、个性全面和谐发展教育思潮产生的历史背景

苏联 20 世纪 50 年代末开始的教育改革浪潮，并非是苏联政治家、教育家一时头脑发热所致，而是有其产生的历史背景和现实原因的。个性全面和谐发展思潮的形成和发展正是苏联教育改革的必然要求，它也是科学主义思潮和人本主义思潮进一步走向融合的标志。全面发展教育和重视个性发展的思想由来已久。在古希腊、古罗马时期一些思想家提出了"身心既善又美"的和谐发展教育理想，经过文艺复兴运动和 17、18、19 世纪的不断丰

富和发展,诸如个性、身心全面发展等问题越来越引起人们的重视。但是,这些思想都没有摆脱人性论思想的范畴,不能揭示个性的真正解放和全面发展的现实的、客观的可能性,因而带有空想的性质。只有马克思主义理论产生后,全面发展才有了其实现的可能性。1917年苏联十月革命胜利后,建立了世界上第一个以马克思主义理论为指导的社会主义国家,在理论和实践上为全面发展教育的实施提供了条件。伟大导师列宁曾指出"教育、训练和培养出全面发展的、受到全面训练的人,即会做一切工作的人"[1]但由于各种因素的影响,苏联教育无论是1917年—1931年还是1931年—1958年,都没有在教育理论和实践中很好地解决全面发展教育的问题。1917年—1931年,整个教育偏重于劳动教育和思想政治教育,所倡导的苏联教育是面向大众、切近社会、实施综合技术的教育,认为个性的全面发展是社会生产高度发展的要求和必然结果,而人的自身发展的要求是从属性的。这一时期的教育忽视了学生的智育、体育和美育,教学质量和学生的知识水平有所降低。从30年代起苏联又推行了一系列改革,否定了前一阶段教育的许多方面,建立了一套新的教育制度。这一阶段教育改革是为了满足经济建设对专门人才的需要,改革的目标是提高教学的知识质量,经过这一次改革所形成的教育模式一直持续到1958年。在提高教学质量方面,此时的改革获得了很大的成功。20世纪30年代至50年代的教育和20年代相比,虽然都是为了实现社会主义建设的目的,却采取了不同的途径和方法。此时的教育,在很大程度上,放弃了和进步主义教育类似的做法,从人本主义走向了科学主义。

因此,从1958年开始对教育的研究和探讨导致了一场规模空前的教育改革运动。这次教育改革是赫鲁晓夫亲自倡导和发动的,改革的直接原因是斯大林时代形成的教育模式已不适应新的形势发展的需要。1958年已暴露出升学和就业的矛盾。根据赫鲁晓夫在1958年9月提出的《关于加强学校同生活的联系和进一步发展苏联国民教育制度》的建议中提供的资料,1954年—1957年间,未能升入高校或中专的毕业生在250万人以上,其中,1957年占80万人以上。[2] 除了日益尖锐的升学矛盾以外,苏联的普通教育还存在一些问题,长期以来,以课堂、教师、教科书为中心,着重对现成知识传授的教育模式,使得学校没有很好地教会在校青少年学会独立思考和确

---

[1] 《列宁选集》(第四卷),北京:人民教育出版社,1978年,第205页。
[2] 顾明远主编《战后苏联教育研究》,南京:江苏教育出版社,1993年,第663页。

立共产主义的观点和信念。学习在很多场合变成了练习记忆的过程。① 中学生脱离生活,青少年不参加体力劳动和公益劳动,学生除了缺乏劳动观念和技能以外,学生的思想品德和纪律也存在着问题,有些学校还远没有充分地担负起进行思想和道德教育方面的任务。斯大林逝世后,赫鲁晓夫发动全面改革运动,结束了斯大林时代的紧张政治气氛,教育家的思想不断解放,对教育的反思、研讨、探索的气氛日趋浓厚。

从50年代开始,战后科技加速发展,整个世界的竞争以科学为主要内容,特别是苏联人造卫星上天后,震动了整个世界,带动了苏美在各个领域的"冷战"。与此同时,苏联社会主义建设规模也越来越大,生产的机械化、自动化得到加速发展,赫鲁晓夫实施国内经济、政治体制的改革,从1958年起推行"七年计划"。这个计划的目的是,按人口平均计算的产品和产量赶上并超过美国。整个苏联的经济和技术发展的远景,更加迫切地需要全面发展的教育,美苏之间的教育"冷战"也加速推进了整个教育改革。当时,美国教育界密切地注视着苏联的教育,他们认为,苏联学生在校内学什么和美国学生在校内学什么,将决定两个国家及至二种社会制度的命运,他们惊呼"伊凡在学校里学到的东西约翰没有学到"。

在上述背景下,为了适应苏联经济发展和教育改革的需要,在理论和实践上解决人的全面发展教育问题,50年代以来,苏联教育理论界日益活跃起来,百花齐放,百家争鸣,禁区被打破,新的教育思潮不断出现。以苏霍姆林斯基为代表的"个性全面和谐发展"思潮就是其中的主要代表。它既反映了各家教育理论的共同主题,也反映了新时代对教育的呼唤,代表了一种教育发展方向的新思潮。

二、个性全面和谐发展教育思潮的形成和发展

苏霍姆林斯基的个性全面和谐发展教育思潮,离不开他的理论和实践活动,离不开他所领导的帕夫雷什中学。苏霍姆林斯基坚持以马克思列宁主义为指导,注意吸收人类教育的历史遗产,并坚持理论和实践相结合,进行了长期的实验研究,形成了一个完整的"个性全面和谐发展"的教育理论体系。

个性全面和谐发展教育思想是在长期的教育实践基础上形成和发展起来的。苏霍姆林斯基是苏联著名的教育实践家和教育理论家,从17岁工作

---

① 瞿葆奎主编《苏联教育改革》(上),北京:人民教育出版社,1988年。

一直到逝世,在其30多年创造性的教育实践中积累了丰富的教育经验,他在实践上探索、在理论上研究,一生中写下了大量的教育著作,包括41本专著,600多篇教育论文,1 200多篇童话、故事和短篇小说。在苏霍姆林斯基看来,当今世纪是"人的世纪",科技越发展,人的因素就越重要;同时他对人的发展怀有坚定的信念,认为每个儿童都有巨大的发展潜力,不仅可以达到一般的教育目标,而且各有其胜过其他人的地方,都可以造就成出色的公民。他说:"共产主义教育的明智,就在于使每一个人在他的天赋所及的一切领域中最充分地表现自己。"在此基础上,他将每个儿童的"全面和谐发展"定为教育目标,即一方面使每个儿童德、智、体、美、劳各方面都得到发展,不允许任何一方面有缺陷,这是全面发展的基础和前提;另一方面,使每个儿童学有专长,都获得胜过别人、值得自豪的地方。在"全面和谐发展"的内容中,这二者缺一不可。苏霍姆林斯基一生主要从事学校教育工作,开展教育实践活动和教育理论探索,帕夫雷什中学是他任教的最后一所学校,也是他工作时间最长的一所学校。在实践的基础上他不断创新,形成了完整的"个性全面和谐发展"的教育理论体系。他在帕夫雷什中学一直担任校长职务,塑造了杰出的普通学校校长的全新形象。他依据唯物主义理论原则和教育学、心理学基本理论,吸取苏联历史上优秀教育家的思想和经验,坚持从当时苏联的实际教育状况出发,深入研究和探索了一系列重大教育问题,撰写了许多专著、论文。1980年苏联出版了他的著作索引一书,长达108页。他的"个性全面和谐发展"的教育思想体现在他的教育论述之中,如《给教师的一百条建议》《帕夫雷什中学》《把整个心灵献给学生》《学生的精神世界》《给儿子的信》等。他认为和谐的发展是通过和谐的教育达成的,他说:"所谓和谐的教育,就是把人的活动的两种职能配合起来,使二者得到平衡:一种职能是认识和理解客观世界,另一种职能就是人的自我表现……正是在这一点上,即在人的表现上,应当加以深刻的思考,并且朝着这个方向改革教育工作。"[①]

在研究、探讨"个性全面和谐发展"的过程中,苏霍姆林斯基非常重视教育历史遗产的发掘和研究。他曾写道:"如果对过去已经做过和已经达到的东西不进行深刻的分析,对前人的理论遗产不进行经常的思索,那么,一般地说,科学研究工作便是不可思议的。而在研究个性全面发展教育问题上,

---

① [苏]苏霍姆林斯基:《关于和谐的教育的一些想法》,《国民教育》,苏联,1978年,第9页。

忽视历史的观点便会导致研究工作的一知半解,使这一工作进展缓慢。"①他认为如果这样就不可能创造性地对待马克思列宁主义关于全面发展的学说。在苏霍姆林斯基的教育思想中,我们可以看到他和马卡连柯的相似之处,他确实是马卡连柯教育思想的直接继承者,被人们称为是"当代的马卡连柯"。但分析一下他的整个教育思想,无论在广度和深度方面又都超过了马卡连柯。

苏霍姆林斯基还特别强调马克思列宁主义关于人的全面发展学说对研究个性全面和谐发展教育问题的重要性,在《关于全面发展教育的问题》中,他说:"在研究培养全面发展的个性问题上,深入地理解马克思列宁主义奠基人的著作,就会把注意力集中于主要的、主导的、起决定作用的问题上。"②

苏霍姆林斯基在大量的教育理论和实践的基础上,从马克思列宁主义关于人的全面发展的基本原理出发,明确提出社会主义教育的任务就是培养"个性全面和谐发展的人",所谓"个性全面和谐发展",按照他的话说,就是"意味着体魄的完美、审美需求和趣味的丰富和个人兴趣的多样"③。他强调说:"在这和谐中,没有可能,也没有必要规定什么是主要的,什么是次要的。我们只能说,全面发展的某些方面对于人的整个精神世界的影响可能比其他方面的影响要大一些。"④同时,他认为:"个性全面和谐发展的教育思想跟样样都做而不求甚解是毫不相容的。"苏霍姆林斯基将他的整个教育思想落实到了教育实践中,在教育上获得了巨大的成功。

第二节　个性全面和谐发展教育思潮的主要内容

一、个性全面和谐发展教育思潮强调将学生培养成个性全面和谐发展的人

将学生培养成个性全面和谐发展的人,既是"个性全面和谐发展"教育

---

① ［苏］苏霍姆林斯基：《帕夫雷什中学》,赵玮等译,北京：教育科学出版社,1983年,第8页。
② ［苏］苏霍姆林斯基：《关于全面发展教育的问题》,王家驹等译,长沙：湖南教育出版社,1984年,第5页。
③ ［苏］苏霍姆林斯基：《关于全面发展教育的问题》,王家驹等译,长沙：湖南教育出版社,1984年,第32页。
④ ［苏］苏霍姆林斯基：《关于全面发展教育的问题》,王家驹等译,长沙：湖南教育出版社,1984年,第9页。

思想的出发点，又是它的归宿点。苏霍姆林斯基的一生都是在十月革命后的社会中度过的，他从多方面、多角度论述了关于教育目的的问题，如"培养共产主义建设者"，"培养全面发展的人"，"培养英勇刚毅的爱国者"，"与资产阶级思想毫不调和的人"，"塑造有头脑的劳动者，使列宁的形象成为青少年的楷模"等，充分反映了他对社会主义教育目的的理解和追求。但他关于教育目的与任务的论述最集中的一点是要把青少年培养为"全面和谐发展的人，社会进步的积极参与者"①。他给"全面和谐发展"以极其丰富的内涵，他认为，人的和谐的发展意味着他有能力担当多方面的任务，他应该是社会物质生产和精神生活整个领域中的创造者、享用者、鉴赏者和保护者，是有文化素养和道德风貌的人，是积极参加社会活动的公民和具有道德基础的新家庭的建立者，而培养这种人需要实现全面发展的教育任务，即应使"德育、智育、体育、劳动教育和审美教育深入地相互渗透和相互交织，使这几个方面的教育呈现出一个统一的完整过程"。② 苏霍姆林斯基的思想基本上反映了自 20 世纪 30 年代末以来苏联有关同一问题的中心论点。

　　按照苏霍姆林斯基的意见，学生的体格、思想品德、知识本领、智慧能力、审美情操、劳动本领等方面都应该得到发展，在个性、天资、兴趣、爱好及特长等方面都应得到充分的发挥，成为一个真正完善的人。在教育实践中，他提出了不少创新观点。他强调说："我们的教育目标就是让走向生活的每一个青年男女的才能都得到充分的发挥。"③在他看来，个性全面和谐发展是对每一个受教育者的共同要求，而各种才能、兴趣、爱好的充分发挥则因人而异，为此，他要求教师认真地去研究对待每一位学生。他强调教育目的在于使青年得到全面和谐发展，然而在他提出的教育目的中有一个最重要的核心部分，这就是要把青年培养为积极的、能切实从事社会生产劳动的"劳动者"，他说："人的全面发展同掌握高深的知识、同积极的社会活动和劳动活动、同任意选择职业的可能性联系着……我们认为，要使人的个性得到充分的发挥，就要让他从事他喜爱的劳动，而且，他越深入到这种劳动中去，他的能力和天资就会得到越好的发展。"④在苏霍姆林斯基的教育思想中，他的"个性全面和谐发展"理论以"全面发展"为主体，把"个性发展"、"和谐

---

① ［苏］苏霍姆林斯基：《帕夫雷什中学》，赵玮等译，北京：教育科学出版社，1983 年，第 8 页。
② ［苏］苏霍姆林斯基：《帕夫雷什中学》，赵玮等译，北京：教育科学出版社，1983 年，第 9 页。
③ ［苏］苏霍姆林斯基：《帕夫雷什中学》，赵玮等译，北京：教育科学出版社，1983 年，第 20 页。
④ ［苏］苏霍姆林斯基：《帕夫雷什中学》，赵玮等译，北京：教育科学出版社，1983 年，第 12 页。

发展"与"全面发展"三者融合为一体,成了一个统一的整体。这一思想体现在他的教育理论与实践之中。

二、个性全面和谐发展教育思潮主张德、智、体、美、劳协调发展

在苏霍姆林斯基看来,要培养"人性全面和谐发展"的人就必须对学生进行德育、智育、体育、美育和劳动教育,并且要使这几方面的教育深入地相互渗透和相互交织、成为一个统一的完整的过程。否则,哪怕只是忽略了其中的一个环节,都会破坏这个有机的统一。苏霍姆林斯基关于全面发展教育任务的论述,总是与他活生生的实际经验相结合,因而他在这方面的论述是引人入胜的,尤其是他所提出的通过全部教育任务的实现形成儿童的精神世界的卓越见解更给人以启发。他认为,完成全面发展的诸种教育任务,如德、智、体、美和劳动教育,并不仅仅意味着使儿童分别在这几个方面获得收获,更重要的是让儿童有个统一的、丰满的精神世界,让学生的心胸和各方面素养得到高度和谐发展。他认为在德智体美劳的统一教育过程中,起主导性决定作用的是道德,应该使道德教育始终贯穿在学校的全部教育和教学工作中,他说:"道德是照亮全面发展和一切方面的光源。"学生的主要任务是学习,学校应以进行智育为主要任务,但智育本身也包含德育的职能,同样,体育、美育、劳动技术教育都应贯穿德育的精神,强调德育,并不是说放松其他教育,他们之间的关系是有机的协调与和谐。苏霍姆林斯基认为,教育中没有孤立地对人起作用的零散的东西,每个教育任务的实现都是为了塑造儿童完整的心灵,亦即统一而和谐发展的内心世界。

(一) 德育

苏霍姆林斯基赋予道德以特别重要的意义,他认为"和谐全面发展的核心是高尚的道德。集体中的生活、劳动、学习和相互关系——所有这一切,我们都竭力使它受到崇高道德理想的鼓舞。"[①]因此,相对来说道德教育应在教育任务中占统帅全局的地位。在他的"个性全面和谐发展"理论中,苏霍姆斯基提出了德育的主要内容和任务。他要求在各种教育的实施中都应贯彻道德性这一主导原则。他认为道德教育和智育的密切关系就在于,在现代社会中,没有科学的世界观和文化知识素养,没有丰富的智力发展的人,要使他具有高尚的道德尊严是不可能的。在一个人充实的精神生活中,知识和高尚的道德情操是最主要的基础;德育、体育也有密切的联系,健康

---

① [苏]苏霍姆林斯基:《帕夫雷什中学》,赵玮等译,北京:教育科学出版社,1983年,第9页。

的体魄是人的精神生活的基础;德育、劳动教育的关系更为密切,一个有知识、有技能的自觉的劳动者,需要在高度的共产主义世界观教育和道德品质的培养过程中才能培养出来;道德教育也要贯彻在美育过程中,美的情感和道德情感应是融合为一体的。他认为这几个方面应是有机地、密切地结合在一起的,德育在个性全面和谐发展中起导向作用。

他认为在实施德育的过程中应注意几个方面的问题。第一,培养良好的道德习惯。必须从幼年起就培养儿童基本的道德品质,形成良好的道德习惯,要培养儿童爱祖国、爱人民、爱劳动的情感,学会同情人、关心人、尊重人,考虑和照顾他人的利益和要求等,如果在童年时期没有形成良好的道德习惯的话,所造成的损失是永远无法弥补的。第二,培养丰富的道德情感。苏霍姆林斯基认为,道德情感乃是"道德信念、原则性和精神力量的核心和血肉,没有情感,道德就会变成枯燥无味的空话,只能培养伪君子"。①他指出,道德情感包括敏感性、同情心与义务感。敏感性是指通过教育培养学生具有明确的是非感、爱憎分明,能够细腻地体察事物的本质和别人的情感,能够勇敢地为维护真理而斗争。同情心就是善于同情,关心、尊重他人。义务感体现在对祖国、对人民、对工作、对他人的劳动等态度上,在三者的关系中,义务感是德育内容的核心。他认为,学校的任务就是要从小培养儿童健康的、丰富的道德情感,激励他们去追求更好和更多高尚的东西,去追求更好和更高尚的行为。第三,在苏霍姆林斯基的道德教育理论中,有一个非常深刻的见解,就是要在儿童的心目中将道德概念变为道德信念。苏霍姆林斯基说:"个人道德信念——是道德教育的最终结果,是说明一个人的精神面貌及品行中思想和行为一致、言论和行动一致的主要标志。"②道德信念一旦形成,就成为个人心目中完全正确的真理,成为一种能动的力量,反之,如果一个人缺乏坚定正确的道德信念,便没有正确的方向。但是,道德信念并不是自然而然地形成的,他认为,形成学生个人的"社会定向"就是指在形成个人的全面和谐发展的个性过程中,明确培养儿童社会的、阶级的思想意识和道德品质,而这种"社会定向"的形成是与个人坚定的道德信念的形成分不开的。他说:"坚定的思想和鲜明的政治方向之所以必不可少,是为了

---

① [苏]苏霍姆林斯基:《帕夫雷什中学》,赵玮等译,北京:教育科学出版社,1983年,第200页。

② [苏]苏霍姆林斯基:《帕夫雷什中学》,赵玮等译,北京:教育科学出版社,1983年,第199页。

保护人免受消极思想的影响,而道德是要让人成为一名为共产主义理想而奋斗的战士。"①苏霍姆林斯基认为,只有当道德行为发展到形成习惯的阶段才真正体现为道德信念下支配的行为。

在对儿童进行道德教育时,苏霍姆林斯基认为,首先,应做到理论和实践的统一。这一要求必须贯穿于学校教育教学工作的各个方面。他在帕夫雷什中学时制定了独立的德育教学大纲,他强调德育必须渗透在各科教学过程之中,苏霍姆林斯基的实践证明了通过学校组织的各项活动能有效地实施道德教育。其次,苏霍姆林斯基和马卡连柯一样,极为重视通过教育培养学生的道德思想和品质,他坚信集体是"培养个性的非常强有力的手段"。②他认为外部环境是学生精神生活的决定因素。学生的生活环境就是学校集体,学校集体对学生的意识倾向、信念、理想、兴趣和能力等个性特点的形成有巨大作用。他说:"集体活动中先进的社会思想展现得越清楚,作为社会小细胞的集体作用越大,那么,它的教育力量也就越大。"③他认为教育者的作用就是注意抓好教育,重视和发挥学校在学生个性形成中的特殊作用,从这个基本点出发,他要求充分发挥班集体、少年先锋队、课外活动小组等各种集体的教育作用。第三,要充分发挥儿童的主观能动作用。他断言,儿童的道德品质,只有通过自己的努力才能形成和巩固。他们做的好事越多,给坏事的可乘之机越少。形成某种好的品德,仅靠阻止、警告是远远不够的,还必须在教育者和集体影响下,引导儿童走上正确的道路,相信自己有克服困难的力量。在思想道德教育过程中,注意培养学生自我教育的能力。他认为实现"个性全面和谐发展"教育的关键在于学生自身的精神状态,即取决于学生自我教育的愿望和要求,但学生的自我教育的愿望和要求又不是与生俱来的,需要教育者的培养和教育,需要教育者耐心和细致的思想工作才能逐步产生。第四,在道德教育过程中,要利用积极因素去战胜消极因素。宽恕优于惩罚,教育先于惩罚。他认为,儿童的思想品德在形成和发展过程中,必然存在积极因素和消极因素的矛盾,在教育过程中,教育者应从正面教育入手,充分调动学生积极因素的力量,帮助学生树立信心和养成自我教育的能力。苏霍姆林斯基说:"不要急于处分学生,要好好想一

---

① [苏]苏霍姆林斯基:《帕夫雷什中学》,赵玮等译,北京:教育科学出版社,1983年,第236页。
② [苏]苏霍姆林斯基:《学生的精神世界》,北京:教育科学出版社,1981年,第204页。
③ [苏]苏霍姆林斯基:《要相信孩子》,王家驹译,北京:教育科学出版社,1981年,第16页。

想,是什么促使他犯这样或那样的错误的,要设身处地地为孩子们想一想,那么就可以相信他们会通过自身的努力来改进错误的。"①他认为,只要儿童不故意犯错误,一般不应给以惩罚。应科学地处理好表扬和批评、奖励和惩罚的问题。

(二) 智育

苏霍姆林斯基的个性全面和谐发展教育思潮中,关于智育部分的论述是最有特色和最丰富的。他将智育视为全面和谐发展教育的一项重要任务,在他的教育理论中,他考察了智育问题的一切方面,形成了一个完整的智育理论体系。他指出:"智育包括:获得知识和形成科学世界观,发展认识能力和创造能力,培养脑力劳动文明,养成一个人在整个一生中对丰富自己的智慧和把知识用于实际的需要。"②苏霍姆林斯基认为,智育的重要任务是传授科学知识,教师首先是使学生学习和掌握各门学科中最主要、最基本的基础知识。他说:"深刻的、牢固的、通过理解的知识,对于明天的物质生产劳动者,对于未来的父亲和母亲都是绝对不可少的,如同未来的学者、设计师或诗人不可缺少那样。"③学生牢固掌握知识的关键是深入地理解所学知识,因此,教师必须引导学生独立阅读、认真观察、深入思考、细致分析和准确判断,使学生的知识不断地向广度和深度发展。

苏霍姆林斯基认为,传授知识并不等于智育,在教学过程中还有一个重要的目标,即发展学生的智力,也就是说,还应该培养学生的创造性才能和对智力活动的兴趣,提高他们做人的尊严感,使他们在整个一生中都感到丰富自己智慧的需要,体验到享受人类宝藏和精神财富的快乐和满足。苏霍姆林斯基指出,开发智力的教学才是最完善的教学。他说:"不要让任何一个在智慧方面没有受过训练的人进入生活。愚蠢的人对社会来说是危险的,不管他们在名义上受到哪一级教育。"④他认为,形成科学世界观是智育的核心,而各门学科知识的教学是形成学生世界观的主要基础,同时也是发展他们智力的基础。他从个性全面和谐发展的角度出发,论述、实践着他的

---

① [苏]苏霍姆林斯基:《要相信孩子》,王家驹译,北京:教育科学出版社,1981年,第42页。
② [苏]苏霍姆林斯基:《关于全面发展教育的问题》,王家驹译,长沙:湖南教育出版社,1984年,第34页。
③ [苏]苏霍姆林斯基:《关于全面发展教育的问题》,王家驹译,长沙:湖南教育出版社,1984年,第23页。
④ [苏]苏霍姆林斯基:《关于全面发展教育的问题》,王家驹译,长沙:湖南教育出版社,1984年,第35页。

关于智育发展的理论。他介绍说,帕夫雷什中学评价教学效果的一个重要依据就是看在多大程度上促进了儿童的一般智力发展的过程。整个智育的过程除了掌握知识以外,还应该是发展学生思维、兴趣、认识能力、天资、才能等心理活动的过程。

苏霍姆林斯基结合 30 多年教学的切身经验,提出了在智育过程中应注意的几个问题。第一,要使儿童经常处于积极思考之中,要使他们有深厚的智力兴趣以及进行艰苦细致的脑力劳动的技能和愿望,没有这一点,便不能保证智力的真正发展。所以,他认为每一个教师在教学过程中都要设法尽量唤起学生对自己所教学科的兴趣,使他们热爱这门学科,从而带有一种高涨的激动情绪进行学习和思考。为了培养和激发学生的这种情感,苏霍姆林斯基要求教师要热爱自己的工作,一定要和儿童有共同的兴趣爱好和意愿,要通向孩子们的心灵。他自己几十年如一日地在一切机会、场合中直接接触学生。他还认为教师要努力上好每一节课,对所教的学科要有丰富的知识。他要求全体教师要形成"一致的教育信念"。第二,他指出发展智力,应建立宽阔的"智力背景"。他说:"我的理想是:要毫无例外地使所有的学生都能热烈地爱科学、爱学习和爱学校,使书籍、科学、学校和智力财富成为学生的主要爱好和主要兴趣,使少年和青年把追求智力充实的、丰富而完美的精神生活当作自己最重要的理想,使每一个学生在从学校毕业的时候都能带走渴望的火花,并使它终身不熄地燃烧下去。"[①]他认为,应极大地充实儿童的精神世界,使他们的道德情操、知识素养、意志感情和兴趣爱好等全部的内心生活都建立在一定的"智力背景"上。在帕夫雷什中学,所有学生整个下午都参加各种课外小组活动,小组的划分多达 100 多种,他称它们为"智力生活的基地"。在实践中,他将所有的小组大致划分为"科学—学科小组"、"劳动—创造小组"和"艺术—文化小组"三大类,每类又细分为若干不同活动内容的小组,学生在这些集体中不仅学习取之不尽的知识与技能,更重要的是使智力得到广阔而自由的发展。第三,要研究教学方法,要正确地评价学生的学习成绩。苏霍姆林斯基认为,智育的效果取决于各种教学方法的创造性地运用,教师在教学过程中必须根据教学目的、教材性质及学生的年龄特点来挑选合适的教学方法。他还认为,正确地评价学生的学习成绩可以激发学生的求知欲,鼓励他们积极向上,不适当的评价则会挫伤学生

---

① [苏]苏霍姆林斯基:《给教师的建议》,杜殿坤编译,北京:教育科学出版社,1984 年,第 148 页。

的自尊心和学习积极性,甚至造成师生之间的对立情绪。他说:"教师在教育上的英明就是要让孩子任何时候都不失掉信心,都不使他感到什么都不好。"①

(三) 体育

在苏霍姆林斯基的许多著作中,都首先论述了儿童健康的重要意义,他指出:"对健康的关注——这是教育工作者首要的工作。孩子们的精神生活、世界观、智力发展、知识的巩固和对自己力量的信心,都要看他们是否乐观愉快、朝气蓬勃。"②他长期对学习差和跟不上班级的学生身体和智力发展进行仔细的考察,结果其中85%的人主要是由于健康状态不佳等原因造成的。由此,他确认体育是一个人全面发展的重要因素,他响亮地喊出:"健康、健康,再一个还是健康。"强调体力充沛对儿童蓬勃的精神生活的决定作用。增进儿童的健康和科学的体育过程是保证儿童得到和谐发展的物质性基础。

苏霍姆林斯基认为,学校体育的主要任务是促进儿童机体的正常发育和体质的增强,他详尽论述了体育的主要途径和要求。

首先,他指出应建立合理的学习、劳动和作息制度。他认为,作息制度的核心问题是"劳动和休息、活动和睡眠的恰当交替"。③ 经验证明,死记硬背、负担过重的脑力劳动会导致儿童身体的畸形发展和各种疾病的发生。因此,他不允许低年级儿童在室内进行3小时以上的脑力劳动,反对让12岁~15岁的少年每天花费四五个小时去做家庭作业。他认为学校、教师和家长应密切配合,对学生的学习、劳动、户外活动及休息睡眠等方面进行合理安排并提出严格要求。苏霍姆林斯基在钻研了15年的基础上在帕夫雷什中学制定了一种新的作息制度,这一制度的特点在于:在上课之前完成家庭作业,并在午后不进行紧张学习和脑力劳动。他认为这个具有"决定性作用的条件","不仅可以增强体质,而且可以为丰富精神生活,为全面发展创

---

① [苏]苏霍姆林斯基:《把整个心灵献给孩子》,唐其慈等译,天津:天津人民出版社,1981年,第91页。
② [苏]苏霍姆林斯基:《把整个心灵献给孩子》,唐其慈等译,天津:天津人民出版社,1981年,第126页。
③ [苏]苏霍姆林斯基:《帕夫雷什中学》,赵玮等译,北京:教育科学出版社,1983年,第174页。

造条件"①。其次,他认为应为学生创造良好的生活环境和卫生条件。他带领师生在校园内外种植大量植物,为孩子们建立天然的"氧气厂";利用春天、秋天的好气候,让孩子们多在"绿色教室"——树林和草地上进行学习与活动;在教室里,注意合理采光保护学生的视力。定期检查课桌椅与学生身高之间的适合程度。他认为,学校的环境布置、教学设备和通风采光等都要从教育的效果和学生的健康出发进行考虑。第三,他还论述了体育锻炼和体力劳动的作用。苏霍姆林斯基认为体育锻炼和体力劳动在增强体质、培养健美体魄中起着重要作用。在进行体育课与经常的运动操练中,他重视它们促进体型美观,器官的灵巧力与耐力的锻炼及在性格、意志的培养方面的作用。他认为,体力劳动和运动一样具有主要的体育意义。

(四)美育

苏霍姆林斯基认为,美育在"个性全面和谐发展"教育中起着很大作用,他认为使青少年得到和谐发展,具有一个丰富的精神世界,必须有美的教育。苏霍姆林斯基指出:"美是道德纯洁、精神丰富和体魄健全的有力源泉。"②他将美育称作"情感教育",美育通过各种特有的手段和途径,对学生施加潜移默化的影响,它的任务是教育学生认识美,在此基础上培养美的情操、美的修养、塑造美的心灵。

首先,苏霍姆林斯基提出了进行美育的多种多样的途径和手段。他指出:"教会孩子能从周围世界的美中看到精神的高尚、善良、真挚,并以此为基础确定自身的美。"③他认为在整个生活活动中,美随处存在,在整个教育过程中,美育的因素也随处存在,如大自然中、社会生活中、文学艺术中等。其次,苏霍姆林斯基认为,应培养学生感知美、领会美、认识美、创造美的能力。他认为美育的基础和关键是感知美和领会美,它是培养学生认识美和创造美的基础。美是客观存在的,但能否对学生产生美育的作用,能否增长他的审美能力,则要看他对美的认识,看他能否对美的东西动之以情,使之逐渐内化为他的美的心灵。苏霍姆林斯基认为,通过美育,要使学生学会用语言进行创作,用艺术形象体现自己的思想、感情和感受。他说:"这种能力愈发展,人的审美素养和一般文化素养就愈高,情感就愈细腻,感受就愈深

---

① [苏]苏霍姆林斯基:《帕夫雷什中学》,赵玮等译,北京:教育科学出版社,1983年,第179页。
② [苏]苏霍姆林斯基:《帕夫雷什中学》,赵玮译,北京:教育科学出版社,1983年,第424页。
③ [苏]苏霍姆林斯基:《帕夫雷什中学》,赵玮译,北京:教育科学出版社,1983年,第424页。

切,对新的艺术作品的审美感受就愈鲜明。"① 苏霍姆林斯基认为,美育在"个性全面和谐发展"教育中起很大的作用,但美育本身又依附于其他因素和条件的配合,如果个性全面和谐发展教育的其他部分或因素有严重摧残,美育的影响便会削弱。可见他认为德智体美劳五育是呈水乳交融之态的。

(五) 劳动教育

劳动教育是完成"个性全面和谐发展"教育目的的一个主要支点。在关于劳动教育思想中,苏霍姆林斯基接受了马卡连柯有关劳动教育思想的论述,他接受了马卡连柯关于"社会主义教育如果不是劳动教育那是不可想象的"这一观点,认为:"劳动以外的教育、没有劳动的教育是不存在的,也是不可能存在的。"② 苏霍姆林斯基明确指出,没有劳动的教育是片面的教育,知识、道德、劳动是他的教育思想体系的三根支柱。在他关于劳动教育的理论中,他充分肯定了劳动教育对学生全面和谐发展的促进作用。他指出,只有通过"长期的、有明确目的的、有教育作用的劳动"才能把学生培养成为"一名准备完成任何需要做的工作的自觉的劳动者"③。

苏霍姆林斯基的劳动教育理论是他经过大量的教育实践的基础上提出来的。在当时苏联特定的历史背景下,他批评了凯洛夫模式教育不重视劳动教育的状况。他认为,对于一个学生进行10年的教育,仅仅教给他科学基础知识,从不让他接受劳动训练,而在他毕业时却把一把铲子交给他开始劳动,这对于学生来说是"一个悲剧"。在苏霍姆林斯基的改革实验田——帕夫雷什中学,这儿仿佛是一块丰腴的世外桃源,在苏联1958年教改之前,这儿便开始了与生产劳动相结合的实验尝试。他在帕夫雷什中学对学生进行经常性的劳动教育,并给学生发放劳动教育方面的合格证书,同时对1958年苏联教改的那种矫枉过正的做法又给予了批评。在教育实践过程中,他认为劳动教育达到了两个目的,一是社会目的,即劳动要为社会创造财富,体现出经济价值;二是思想教育,这是劳动教育的最深层次目的,在"个性全面和谐发展"教育理论中,劳动教育作用的发挥是在和其他各育的相互关系中发挥出来的。

在大量实践的基础上,苏霍姆林斯基对劳动教育提出了许多理论见解。

---

① [苏]苏霍姆林斯基:《帕夫雷什中学》,赵玮译,北京:教育科学出版社,1983年,第439页。
② [苏]苏霍姆林斯基:《教育的艺术》,肖勇译,长沙:湖南教育出版社,1983年,第127页。
③ [苏]苏霍姆林斯基:《共产主义劳动态度的培养》,理坚译,北京:人民教育出版社,1964年,第329页。

他论述了劳动教育和德育、智育、体育、美育等各育的关系。他认为,培养积极的有创造性的劳动者,必须使他的劳动知识技能、情意和创造精神得到统一发展,并在各育统一的过程中得到实现。在《帕夫雷什中学》一书中,他结合在该校的探索归纳了多达12条的劳动教学原则,他提出了劳动教育与全面发展相结合、劳动类型多样化、劳动的经常性和连续性、儿童劳动要带有成年人生产劳动的性质、劳动的力量性、劳动的创造性和手脑并用等原则。他同时也总结了实施劳动教育的许多实际措施,在劳动教育方法中,苏霍姆林斯基介绍并论证了树立优秀的劳动榜样,对所进行的劳动过程和操作方式加以复习,经常完成集体劳动作业,开展劳动创造精神、劳动技艺和劳动在美学上的表现的竞赛等多种劳动教育方法。为了使劳动活动充分发挥它在全面发展教育中的作用,他也阐述了建立劳动制度的重要意义,他指出建立正确的劳动制度应有3个条件,即:智力劳动和体力劳动的结合与交替;由学生自由选择最适合他个人才能与兴趣的劳动项目;必须给学生以相当的空余时间。苏霍姆林斯基说:"我们的目标就是要做到,使千百万工农所从事的劳动在我们的每个学生身上都在童年、少年和青年早期成为一种习惯。"

三、个性全面和谐发展教育思潮致力于使家庭教育和学校教育保持一致

在苏霍姆林斯基的眼里,教育是个整体,教育面对的是儿童,是儿童完整的精神世界,没有也不可能有孤立的"智育""德育"和"劳动教育"。他认为实现个性全面和谐发展的教育,除了通过课内课外的学校教育,家庭教育和自我教育也是极为重要的两条途径。

他把家庭教育比作树木的根须,供养着学校教育这棵大树的树干和枝叶。他坚信"家庭是滔滔大海上的神奇浪花,从这一朵朵浪花上能够飞溅出美好。如果家庭没有孕育人世间美好事物的神奇力量,学校所能做的,就永远只能是再教育了","学校教育的成果建立在良好的家庭道德的基础之上"。因此,建立完备的"家庭—学校教育体系",就成为苏霍姆林斯基实施个性全面和谐发展教育的一个重要方面。他创办家长学校,向家长传授心理学和教育学的基本知识,和家长一起研究应该怎样为人父母,应该怎样教育子女。他把家长组织起来,利用家长集体的力量,积极有效地开展学校各项教育教学活动。他把家长学校的工作看作是学校领导必须去做的最重要

的工作之一,他说"没有家长学校,就不会有真正的家庭——学校教育。"①

　　苏霍姆林斯基在《我们的"家长学校"》,明确指出,为了教育好自己的孩子,家庭要有高度的教育学素养,这是在实现人的全面发展的思想方面,现实生活所提出的又一个重要问题。教育的完善,它的社会性的深化,并不意味着家庭作用的削弱,而是意味着家庭作用的加强。只有在这样的条件下才能实现和谐的全面的发展,就是:两个"教育者"——学校和家庭,不仅要一致行动,要向儿童提出同样的要求,而且要志同道合,抱着一致的信念,始终从同样的原则出发,无论在教育的目的上、过程上还是手段上,都不要发生分歧。

　　这个问题也是最复杂、最困难的问题之一。教育现象的相互联系在我们今天变得更加复杂了:生活向学校所提出的任务是如此复杂,以至于如果没有整个社会,首先是家庭的高度的教育学素养,那么不管教师付出多大的努力,都收不到完满的效果。

　　学校里的一切问题都会在家庭里折射地反映出来,而学校复杂的教育过程中产生的一切困难的根源也都可以追溯到家庭。人的全面发展取决于母亲和父亲在儿童面前是怎样的人,取决于儿童从父母的榜样中怎样认识人与人的关系和社会环境。

　　我们通过学习苏霍姆林斯基在帕夫雷什学校的实践与研究,感悟到了解每一个家庭的精神生活,只是家庭——学校教育的开端。我坚定地认为,教育学应当成为所有的人都懂得的一门科学——无论教师或家长都应当懂得它。因此,我们要努力使每一位家长都能掌握最低限度的教育学知识。

　　苏霍姆林斯基重视对家庭教育的研究,有其深刻的历史背景。1948年他到帕夫雷什中学任校长时,当时的乌克兰刚刚经历了苏联卫国战争的洗礼,整个国家正处在千疮百孔亟待建设的困难时期。战争给当地人民带来了巨大的创伤,许多孩子失去了亲人而变成单亲和孤儿,战争也为许多孩子的心灵蒙上了阴影。具有高度责任心和教育使命感的苏霍姆林斯基,为了尽快把孩子培养成为合格的人,他走访了每一个孩子的家庭,详细了解孩子们的家庭情况,发现每一个问题孩子的背后都有一个有问题的家庭。要想把孩子教育好,单靠教师和学校的力量是不行的,必须重视家庭教育,必须提升家长的家庭教育素养。

---

　　① [苏]苏霍姆林斯基:《睿智的父母之爱》,罗亦超译,石家庄:河北人民出版社,1999年,第2页。

四、个性全面和谐发展教育思潮关于教学理论的论述

苏霍姆林斯基将自己的全部心血和汗水倾注在了教育事业上,他每天从早上 5 点至 8 点钟从事写作,白天亲自上课、听课和做班主任,晚上便整理笔记,思考一天工作中所遇到的各种问题。他用了 10 年的时间,对 3 700 名学生作跟踪研究,在教育教学实践中积累教学资料 2 000 余本。他阅读、研究了国内外各种教育著作,对理论研究和学习有浓厚的兴趣,所有这些丰富的教育理论与实践经验,恰恰是"个性全面和谐发展"教育思想的丰富源泉。他不仅自己有一生的教学实践经验,而且他对自己学校的每位教师的教学经验都加以分析、研究,因此,他的教学理论是丰富多彩的,他的教学思想基本上构成了一套完整的教学论。

在苏霍姆林斯基的教学思想中,他要求正确解决教学过程中的两对矛盾,即教学和教育、教学和发展的矛盾,要求在促进个性全面和谐发展的过程中完成教学目的。霍姆林斯基认为教学必须是教育性的教学,他认为在德、智、体、美、劳的统一教育过程中,起决定作用、主导成分的是道德,应该使道德教育始终贯彻在学校的全部教育与教学工作中。在课堂教学中,如果只满足于教师单纯传授知识和学生单纯接受记忆知识,而不使知识教学深入到教育领域,不使传授与学习知识的过程是塑造个性、信念、意志、感情的过程,便是不成功的教学。他认为学生的主要任务是学习,学校应以进行智育为主要任务,但智育本身就包含着兼顾教育、体现教育性的功能。他认为在教育实践中,教学、教育和教养应该是辩证统一的。

苏霍姆林斯基明确指出,开发智力的教学才是最完善的教学。他认为发展智力就是要培养和发展学生分析问题和解决问题的能力,通过教学来发展学生的智力、思维和内在精神世界,这在苏霍姆林斯基教学论中有重要地位。在阐述和处理教学与发展问题的过程中,他重视在教学中让学生切实掌握基本知识,但他反对只给知识、不重视发展智力的教学。他主张应具有"两个教学大纲",第二套教学大纲主要是课外阅读和其他知识来源所提供的知识要求。教师应善于运用这两套大纲教会儿童在掌握基础知识的基础上活跃思想,开动脑筋,促进儿童思维的发展。他说:"要努力使学生把获得知识不当成最终目的,而当成一种手段,使知识不变成静止的、僵死的学问,而经常起作用于学生的脑力劳动中……,起作用于生动和连续不断的精神财富交换过程中。"[①]在苏霍姆林斯基的教学理论中,他对教学方法、原则、任务和课程的类型与结构等问题做了详尽的论述。

第三节 个性全面和谐发展教育思潮的影响及评价

一、个性全面和谐发展教育思潮的影响

"个性全面和谐发展"是人类教育的崇高理想,也是苏联教育家苏霍姆林斯基毕生追求的教育目标,在1958年—1988年苏联的教育改革过程中,"个性全面和谐发展"教育思潮成了苏联教育的主潮和新的追求,对苏联乃至世界都产生了较大的影响。

1958年赫鲁晓夫亲自倡导了一次全面的教育改革,开始了苏联教育的新的历史改革和发展时期,教育的技术变革成为这一历史时期苏联教育的一大特点。20世纪50年代末,时代的变化、苏联国内政治经济形势及原有教育弊端的暴露,使得苏联教育改革势在必行。1958年开始,苏联开始了一次又一次教育改革和实验,如赞可夫关于教学与发展问题的研究,苏霍姆林斯基关于学生"个性全面和谐发展"问题的研究,巴班斯基的"教学过程最优化"问题研究等,探讨个性发展成了各家教育理论的共同话题。由于苏霍姆林斯基的"个性全面和谐发展"教育思想适应了20世纪五六十年代苏联的社会实践,因而赢得了苏联教育界的肯定。他的教育思想影响了苏联一代人的教育,苏联教育界人士把他的著作看成是近几十年来的"先进教育经验的完整的总结",是"活的教育学"和"学校生活的百科全书",甚至称他是"教育思想的泰斗"。他的"个性全面和谐发展"教育思想在世界教育理论界也产生了很大的影响。在中国,苏霍姆林斯基的教育著作尤其受到了教育理论工作者和教育实践者的重视,并产生了很大的反响,他的教育思想一直到今天仍然具有现实意义,对我们今天素质教育的实施具有一定的借鉴作用。

二、对个性全面和谐发展教育思潮的评价

苏霍姆林斯基的"个性全面和谐发展"教育思潮标志着苏联教育理论的

[①] [苏]苏霍姆林斯基:《帕夫雷什中学》,赵玮等译,天津:天津人民出版社,1983年,第423页。

发展进入了一个新的阶段,同时也把全面发展的教育理论推到了一个新的高度。

首先,苏霍姆林斯基的"个性全面和谐发展"教育思想在对苏联传统教育继承的基础上有了新的发展,他将自己的理论建立在马克思列宁主义的理论基础之上。苏霍姆林斯基是一个在列宁、斯大林时代培养起来的、经受过严峻的战争考验的教育家,在他的全部教育工作中,始终吸取十月革命胜利后各个时期著名教育家的有关著作成果,他着重研究了克鲁普斯卡娅、卢那察尔斯基、加里宁、马卡连柯等教育家关于全面发展个性的论述,他说如果没有这些教育家在教育科学上做的贡献,"要想建立我们教育理论的大厦,使教育理论为实践指明道路,那是不可能的"[①]。他一向将自己称为是马卡连柯的学生,把自己的事业看作是马卡连柯事业的继续。他被称为是"当代的马卡连柯",但是,无论他的思想还是实践都是新时代的产物,在理论的深度和广度上都超过了马卡连柯。

其次,苏霍姆林斯基的"个性全面和谐发展"教育理论紧密地和教育的现代发展、教育实践相结合,这使他的理论和实践都具有很强的生命力。他的教育理论密切联系苏联教育的实际,20世纪30年代至50年代苏联教育的科学主义特征较浓厚,在方法论上强调党性原则;在研究方法上强调对教育问题的本质、原理的思辨性分析;将研究重点放在知识教学所需的教学大纲、标准教科书、教学法上;从教育家到教师,都普遍倾向于智育第一、知识第一;所有这些,都呼唤着一场新的教育革命,苏霍姆林斯基的教育改革适应了这一历史的要求。在帕夫雷什中学,他在研究"个性全面和谐发展"教育问题的过程中,非常注意吸收有关全面发展教育的历史经验,并重视联系苏联生活的社会实践,把理论研究工作和实际工作结合起来。个性发展问题的研究在50年代以后的苏联成为人们研究的一个共同话题,苏霍姆林斯基将自己的主张落实到教育实践中,获得了成功。

第三,苏霍姆林斯基的"个性全面和谐发展"的教育思想体现了教育对人格、人性的关注。苏霍姆林斯基把"个性全面和谐发展"理解为德、智、体、美、劳等方面的协调发展,加深对全面发展教育的认识,同时也体现了对个性、人格的关注。在整个教育史上,全面发展教育的思想由来已久,早在古希腊古罗马时期,一些思想家就提出了"身心既善且美"的和谐发展理想。

---

① [苏]苏霍姆林斯基:《给教师的建议》,杜殿坤编译,北京:教育科学出版社,1984年,第39页。

其后经过人文主义者和17、18世纪的启蒙思想家,特别是19世纪空想社会主义者的提倡,人的"自由发展"、"和谐发展"及"全面发展"的问题便日益引起了人们的重视,但这些思想或流派都没有从实际上解决全面发展和个性发展的问题。苏霍姆林斯基在马克思列宁主义思想的指导下,站在方法论的高度上对这个问题进行了实践并提出自己的看法。从人本主义和科学主义思潮的发展来说,这实际上是科学主义和人本主义思想的进一步融合,它和教育发展的整个规律是相吻合的。按照苏霍姆林斯基的说法,学生的体格、思想品德、知识本领、智慧能力、审美情操、劳动本领等都应得到健康的发展,成为一个真正完善的人。在苏霍姆林斯基的教育理论的探索和教育实践的实验中,他的每一项工作都围绕着一个主题,即培养个性全面和谐发展的人。

在1958年—1988年的苏联教育改革中,苏霍姆林斯基的个性全面和谐发展教育思想成为主旋律,对当时及此后苏联的教育产生了深刻的影响。苏霍姆林斯基的教育经验与理论著作是一个庞大的体系,他是一个普通的校长和教师,同时又是一位硕果累累的教育家。他的教育思想在教育实践经验上丰富翔实,但在教育理论的论证上还嫌不够。他在论述全面发展教育理论时提出了一些抽象的概念,我们在研究的过程中要具体分析和批判。

三、"个性全面和谐发展"和苏联的教育改革

在1917年苏联十月革命胜利以后的教育发展和改革过程中,"个性全面和谐发展"教育思潮占有其独特的地位。我们将苏联的教育发展划分为三个历史阶段,1917年—1931年是第一个阶段,1931年—1958年是第二个阶段,1958年—1988年是第三个阶段,苏霍姆林斯基的"个性全面和谐发展"思想是在第三个阶段中发展和形成起来的。通过对以上三个阶段的简单梳理,我们会更明白"个性全面和谐发展"教育思潮的意义及对苏联教育发展所起到的作用。

1917年—1931年苏联教育改革和发展的主要特征是:以教育和生产劳动相结合为方针,以培养个性全面发展的人为目的,以生产劳动为基础,建立新型的学校生活制度。这个时期主要以克鲁普斯卡娅、马卡连柯为主要代表,在批判旧教育思想的基础上,为建设新的社会主义教育理论而提供了许多创见。当时苏联受到美国进步主义教育的巨大影响,教育实验纷纷开展起来。此时苏联的教育改革在改造旧教育,教劳结合及共产主义和集体主义教育方面迈出了坚实的一步。这一时期的教育表现出了明显人本主义

倾向，比如，克鲁普斯卡娅对儿童的身心发展给予了特别的重视，强调根据个性发展需要研究教育问题；C·T·沙茨基当时考查了世界各国的进步主义教育运动，他高度赞扬了夸美纽斯、洛克、卢梭、裴斯泰洛齐、蒙台梭利、杜威等人的教育思想。

1931年—1958年教育改革和发展的主要特征是：为了满足经济建设对专门人才的需要，改革的目标是提高教学的知识质量，这是对20年代学校制度的全面否定，在教学方法、教学组织形式、课程计划、学制、教学内容等方面进行了大力的改革，这一时期教育改革和发展的主要特征是科学主义思想占优势，这一时期不仅形成了苏联特有的教育模式，也全面提高了国民文化水平，培养了大量专门人才。这一时期的主要代表人物是加里宁、冈察洛夫、凯洛夫等人，有人认为这一时期的苏联教育制度是当时世界上最优秀的。从教育家到普通教师，普遍倾向于智育第一，知识第一，特别信赖教师的主导作用和教科书的权威，反对过多组织课外、校外活动，所有活动都应以提高学生学业成绩为中心，在教学上从二三十年代的人本主义转向了科学主义。

1958年—1988年教育改革和发展的主要特征是：走上了科学主义和人本主义融合的道路，体现了多种价值取向并存的特点，既强调对现代科学技术知识的学习、吸收，又强调教育和生产劳动相结合，同时注重对学生人格、个性的培养。此时的教育改革和发展既不像二三十年代那样单纯强调学生自由劳动，也不像30年代至50年代那样单方面强调知识教学，综合化、多样化是此时苏联教育的主要特点。个性发展成了各家教育理论的共同主题，除了苏霍姆林斯基以外，还有赞可夫的"教学与发展"问题的研究，巴班斯基的"教学过程最优化"研究，沙塔洛夫、雷先科娃、阿莫纳什利等人的"合作的教育学"研究，在这一教育改革的浪潮中苏霍姆林斯基的"个性全面和谐发展"的教育思潮扮演了主要的角色。

思考题

1. 简述"个性全面和谐发展"教育思潮的形成和发展过程。
2. 如何理解"个性全面和谐发展"的内涵？
3. 评析"个性全面和谐发展的教育思潮"。
4. 结合学校改革实际，简述苏霍姆林斯基教育思想的现实意义。

拓展性阅读导航

1. 哈瑞·刘易斯:《失去灵魂的卓越》(第二版),上海:华东师范大学出版社,2012年。
2. 内尔·诺丁斯:《学会关心:教育的另一种模式》(第二版),北京:教育科学出版社,2014年。
3. 托尼·瓦格纳、泰德·丁特史密斯:《为孩子重塑教育》,杭州:浙江人民出版社,2018年。
4. 王策三:《恢复全面发展教育的权威》,北京:人民教育出版社,2018年。
5. 孙孔懿:《苏霍姆林斯基评传》,北京:人民教育出版社,2017年。
6. 孙孔懿:《苏霍姆林斯基教育学说》,北京:人民教育出版社,2018年。

第十二章　素质教育思潮

　　素质教育是以面向全体学生、提高国民素质为根本宗旨,以培养学生的创新精神和实践能力为重点,以促进受教育者德智体美劳等方面生动活泼地发展为基本特征的教育思潮。

在日新月异的新时代,传统的教育模式难以适应社会变革和发展的需要。从20世纪80年代开始,教育改革又一次成为世界性潮流,其主题词就是素质教育。素质教育已经成为世界各国共同追求的教育理想和目标,已日益成为国际上教育发展的一种潮流。

第一节　素质教育思潮的形成和发展

一、素质教育思潮产生的国际背景

素质教育思潮产生于20世纪80年代,发展于90年代。这有其历史必然性。当今世界的竞争归根到底是国力的竞争,是国民素质的竞争。一个国家、一个民族的发展,不仅取决于杰出的人才,而且取决于亿万国民的素质。素质教育思潮正是适应了社会发展的客观需要。

面对21世纪,各国展开的教育改革,制订的教育规划,或描绘的教育发展蓝图,所用的词汇虽然不尽相同,但所传达的声音却是一致的,即认为加强教育素质化是基础教育的出发点和归宿。

美国在20世纪80年代提出"卓越教育报告书",引起西方国家广泛讨论。90年代则提出素质文化的概念。英国教育改革的目标是建设高质量教育,以改变基础教育质量落后的状况。日本设计的21世纪教育的目标模式则是重视个性,培养创造思维能力,适应国际化信息化社会的需要,向终身教育体系过渡。培养目标是使每个公民有能力独立安排生活,从事创造性劳动,成为国际社会的公民。法国在《学校未来的导向与纲要法》中,明确提出"办更公正的学校、高质量的学校、可信任的学校、更有效率的学校、更开放的学校",其培养目标是要使每个受教育者最大限度地发挥基本的潜在能力,并能创造自己的未来。新加坡从20世纪80年代就提出卓越教育,构建高质量的学校教育,更多地鼓励学生进行创造性的思维和勇于对权威论断提出怀疑的观点,以发展学生的创造性,培养学生的自信心,促使学生积极主动地发展。原新加坡教育部长王瑞杰提出好学校的五条标准:关怀学生,会尽量了解学生的需求、兴趣和长处,以鼓励他们学习和成长;落实全人教育为目标,除了帮助学生奠定良好的数理和文科基础,学校会拓展他们的学识及批判能力,同时为他们塑造良好的品德;为学生创造正面、积极的学校体验,将他们培养成为有自信的终身学习者;有富有爱心和专业的教师,这样的教师会坚守"人类灵魂工程师"的精神理念;不分学生家境贫富,关怀所有学生,为他们提供各种发展机会。我国香港在1999年制定的《教育制度检讨——教育目标咨询文件》中指出,为推广优质教育的真义,教育应向以人为本、提供平等机会、培养学生对终身学习的兴趣和能力等方向发展。如今优质学校教育计划在香港已得到广泛实施。芬兰教育成功的秘诀是全社会形成教育共识,为每一个孩子提供优质公平的教育,促进每一个孩子全面、丰富、个性的发展。芬兰在1966年就立法通过了九年制综合学校法案。该法案不仅改变了芬兰以往分轨的学制结构,更为重要的是,它颠覆了传统教育理念,在全社会形成了一个新的教育共识,即无论家庭背景,无论智力水平,每一个孩子都能在同样的环境下接受教育。经过40多年的改革和发展,九年制综合学校不断满足学生多元化的发展需求,努力为每一个孩子提供最适合的教育。教育已成为和森林、诺基亚齐名的芬兰三大品牌。可见,当今世界教育改革的核心是全面提高人的素质,都是把教育的目的指向了人的素质的全面和谐发展。

二、我国素质教育思潮的形成和发展

在我国,1976年粉碎了"四人帮"以后,特别是党的十一届三中全会以后,随着整个社会改革开放新形势的出现,中国教育进入了一个新的改革时期。1977年恢复了高校招生制度,使我国教育事业走上了恢复、健康发展的轨道,又经过20多年的教育实践,我国面向21世纪的教育体系初具轮廓。但是面对新的形势,我们的教育观念、教育体制、教育结构、教育内容和教学方法等相对滞后。尤其是在片面追求升学率的指挥棒下,在一些地区中小学教育出现"三偏"的倾向,即偏重智育、偏重考试科目、偏重分数,衡量学校、教师、学生的唯一标准是升学率和分数的高低。应试教育愈演愈烈,影响了我国基础教育的发展,违背了全面发展的教育方针,这种情况危害着学生的身心健康,不能适应提高国民素质的需要,引起了社会广泛的关注。

同时,随着社会的飞速发展和我国对外开放的深入,传统教育思想、教育目标、教育内容和教育方法等又存在诸多弊端,忽视了现实社会中多样化的关系,忽视了个体在现实生活中多方面的需要,尤其忽视了个体与社会的双向关系,从而表现出与当代社会不同程度的不和谐、不协调性。在这种情况下,需要从现代人所需要具有的基本素质角度来理解教育的目的,从而使教育所培养出来的人能真正溶于我们这个日趋多样化的世界,并为社会的进步与发展做出新的贡献。于是,"素质教育"这一新的发展取向应运而生。

20世纪80年代以来,我国党和政府的许多重要文件多次把提高民族素质作为教育改革的根本任务突出地提了出来。1985年5月,邓小平同志在《把教育工作认真抓起来》的谈话中就明确提出了"我们国家国力的强弱,经济发展后劲的大小,越来越取决于劳动者的素质,取决于知识分子的数量和质量"。1985年5月,《中共中央关于教育体制改革的决定》指出:"教育体制改革的根本目的是提高民族素质,多出人才,出好人才。"1986年4月,《中华人民共和国义务教育法》规定:"义务教育必须贯彻国家的教育方针,……为提高全民族素质,培养有理想、有道德、有文化、有纪律的社会主义建设人才奠定基础。"1986年9月,《中共中央关于社会主义精神文明建设指导方针的决议》强调:"要提高整个中华民族的思想道德素质和科学文化素质。"1993年2月,中共中央、国务院印发的《中国教育改革和发展纲要》进一步明确:"要由'应试教育'转向全国提高国民素质的轨道,面向全体学生,全面提高学生的思想道德、文化科学、劳动技能和心理素质。"1996年,我国制定的《国民经济和社会发展"九五"计划和2010年远景目标纲要》再次提出了"积极推进教学改革,改革人才培养模式,由'应试教育'向全面素质教育转变"的奋斗目标。1999年6月,党中央、国务院召开改革开放以来的第三次全国教育工作会议并颁布了《关于深化教育改革,全面推进素质教育的决定》。此次会议,从实施科教兴国战略的高度,论述推进素质教育的紧迫性、重要性以及教育改革的目标、任务,开创了教育振兴的新纪元。2018年9月10日,习近平同志在全国教育大会上强调:坚持中国特色社会主义教育发展道路,培养德智体美劳全面发展的社会主义建设者和接班人;坚定理想信念、厚植爱国主义情怀、加强品德修养、增长知识见识、培养奋斗精神、增强综合素质。我们要认真学习、深入领会、全面贯彻。必须深刻认识到,只有在坚定理想信念上下功夫,增强学生的"四个自信",才能让他们立志肩负起民族复兴的时代重任；只有在厚植爱国主义情怀上下功夫，教育引导学生坚持爱国和爱党爱社会主义相统一，才能让他们立志听党话、跟党走，立志扎根人民、奉献国家；只有在加强品德修养上下功夫，教育引导学生培育和践行社会主义核心价值观，才能让他们成为有大爱大德大情怀的人；只有在增长知识见识上下功夫，教育引导学生增长见识、丰富学识，才能让他们沿着求真理、悟道理、明事理的方向前进；只有在培养奋斗精神上下功夫，教育引导学生历练敢于担当、不懈奋斗的精神，才能让他们做到刚健有为、自强不息；只有在增强综合素质上下功夫，教育引导学生培养综合能力，才能让他们德智体美劳全面发展。

由此可见，在现代，素质教育思潮的出现绝非偶然。在本质上，它是对传统的以知识传授为基点的教育模式的一种否定，是在现代社会发展多元化的大背景下重新调整教育思路、把教育的基点置于学生发展之上、置于国民素质提高之上的一种带有根本性的变革，是对包括教育思想、教育目的、教育内容、教育方法等在内的整个教育模式的一种具有战略性的新的选择。

第二节　素质教育思潮的主要内容

一、素质教育概述

（一）素质的内涵

传统意义上的"素质"，通常指有机体与生俱来的解剖生理特点，主要指感觉器官和神经系统方面的特点。这种特点是通过遗传获得，称遗传素质或禀赋。这种特点给人的发展提供了广阔前景，但只是一种可能性。这是生物学、生理学上的专有名词。它把人的素质限定在生理层面上，强调的是素质的先天自然性的一面。素质教育的提出从根本上扩大了传统素质概念的内涵与外延。近年来许多学者对此进行了有益的探索。大体上有以下几种观点：

一是认为，素质是人的品格、气质、修养、风度的综合水平，是人在工作、生活及一切社会生活中所具备的自身条件，即人在质的方面的物质要素、精神要素和一切社会生活要素的总和。

二是认为，从广义上来说素质指人为适应社会发展的需要而具备的品质。它是时代的产物。

三是认为，存在两个意义相对独立、在不同场合使用的素质概念。其一是指严格的生理学意义上的素质，专指个人先天具有的解剖生理特点。其二是指公民或某种专门人才的基本品质，它是在后天环境、教育影响下形成的。

四是在传统的定义基础上加以引申和扩充，既肯定传统定义的适当地位，又赋予新的内涵。把传统的素质改称为"禀赋"或"自然素质"，而把在这个基础上，经由环境与教育影响所形成的品质称为"素质"。例如，有人把素质定义为以个体的先天禀赋为基础，在环境和教育影响下形成并发展起来的稳固的品质。也有人将它表述为，以人先天遗传的自然素质为基础，在后天环境和教育的影响下，通过人的社会化学习、交往和社会实践而形成的具有社会价值的身心组织的要素、成分、结构及其结构水平。它既是对人的身心潜能的开发、加工和塑造，又是社会文化素养在身心结构中的积淀，并呈现独特的个性心理品质和人格模式。

在上述四种观点中，多数人倾向于第四种见解。目前，比较一致的素质定义是：素质是以人的先天禀赋为基础，在环境和教育的影响下形成和发展起来的相对稳定的身心结构、要素及其质量水平。它既指可以开发的人的身心潜能，又指社会发展中的物质文明和精神文明成果在人的身心结构中的内化和积淀；既指人的个体素质，又可指人的群体素质。

人的素质是一个开放、有序、分层次的身心系统，它具有无限的丰富性和多样性。但大多数人倾向于按性质将人的活动分为生命活动、心理活动、社会交往活动3个方面或层次，并根据这一活动结构建立人的要素结构的理论模型，认为一个健全人的素质大体上是由三个层面构成：

一是生理素质。主要包括身体形态的发育状况、生理机能水平、运动能力、对外界环境和外部刺激的适应能力等四个方面。

二是心理素质。人的心理素质是指人心理方面的特点和品质，包括智力因素和非智力因素。在人的素质结构中，心理素质占有独特地位。因为人的遗传素质和身心结构中内化、凝聚与积淀的程度，都可以从心理素质发展水平中得到综合反映。

三是社会文化素质。社会文化素质是人的素质的重要方面，它不仅使人的心理打上社会的烙印，而且使人与生俱来的自然素质得到社会性的改造，成为生物人向社会人转变的重要中介。

人的素质的三个层面是由低到高、逐层累加的，又是相互渗透、融为一体的。其中，生理素质是基础，是人的素质的物质载体；心理素质是人的社会实践活动和有机体组织的生命交互作用的中介；社会文化素质是人的素质的主要内容，标志着人的素质的方面、性质和发展水平。

(二) 素质教育内涵

我国教育界对中小学素质教育内涵的研究，由于角度不同，给素质教育下的定义（或解释）也不尽相同。有人将其归纳为9类15个定义。这9类定义，有的属于词语定义；有的属于哲学定义；有的强调以人的发展为出发点；有的同时强调人的发展和社会发展；有的强调公民素质；有的强调先天与后天相结合；有的把各种素质平列；有的试图划分素质层次；有的强调通过科学途径充分发挥天赋。综合这些定义，有以下共同特点：

第一，认为素质教育是以全面提高全体学生的基本素质为根本目的的教育。

第二，认为素质教育要依据社会发展和人的发展的实际需要。有的定义虽然只提到人的发展，但并非是不考虑社会需要，而是针对"应试教育"忽视学生主体性的偏向而突出强调人的发展。

第三，在某种意义上，素质使人联想到潜能。这些定义都主张充分开发智慧潜能。

第四，不仅主张智慧潜能的充分开发，而且主张个性的全面发展，重视心理素质的培养。

作为定义，既要简洁，又要能涵盖概念的本质特征。依据这一要求和以上的分析，可以试将素质教育定义为：以面向全体学生、提高国民素质为根本宗旨，以培养学生的创新精神和实践能力为重点，以促进受教育者德智体美等方面生动活泼的发展为基本特征的教育。

二、素质教育的内容和特征

（一）素质教育的内容

素质教育内容是素质教育目标的具体体现，它规定着素质教育的范围和程度，是实施素质教育活动的基本依据。

1. 政治思想素质教育

政治思想素质教育的主要目的在于解决学生的立场、观点、信仰和思想认识、思想方法问题。要加强辩证唯物主义教育和历史唯物主义教育，使学生树立科学的世界观和人生观。

2. 道德素质教育

道德素质教育的目的在于使学生明确了解并掌握社会主义社会的道德规范和道德要求，解决品德行为问题。包括具有社会基本道德的素养、情操和法纪观念、集体主义观念及行为规范的养成教育；具有民族自尊心、自信心和自豪感,以及艰苦朴素、勤俭节约的传统美德教育;具有正确的学习、工作、劳动态度和较强的社会责任感与义务感方面的教育。

3. 科学文化素质教育

科学文化素质教育的目的主要在于使学生学习掌握人类千百年积累下来的精神财富,同时形成较强的学习能力和良好的学习习惯。包括在教师指导下,使学生完成国家规定的各级各类学校的教育大纲所提出的学习目的,具有正确的学习态度,掌握良好的学习方法,培养良好的学习习惯,初步具有科学的思维品质和正确的思维方法,具有进一步学习高深科学知识的良好的文化基础和自学能力。

4. 身体素质教育

身体素质教育的目的主要在于使学生具有健壮的体魄和良好的锻炼、卫生习惯。身体是从事学习和工作的物质基础。身体素质教育包括使学生身体各部分机能完善,发育正常,无重大疾病,有良好的体育锻炼和卫生习惯,有较强的自我保健能力,以适应紧张的学习、劳动,并在体育技能上达到国家有关的体育锻炼标准。

5. 审美素质教育

审美素质教育的目的主要在于使学生在精神生活和物质生活两方面具有基本的美的素质。它包括审美观点、艺术知识、审美能力、艺术才能、美的创造能力以及高尚情操的培养等方面。

6. 劳动素质教育

劳动素质教育主要是劳动知识、劳动技术素养、劳动精神、劳动能力等方面的教育。

7. 心理素质教育

心理素质教育的目的主要在于使学生具有健康的心理和健全的人格。心理素质教育在素质教育的内容体系中具有独特的地位,被称之为素质教育的核心内容。

(二)素质教育的特征

了解素质教育的特征,能使我们对素质教育有更为全面的认识,并能全面地推进素质教育。对素质教育特征的描述有多种说法,可以概括为以下几个方面。

1. 面向全体学生

素质教育要求教育者着眼于全体学生素质的发展,教育必须面向全体学生,努力提高每个学生的素质水平。实施素质教育是以提高全体国民的素质为目标的,而要提高整个民族的素质水平,教育就必须面向学生整体,最大限度地开发每个学生的潜能,使每个学生的素质水平都得到提高。素质教育的实施,要求教育者必须坚定"每个学生都能成功"的信念,并通过艰苦细致的工作,使每个学生的潜能得到充分发展。

在这方面,素质教育是和应试教育相对立的。应试教育面向部分学生而不是面向全体学生,素质教育面向全体学生,而不是面向少数学生。素质教育不是一种选拔性、淘汰性的教育,而是使每一个人都能得到发展的教育。每个人都能在原有的基础上得到发展,都在先天禀赋的基础上充分发展。因此,实施素质教育,要求尊重每一个学生,发展每一个学生,实施教育的平等,发展的平等,成功的平等。为此,每所学校和每位教师应不放弃、不歧视任何一个学生,为每一个学生开辟生动发展的前景,使他们基本素质都得到发展。

2. 促进学生全面发展

素质教育不仅要面向全体学生,而且要促进学生基本素质的全面和谐发展,这是基础教育的性质所要求的。基础教育是公民必备的教育,也是提高我国民族素质的奠基工程。素质教育是以注重学生的潜能,促进受教育者基本素质全面发展为特征的教育,要求每一个学生各方面素质都全面、和谐地发展。在这方面,它和"应试教育"也是相对立的。"应试教育"因片面注重文化知识的掌握,而忽视了各种基本素质的整体发展。素质教育则追求素质发展的整体效应,即各方面素质发展必须取向一致、协调发展、互相促进。

人的各种素质既具有相对独立性,又具有整体效应性。素质的任何一个方面如果存在缺陷,都会导致素质结构的不合理,并影响整体效能的发挥。因此在实施素质教育过程中,教育者应从整体性出发,重视各种素质的全面发展,使思想、政治、道德、知识、能力、心理、身体等素质的教育紧密结合,相互促进,而不能孤立地、片面地强调学生某一方面的发展,忽视其他方面的发展。

3. 个性生动活泼、主动健康发展

素质教育一方面要求对每一位学生的自然素质、心理素质、社会文化素质进行开发与培养,使其具备现代人的普遍素质的特征;另一方面也不排斥每一个学生在具有该时代普遍素质的基础上,形成具有独特个性的人。

素质教育是针对人的个性的差异性,通过一定的培养和训练,让学生的个性获得充分发展为目的的教育。具体包括以下三方面内容:培养良好的个性、纠正偏差的个性、使个性适应社会的发展。素质教育的培养目标向全体学生提出了素质教育的共同性要求,即全面发展基本的普遍性要求,但这些要落实在不同的学生身上便被个性化了,表现出发展状态与发展水平的差异,体现出个性的独立性、独特性和创造性,这是素质培养目标的特殊性。素质教育的真谛,不是让每个学生都成为统一规格的"标准件",而是造就充满活力的、具有鲜明个性的一代新人。因此,在其具体的实践过程中教育者应从研究学生的差异入手,研究学生个性发展的特殊情况,注重发挥其优势与长处,克服与弥补其缺陷与不足,根据学生学习与发展的实际可能,采取有效措施,创造各种条件,以促进个体素质结构的优化,实现个性的最优发展。当然,人的个性发展离不开素质的全面发展,只有在素质全面发展的基础上的个性发展才是社会主义社会所需要的、积极的、健康的个性发展。

4. 着眼于终身学习

传统的教育,把人的一生划分为学习和工作两个阶段。在科学技术发展相对缓慢的时期,在学习阶段学习到的知识,还可以应付工作阶段的需要。可是,到了科学技术迅速发展的"知识爆炸"时期,这种教育就不适应时代的需要了。于是,有人便提出"终身学习"的理念,素质教育能很好地突出这一理念,使人们能在未来更好地适应社会的发展。

素质教育是为学生的未来生产、生活打基础,主要是为更长远的发展和更好的工作、生活打基础,而绝非"一劳永逸"。素质教育还强调提高学生自我学习、自我服务、自我发展的知识与能力,因而特别重视开挖潜能、启迪心智和增强后劲。也即"授之以渔"而非"授之以鱼"。由于科学技术的进步,"一次的终结型"的教育已不合时宜。今后的教育应随时能够在每一个人所需要的时刻,以最好的方式提供必要的知识和技能。而素质教育则努力使学生具有在今后工作中继续更新知识的兴趣、信念、习惯和能力,具有"会继续学习"、"会继续生存"、"会继续工作"的本领。

5. 注重培养创新精神和实践能力

素质教育的实质,是一种创造性教育。这种模式积极创造和利用一切有利的外部条件,使受教育者能够主动地将人类文明成果内化为自己较全面的素养,培养他们的创新精神,使身心两方面潜都能得到发挥。它是以人们已经掌握的创造发明规律和方法为基础,通过教学和实践活动去塑造创造性品格,培养创造型人才的。素质教育不是让学生一定要发明创造什么东西,而是以创新精神为导向,注重发现学习、自主学习,教育学生打好基础、掌握技能、发展智力、提高能力,并使其从小树立创造志向,将来能不断求异创新,不断开拓进取。

人的深层内蕴的素质,从根本上讲,不是靠说教而是通过参加各种实践活动逐步形成的。人总是处在各种社会实践活动中,通过对不尽人意的主观、自然进行改造,在提高自身实践能力的同时,克服自身的种种局限,从而提高各种素质水平。长期以来,我们的学生在传统教育下基础知识和技能比较扎实,而动手能力、实际操作能力比较薄弱。因此,素质教育以实现教育目标为中心,以适应中小学生特点和全面发展为依据,开展多种实践活动,培养学生的实际操作能力和完善人格。

三、素质教育的目标

素质教育的目标,是指在学校教育的前提下,通过学校的教育教学活动,可使受教育者达到的那些素质指向。

凡是目标,都有定向、激励、调节和评价功能,因而科学地确定目标,是顺利进行素质教育的基本保证和首要环节。对素质教育的目标有许多人提出了各自的观点,尽管观点有差异,但确立目标的依据都来自三个方面:第一,我国的教育方针。教育方针是国家根据社会、政治、经济、文化等方面的发展要求,为实现教育目的所规定的教育工作的总方向。因此,它是素质教育目标制定的根本指导思想。第二,基础教育的性质。在我国,1985年《中共中央关于教育体制改革的决定》指出:"义务教育,即依法律规定适龄儿童和青少年都必须接受,国家、社会、家庭必须予以保证的国民教育。"1986年施行的《中华人民共和国义务教育法》规定:"义务教育必须贯彻国家教育方针,努力提高教育质量,使儿童、少年在品德、智力、体质等方面全面发展,为提高全民族的素质,培养有理想、有道德、有文化、有纪律的社会主义建设人才奠定基础。"1993年《中国教育改革和发展纲要》指出:"基础教育是提高民族素质的奠基工程,必须大力加强。"这些对基础教育的规定都成为确定素质教育目标的重要依据。第三,素质的内容和层次。这是根据素质的基本内容和层次的科学分析,同时根据学生身心发展的客观规律来确定教育目标,使教育目标既具有科学性,又具有可行性。

根据素质教育目标确定的依据,大家公认的素质教育的目标是:全面贯彻国家的教育方针,着眼于受教育者和社会的长远发展需要,面向全体学生,促使学生在德、智、体、美、劳等方面生动、活泼、主动发展,注重培养他们的基础知识、基本能力和正确态度。要使学生学会做人、学会学习、学会生活、学会交往、学会创造,为培养他们成为有理想、有道德、有文化、有纪律的社会主义公民奠定基础。

四、素质教育的实践模式

近几年来,各地区普遍开展了由应试教育向素质教育转轨的探索,从办学思想、办学模式、课程结构、教学方法、学习方法等方面进行了多方面的改革和研究,并初见成效,出现了一些新颖的教育模式。这些模式对于我们推进素质教育有较大的参考价值。

1. 愉快教育

愉快教育的核心在于使学生形成浓厚的求知欲和生动活泼的精神状态,愉快教育的实质是以趣激学,引导学生乐意学,变"要我学"为"我要学"。同时还要求学生在愉快的学习过程中必须付出辛勤的劳动,克服困难,坚持苦学与乐学的统一。教师必须根据学生的特点和认知规律,采取各种手段,增强学生的学习动力,进而使学生学中求乐,乐而好学。愉快教育的实施主要体现在三个方面:即整体优化,有效地发挥课堂教学、课外活动和环境建设的作用。

2. 成功教育

成功教育的中心是使每个学生在学习过程中都有成就感,都能成功地完成每一阶段的学习任务。成功教育的目标是达标教育,而不是竞争教育,即首先使学生"成功"而后再使学生"成才"。按照这样的教学目标,客观上应使学生扎扎实实地打下德、智、体、美、劳各方面的基础,使学生具有继续学习和成长必需的条件;主观上应使学生充满信心地完成各阶段的学习任务,并能积极主动地、满怀信心地迎接新的学习任务和生活。成功教育的关键是培养学生良好的学习习惯,尤其强调非智力因素在形成良好学习习惯中的作用。

3. 自主教育

自主教育主要是通过教育活动,体现学生在教育活动中的主体地位,为学生的终身发展奠定基础,为学生今后建功立业创造良好的条件。自主教育的目的是培养学生的"三自能力"。一是自我教育能力,指学生能自觉地理解和体验社会要求的思想道德规范,通过实践将其转化为自己较稳固的自觉行为。二是自主学习能力。指学生能注重自主读书的实践,把动手、动口、动脑有机地结合起来,既学知识又学方法,自己能整理学过的知识,学会利用工具书,主动获取知识,学会自我评价等。三是自理生活能力,是指学生能料理和调控自己的生活,能乐于为他人服务,培养学生良好的生活习惯和掌握卫生保健常识等。

4. 和谐教育

和谐教育是通过和谐平等的教学氛围，使教育活动适合学生心理发展和生理发展的客观需要，使学生的心理和生理两方面得到和谐的发展。学校必须根据学生多方面的需要，把学校办成学生获得欢乐、平等、成功的学习和满足各种需要的园地。为此，学校必须十分重视课外活动，把课堂教学和课外活动有机地结合起来，二者同步发展；同时还要重视美育和劳动教育，以美的对象、美的方式来塑造美的人格，以劳动来锻炼学生的意志，开发学生的思维。此外，和谐教育还十分重视创设和谐平等的人际关系。

5. 尝试教育

尝试教育就是要改变传统的教学模式，不是先由教师讲解，把什么都讲清楚，再让学生做练习，把教师讲的内容巩固、消化；而是先由教师提出问题，学生在旧有知识的基础上，通过自学、讨论，依靠自己的努力，通过尝试练习初步解决问题；最后教师根据学生尝试练习中的难点、问题，有针对性地进行讲解，其特点是"先练后讲"。尝试活动包括两个要素：学生尝试和教师指导，二者紧密相连。学生的尝试是以教师的指导为前提的，教师的指导是以学生的尝试为目标的。教师的指导不能包办代替，而是根据学生的年龄特点和认识规律，根据教材的特点和要求，为学生的尝试创造条件。这种方法有利于培养学生的探索精神和自学能力，提高课堂教学效率，减轻课外作业负担，能大面积地提高教学质量。

五、全面、整体推进素质教育

素质教育有理论问题，也有实践问题，而更重要的是实践层面，即在实践中真心实意、坚定不移地推进素质教育。

（一）从过去主要在中小学推进素质教育拓展到各级各类教育

素质教育是针对基础教育的弊端——应试教育而提出的，因而在很长一段时间内，"素质教育"的概念使用很谨慎。人们一提起素质教育，就想起中小学教育，素质教育被严格地限制在中小学教育的范围，针对的仅仅是应试教育。随着研究的深入，素质教育作为对传统教育的批判，其意义远远超过了与应试教育对立的范围，而是把素质教育作为一种教育指导思想，作为一种国民教育改革的思路来研究。这就把素质教育研究和实施的范围从中小学教育扩大到整个国民教育。不仅中小学要切实进行素质教育，职业教育和高等教育等各级各类教育都要进行素质教育，使素质教育在国民教育中的地位得到进一步的提高。

(二) 从学校教育拓展到家庭教育、社会教育

素质教育是开放教育,只有学校教育、家庭教育、社会教育三个轮子一起和谐转动,方向一致,形成合力,学生才能形成良好的素质。形成校内外互动的良好局面,学校要先动、主动,去宣传调动家长和社会各界的参与积极性,着力点放在营造良好的社会氛围上。同时,要充分发掘社区丰富的教育资源,扩大社会素质教育的基地,不断完善的学校素质教育与政府、家庭、企事业、社区、新闻界的参与、支持、合作协调,使学生在学校里不能完全发展的个性能在社会的广阔天地里得到补偿。

(三) 从学校行为拓展到全党、全社会的行为

素质教育的实施,是一项复杂的、系统的社会工程,涉及教育系统内部和外部关系。因此,单靠校长和教师不行。深入实施素质教育,其实质是真正体现素质教育是全党、全社会的行为。这就要求各级党政机关要切实抓好素质教育的落实,坚持社会主义办学方向,全面贯彻教育方针;保证教育投入,办好每一所学校;完善教育管理体制;调整宏观教育结构;改革招生考试制度;建立科学的督导评估制度;改革劳动人事制度;建立广泛的社会参与机制等等。这些任务的实现,需要党和政府以及全社会的参与,通过建立和完善各种政策、措施加以保障。所以,应将素质教育纳入整个社会改革范畴,在积极开展内在层面改革的同时,加以宏观改革战略的引导,与社会改革相配套,并与经济腾飞和社会发展相联系,主动争取社会各有关部门的支持与配合,组织各方面的力量,加快素质教育改革的进程。

(四) 从经验总结层面上升到科学化、法制化的层面

由于素质教育思潮在我国兴起的历史还不长,在很多方面还处于经验总结的阶段。将素质教育全面、整体地向前推进,需要广大的教育工作者继续深入探索研究素质教育的理论体系,使其更具广度、深度、信度和系统性、科学性、操作性;构建新的教育学、教学论、学习科学及更具全面性、细致性、可行性的教学模式;强化理论研究风气,形成各具特色且有较大认同性的能反映素质教育精髓的教育教学理论流派。此外,实行依法治教,也是素质教育深入实施不可忽视的方面。我们实施素质教育,是与我国各种教育法律的精神相一致的。这种一致集中体现在我国的教育法律文件关于教育的性质、功能、目标、职责等的规定和素质教育的性质、目标、内容等是完全一致的。依法治教,是治理教育工作的基本方略,也是教育事业发展的重要保障,同样,也是推进素质教育法制化建设的根本要求。

(五) 从局部、区域性探索实验推广到整体性事业

经过多年素质教育的实施,各地创建素质教育实验区,取得了许多丰富的经验,树立了典型,发挥了示范作用。然而,要使素质教育取得更明显的成效,一定要在全国范围内,在整个教育系统内逐步整体推进。素质教育作为一项系统社会变革,使其成为一项整体性的事业,必须要有一个适宜的大环境。包括制度环境,就是要通过制度建设,使素质教育的实施具有充分的政策保证;舆论环境,就是要通过正面的宣传工作,加强舆论导向,形成一种社会氛围,在全社会形成共识;教育环境,就是要深化教育内部改革,构建科学的素质教育目标体系、管理体系和运作体系,保证学校教育真正沿着素质教育的方向发展;社会环境,就是要建立广泛的社会参与机制,形成社会监督体制,从而建设一个全社会关心、支持、参与实施素质教育的良好环境。

(六) 从单项教育改革进入系统性、整体性的教育改革

素质教育改革包括观念、理论、内容、方法、条件、环境等多个方面。其改革方式有转变观念、加强指导、培训师资、优化管理、加强科研、政策规范等。对上述的某一个单项进行改革,显然不利于素质教育的深入实施。我们必须对素质教育进行系统、整体地考察。运用系统理论,我们可以把素质教育系统地分成三个层面,一是宏观层面,指教育决策、教育政策、教育体制层面;二是中观层面,指教育组织、结构层面;三是微观层面,指教育、教学过程的管理、组织、方法、评价等。同时在改革时,强调三个层面的建立必须遵循素质教育大系统实施的基本原理。这样,小系统才能有机整合成一个效能最佳的完整的大系统结构。作为各小系统本身来说,它们不仅是运行完整的整体,还应相互协调发展。

第三节 素质教育思潮的影响及评价

一、素质教育思潮的影响

作为一种教育思潮,素质教育思潮的中心问题,是在我们的教育中,正确贯彻全面发展的教育方针,使受教育者都能得到主动的、全面的发展,从而全面提高中华民族的素质,进而提高我国的综合国力。因此,在20世纪80年代出现的素质教育思潮,对我国教育的改革与发展乃至我国社会的发展将产生巨大的、深远的影响。

首先,素质教育思潮的发展逐步改变了人们的思想认识观念和教育观

念。我国是一个具有悠久文化传统的国家,从隋朝开始的科举制度,1400年来一直深刻地影响着我们的教育,而科举制度的核心是选拔人才,现代的应试教育就是以考试来衡量、选拔学生。因此,素质教育思潮的兴起,就是要根除在人们头脑中根深蒂固的传统教育观念,树立起培养人,发展人的现代教育价值观。"以育人为本"①是素质教育的教育价值观的具体体现。教育从重知识到重能力再到重素质,是教育更接近其本质的观念性变革。

其次,素质教育思潮有助于教育方针得以全面贯彻。新中国成立以来,我国多次提出教育方针。1957年毛泽东同志在《关于正确处理人民的内部矛盾中的问题》中提出的:"我们的教育方针应该使受教育者在德育、智育、体育诸几方面得到发展,成为有社会主义觉悟的、有文化的劳动者。"1986年《中华人民共和国义务教育法》明确规定:"义务教育,必须贯彻国家的教育方针,努力提高教育质量,使儿童、少年在品德、智力、体质等方面全面发展,为提高民族的素质,培养有理想、有道德、有文化、有纪律的社会主义建设人才奠定基础。"但是,在教育实施过程中教育方针总是得不到全面的贯彻落实,应试教育愈演愈烈。李岚清同志在全国中小学素质教育经验交流会上的讲话中指出:"实施素质教育的根本目的是全面贯彻教育方针,培养全面发展的跨世纪人才,迎接21世纪的挑战。"②2018年9月10日,在全国教育大会上,习近平同志强调,提出培养德智体美劳全面发展的社会主义建设者和接班人的目标。在全面实施素质教育的地方和学校,我们可以发现不仅仅是制定单一的课程计划,活动课程、环境课程增加了,音乐、体育、美术、劳动等课程不再是只出现在课程计划表中,而是落到了课堂上;评价学校、教师、学生不再是单一的考试分数,而是坚持以教育思想、教育质量、管理水平、社会效益等办学的综合水平来评价学校;坚持以教书育人的整体效果来评价教师,注重教师是否创建了民主和谐的师生关系,促进了学生生动活泼主动的发展;以整体素质各方面的全面考核来评价学生。

其三,素质教育思潮对我国的教育改革起着导向作用。素质教育的实施,使我国的教育改革得以深化。20世纪80年初我国开始进行教育改革,学校的办学条件得到了较大的改善,学校的自主权增大了,政府对教育的投入增加了,教育教学改革取得了一定的进展。但这些改革都没有改变各级各类学校的应试教育,而80年代中期兴起的素质教育却使教育改革从本质

---

① 柳斌:《关于素质教育的思考》,《人民教育》,1996年,第9页。
② 李岚清:《面向21世纪,开创基础教育的新局面》,《人民教育》,1997年,第11页。

上得以进行。特别是教学内容和招生制度的改革，从根本上保证了素质教育的实施。目前存在的突出问题是学生的课业负担太重和现行的考核制度不合理。具体表现为：课程的分量太大，教材的程度太深，教材的内容太虚，高校招生的考试太难。实施素质教育，必然对教学内容、教学方法、考试制度、评价制度等进行改革，而这些改革，必将对教育管理部门、学校、教师提出新的要求，特别是教育观念的转变。因此，素质教育思潮对我国教育改革的深化有着深刻的影响。

二、素质教育思潮的评价

（一）素质教育思潮是一场深刻的革命

素质教育思潮一诞生就以改革应试教育的态势面世，它从根本上促进了我国教育改革的深化，对提高我国的教育质量、人才质量、特别是中华民族的整体素质起着不可估量的作用，在中国现代教育史上具有划时代的意义。素质教育思潮所引发的教育思想观念层面的改革，主要表现为如下几方面：

1. 构建了现代素质观

素质教育着眼于学生素质的全面发展，并以此作为教育改革的中心课题。这方面，我们可用"4个要点"和"5个要义"来概括。"4个要点"即以提高全体国民的素质为根本宗旨；以促进学生全面发展为根本目标；以育人为根本目的；以因材施教作为最根本的教学原则之一。"5个要义"即面向全体、淡化选拔，重在普及；德、智、体、美全面发展；让学生主动发展；着眼于学生的终身学习；注意培养创新精神和实践能力。

2. 构建了新的学法改革观

素质教育观指导下的教育改革，不仅重视教法，而且更重视学法，将学法指导摆到主体性教育中居于头等重要的位置上不断进行优化改革。应试教育把学生看作是被动接受知识的容器，教法采用"填鸭式"、注入法；而素质教育把学生看作学习的主体，教法采用启发式。推进素质教育，要求教师的教法必须改革，教法改革的关键是遵循教学规律和原则。教法改革的核心是教会学生学会学习、学会生存、学会关心、学会创造的方法，构建个性化的教学方法模式。正如2015年11月联合国教科文组织颁布的《反思教育：向"全球共同利益"的理念转变？》的报告中指出的"学习可以理解为获得这种知识的过程。学习既是过程，也是这个过程的结果；既是手段，也是目的；既是个人行为，也是集体努力。学习是由环境决定的多方面的现实存在。

获取何种知识以及为什么,在何时、何地、如何使用这些知识,是个人成长和社会发展的基本问题。"

因此学法指导就显得尤为关键、学法改革势在必行。"学会创造",是教师教法改革的最高要求。教师要注重教会学生"创造"之法,掌握具有创造性的学习方法。如让学生学会系统思维,掌握由点到面分析问题的学习方法;学会逆向思维,掌握从反面分析问题的学习方法;学会顿悟思维,掌握凭直觉而思考问题的学习方法;学会发散思维,掌握全方位考虑问题的学习方法等等。

3. 构建了现代学生观

素质教育要求转变传统的教育观念,树立新的学生观。要相信学生都是可以接受教育的,是能够塑造的,每个学生都具有自己的发展领域,人人都能成才;要相信学生具有独立学习的巨大潜能,能独立学习和获取知识,要善于培养学生独立思考的能力。教师不应是向学生灌输知识,而应善于引导学生去发现问题、解决问题。在现代社会,学生主体越来越明显地作用于教育活动,所以教师与学生应平等地交流,和学生共同发现真理,师生关系应是民主的关系。树立现代的、先进的和正确的学生观,关键是应把学生看作是"发展的人"。素质教育要求教师必须树立发展的学生观。教师要改变过时的观念和专制的作风,相信学生内在的主体能力,并认真地把握学生主体性的表现形式,努力完善学生的主体结构,进一步探索学生主体活动,很好地落实主体地位。

4. 构建了教学效率、效益观

素质教育的重要内涵和根本归宿,是千方百计提高效率、增进效益。这方面,提高课堂教学效率是核心和主干问题。素质教育是具有鲜明时代性的教育,要求教育能强化效率意识,提高学科课堂教学的实际效能。因此,实施素质教育必须切实注重将教学效率、效益作为重要的价值尺度和方法理念。

(二) 素质教育思潮是各种教育思潮的集大成者

素质教育思潮与其他各种先进教育思潮既不是对立的,也不是简单的翻版,而是各种先进教育思潮有机结合的集大成者,是现代教育逻辑发展的必然结果。长期以来,尽管各种教育思潮层出不穷,但其发展有一条十分明显的轨迹,这就是:从偏重双基,即掌握基础知识与形成基本技能,发展到强调智力,即发展智力与培养能力;再发展到重视非智力因素,即把非智力因素与智力因素结合起来;最后发展到培养素质,即加强素质教育,全面提高学生的素质水平。完全可以说,如果没有其他各种教育思潮的形成和发展,素质教育思潮是难以产生的。也就是说各种教育思潮发展到一定的时期之后,应当加以整合,以便推动教育进一步发展。素质教育思潮正是适应了这一要求,它把各种教育思潮的精华包容在自己的内涵之中,成为各种教育思潮精华的结合体。

(三)素质教育理论体系是一个动态的发展体系

由于对素质教育的理论研究与实践的探索时间还不长,因此其理论体系仍处于动态发展之中。首先表现在内涵的不断丰富,人们从教育学、心理学、社会学、文化学角度对素质教育进行理论探讨,在教育实践上提出了种种方案进行试验,并总结了素质教育改革的成功经验,借鉴国外科学教育与人文教育整合的理论。其次是外延的扩大,素质教育已从其起初的针对中小学教育的特定意义,发展至对各级各类教育观念的更新和思维格局的变化,均产生了深远的影响,业已成为推动教育改革和规范教育行为的强劲力量。再次理论体系更完善,素质教育的基本概念、价值目标、教学内容、教学原则、教学评价,以及素质教育的理论基础,素质教育的一系列内、外部关系,都已取得了很多共识,并将继续形成更具有理论高度的观点体系。最后研究的重心正由外部关系、概念意义转向以学科素质教育为导向的内部要素的研究上;主要表现是:学科研究深化;教育学、生理学、心理学、人才学、系统科学、教育经济学等多学科联合参与;教学理论观点、结构、体系迅速改变;研究的观点聚焦在素质教育自身各要素上;开始走向"实践—理论—实践"的正常循环。总之,素质教育的理论和实践已取得丰硕的成果,但仍需要我们在教育改革中进一步地去探索和完善。

思考题

1. 素质教育思潮是如何形成和发展的?
2. 素质教育思潮包括的内容有哪些?其特征是什么?
3. 素质教育思潮的形成对我国教育改革与发展产生什么样的深远影响?
4. 新时代如何发展素质教育?

拓展性阅读导航

1. 联合国教科文组织:《反思教育:向"全球共同利益"的理念转变?》,联合国教科文组织总部中文科译,北京:教育科学出版社,2017年。
2. [美]托尼·瓦格纳、泰德·丁特史密斯:《为孩子重塑教育》,魏薇译,杭州:浙江人民出版社,2017年。
3. 冯增俊、陈时见、项贤明:《当代比较教育学》,北京:人民教育出版社,2015年。
4. 杨汉清:《比较教育学》,北京:人民教育出版社,2015年。
5. 唐爱民:《当代西方教育思潮》,济南:山东人民出版社,2010年。
6. 王铁军:《学校教育学》,北京:人民教育出版社,2003年。

第十三章　当代教育思潮与我国教育改革

当代教育思潮的多样化标志着教育实践的繁荣，又预示着教育的大发展。科学与人本精神构成当代多样化教育思潮的两道主流，并出现两者日益相互结合、交融的趋势。同时，教育思潮转化为教育实践的周期逐步缩短。

当代世界教育思潮形式多样，表现出了多极化的格局。当代教育思潮虽然集中出现在20世纪70、80年代特别是90年代以后，但是，这些思潮是在整个20世纪的时空范围里酝酿产生的，反映了世界教育的百年历程。当代教育思潮对我国教育事业所产生的启发不应该停留在理念的层次上，而应该影响到今天国家教育的建设与规划。它要求我们坚持科教兴国的发展策略、加强教育的制度化与现代化建设，并由此实现崇高的人文理想，当代教育思潮在新世纪的发展，必然体现为教育变革的现实。从这个意义上说，对当代教育思潮的研究与探索是为新时代教育改革所做出的最好准备。

第一节　当代教育思潮的基本特点

一、教育思潮形式多样，体现出了多极化的发展趋势

当今，世界正朝着多极化的方向发展。与这种发展状况相适应，人们的价值追求也出现了多样化的发展趋势。这样的情况同样出现在有关教育探索的领域。不论是对于整个世界来说，还是对于我们国内的情况来说，用两极化的阶级对立眼光寻找社会发展的规律，已经成为一种历史的思维模式。正是因为这个原因，当代教育出现了思潮林立的繁荣局面：既有人本主义的倾向，又有终身教育的追求；既有对教育法制化建设的重视，又有对教育现代化、素质化的探索。几十年以前，教育发展还与社会发展一样，更多地表现出"前后相承"的线性发展的局面，在几年、十几年甚至更长的时间里，某一种教育思想倾向居于主导地位。比如，20世纪70年代美国教育的典型特征是"回归基础",而苏联在六七十年代,教育的典型特征则是"寻求不断的变革"。社会越是呈现出线性发展的态势,我们对这种发展历史越容易进行把握、进行预测;而社会越是朝着多极化的方向发展,我们对历史的把握就越是困难,这就更加需要我们对历史发展做出更多的探索。

(一)教育思潮的多样化标志着教育实践的繁荣

意识形态领域里的繁荣归根到底还是因为实践领域的繁荣。目前,不同的国家与民族在教育实践方面都在进行着富有民族特色的探索,这就为教育思潮的出现奠定了物质化的基础。我国的教育事业的发展也是这样。改革开放以来,我国的教育事业得到了前所未有的发展,不论是在国民基础教育领域,还是在职业教育、高等教育、成人教育、网络教育方面都是如此。与此相应,教育领域思想的解放与繁荣也出现了前所未有的局面。各级各类学校、各级各类行政部门都在教育的发展与改革上进行了大胆的探索与尝试。在短短的几十年时间里,我们以惊人的速度迅速地接受并形成了具有中国特色的教育理念,教育法制体系也日益完善,教育社会化水平不断提高。在全民教育、民主化教育、面向现代化的教育发展,特别是素质教育方面,我们做出了足以令世人震惊的成就,为中华民族教育事业在新时代的发展打下了坚实的基础。在有关教育的观念与思想倾向方面,我们不但完成了与国际社会的融合,甚至在很多方面还走在了世界的前列。中国教育在改革开放以来所取得的成就,充分说明了一个基本的道理:实践领域里的改革探索,为全社会教育思想的解放提供了最充足的后劲。

(二)教育思潮的多样化预示着教育还将出现一个新的大发展

教育思潮的多样化是改革探索多维性的表现。与过去的教育实践相比,在新的时代,我们面对着更多的问题。

首先,社会发展为教育发展提出了许多新的课题,教育一时还难以适应这些新的要求。要完成社会发展提出的任务,教育领域自身就应该做出更多的探索。比如,过去教育系统相对于社会大系统而言,处于一种被包含的关系。我们都知道,教育是社会中的一个子系统。这个子系统对于社会的主要作用(也几乎是唯一的作用)就是向社会大系统输送人才。现在,这种对教育与社会的较为单一的关系的理解已经过时。教育在社会当中所担当的角色越来越丰富,教育对于整个社会体系与结构越来越表现出"渗透"的趋势,因此,教育对于社会而言,已经不再只是它的一个静止的组成部分。现代社会中,教育的因素无处不在。教育已经开始全面渗透社会生活的各个部分。正是出于这样的背景,我们才会明显地感觉到一个新的"教育时代"的即将来临。当然,从一个相反的角度说,教育要适应社会生活创造出来的新的发展空间,就有许多新的事情要做。做好了这些新事情,完成了这些带有时代意义的新的探索,教育本身就会实现从旧质向新质的过渡,就会出现一个跨越式的大发展。

其次,科学技术的发展特别是信息与通信技术的发展为教育插上了新的翅膀。现代信息技术的发展速度极快,以至于让我们的教育感觉到一时难以适应。在高速发展的技术形势下,我们的教育一时竟不知道该怎么做才好。一些西方发达国家信息化、网络化的程度已经相当高了,作为一个发展中国家,我们也已经开始大踏步地迎头赶上。比如,我国政府已经以政府的名义组织力量设立了国家级的"数字图书馆"。随着电脑硬件设备的普及,我们的教育将出现一种全新的面貌。正是在这样一种背景下,我们的思维才会变得格外地活跃。在新时代到来之际,我们明显地看到了"山雨欲来风满楼"的景象,这是教育思潮林立的一个重要的发展背景。再次,世界多极化的发展要求教育获得一种新的人文理念。教育建设更重要的任务不在于环境、设备与手段,而在于思想背景。几十年来世界多极化的发展使得民主与平等的人类理念得到了空前的强化,教育对此也做出了强有力的回应。教育的人本主义思潮、全民教育思潮、教育民主化思潮,包括素质教育思潮等,无一不是对这种理念追求的反映。人类越来越觉得,自己不只是生活在一个物质化的世界中,更是生活在一个价值与理念的世界之中。为此,加强教育的民主化与个性化的建设,甚至变得比物质化建设更为重要。这是多极化社会发展给教育带来的一个新的空间,也预示着教育今后基本的发展方向。

二、科学与人本追求处于统领地位

对复杂的教育思潮进行认真的梳理,可以看出其中居于统领地位的线索,这就是,科学与人本追求这两大主干。现代科学技术的进步使人们的科学倾向和对人类理性的崇拜达到了空前高涨的水平。在20世纪业已结束的时候,我们完全可以肯定地说,20世纪首先是一个科学的时代。但科学发展在很大程度上造成了人们对道德与价值体系实际处境的担忧。正是出于对这种倾向的反动,人本精神的高涨才成为当代人类理念的另一道风景。人本主义认为,科学的过分乐观会带来自我误解,将有限的科学原则无限地扩张必然会导致人类各方面的危机,"现代科技把理性的智慧抬到高于其他一切之上,从而造成了一个可怕的怪物","集体的文明同现代技术一道使我们生活在一种缺乏真实性的存在中,个人变成了完全失去人性的对象,他丧失了自己的统一性,被其他的社会和经济职能所吞没"。① 科学与人本精神是当代教育思潮的两道主流,除了上述的社会背景外,还源于一种哲学的必然。教育思潮就是有关教育问题的思想倾向,这种思想倾向带有很强的哲学探索的意味。关于"哲学",罗素在他的《西方哲学史》里,开宗明义地说道:"哲学,就我对这个词的理解来说,乃是某种介乎神学与科学之间的东西。它和神学一样,包含着人类对于那些迄今仍为确切的知识所不能肯定的事物的思考;但是它又像科学一样是诉之于人类的理性而不是诉之于权威的,不管是传统的权威还是启示的权威。一切确切的知识——我是这样主张的——都属于科学;一切涉及超乎确切知识之外的教条都属于神学。"② 当然,这里的神学,不是一种实体的神学,而可以理解为人类对于一些"有关人的"不确切的人生价值、意义等问题的理解。罗素在这里的陈述,可以这样解释:大凡人类的带有普遍意义的思想倾向,都由两个方面的因素决定,一是那些不确定的有关价值与意义方面的东西,二是那些确定的有关科学、知识与物质方面的东西。以这样的标准来理解,当代教育思潮复杂的表现倒是应了罗素所提供的模式。如果我们做一个不算很确切,人为地对现象进行分类的话,大致可以得到以下结论。

科学倾向:

行为主义教育思潮

实用主义教育思潮

科学教育思潮

教育法制化思潮

……

人本倾向:

全民教育思潮

终身教育思潮

人本主义教育思潮

个性全面发展教育思潮

素质教育思潮

……

---

① 陈友松:《现代教育哲学》,北京:人民出版社,1981年,第538页。

② [英]罗素:《西方哲学史》,何兆武、李约瑟译,北京:商务印书馆,1982年,第11页。

教育思潮的科学倾向一脉，比较注重科学与知识的传授和掌握，注重通过物质化的、外显行为的控制实现某种功用的目的；人本倾向一脉，比较注重人的生存意义的展示、个性的弘扬。它们各自有着不同的价值与行动特征。但我们应该注意，对当代教育思潮进行归类思考与对当今教育改革现象做分析是两件并不完全相同的事情。

科学倾向：
教育的规范化、制度化
适应社会
国家统一办学
注重科学与知识教育
考试是筛选手段
强调教育系统的物质化建设
……

人本倾向：
不强调规范化、制度化
改造社会
办学形式多样化、更加灵活
以养成人的个性和主动性为目标
考试是发展性评价手段
强调教育系统的观念建设
……

当代教育思潮以科学倾向和人本倾向为主干，这种现象表明，教育的发展既要完成"求真"的任务，将教育作为一种社会的基础事业加以对待，也要完成"求善"的任务，将教育作为一种育人的工程加以对待。值得注意的是，对教育的基础建设的重视和对教育的民主化与人格化问题的重视，在最近几十年我国的教育事业发展中，表现得尤其明显。对于教育发展与民族振兴而言，我们认为这是一种令人欣喜的势头，它改变了改革开放一度出现的见物不见人的物质崇拜倾向，保证了我们民族朝着更加健康完善的方向发展。

三、各个国家在当代教育思潮的形成与发展中都扮演着重要的角色

多极化的社会发展趋势打破了原有的世界的单一化的模式，即使是在思想建设的领域里，不同的国家也都各自担负着不同的角色，不同民族的主

动精神与创造精神得到了空前的高涨,民族的创造力也得到了提高。反映在教育思潮方面,不同的国家对人类教育理念的形成都在做出不同的贡献。发达国家在丰富人类教育思想宝库的过程中起着很大的作用,发展中国家甚至一些较为落后的国家也都在进行着各自的探索。事实上,发展中国家和落后国家面临的教育问题更加突出,社会的教育负担也更加沉重。但他们没有推卸自己的责任。其中,以9个人口大国的表现最为突出。像中国、印度、泰国等国家,花费了巨大的人力物力来改变教育的状况,提高民族教育的水平,取得了令世人瞩目的成就。一些非洲国家同样做出了积极的探索。

印度国立开放学校(NOS)是学校一级的试办性开放教育机构。它于1989年为印度政府所创建,在普及基础教育的过程中,在增强公正和社会正义以及建立学习社会方面都发挥着关键的作用。

国立开放学校设有小学、初中、高中、职业教育和丰富日常生活的课程。学生们可自由选择课程,还可经常选择普通教育与职业培训相结合的课程。授课语言是英语和多种地方语言,学校面向14岁以上的各种年龄段的人,在妇女中取得了很大的成绩,因为学生总人数中的38%为妇女。总的说来,50%以上的学生属于处于社会边缘的群体,其中包括妇女。教学工作在使用各种传播媒介的同时,特别强调以课文为基础的授课技术的质量,但是并不排除使用比较先进的技术,如教学电视节目和录音录像节目,它们可丰富课程内容,并对教师与学生的面对面接触是个补充。其单位成本比传统学校每个学生的费用低1/4。通过利用现有的学校网络,国立开放学校使学生受益于这一基础设施,同时,又把传统学校通常接触不到的那些手段提供给学生使用。[①]

这里的材料只是从一个侧面表现出了发展中国家对现代教育形式所进行的探索。终身教育、全民教育、教育的社会化与现代化等思潮在很多发展中国家都得到了前所未有的体现。

四、教育思潮转化为教育实践的时间很短

在当代社会里,政府、组织、个人对教育问题的思考已经变得越来越实在,越来越具有实践精神,这就保证了关于教育的某种理念一旦形成,很快就能在实践中反映出来,成为生动的教育现实。

---

① 联合国教科文组织:《教育:财富蕴藏其中》,北京:教育科学出版社,1996年,第168页。

在古代社会,教育是一种抽象于社会的东西。教育的目的是让人凌驾于社会、远离于社会而不是服务于社会,因此,当时的教育观念与思想倾向也是更多地带有意识形态的特征,更多地以一种纯粹理念的形式存在。

在近代社会里,很多的教育思潮不是由社会力量的积聚形成,而大多是由一批思想家甚至某一个思想家作为最初的发动,因此,带有更多的论辩色彩和个人化的价值追求的倾向。在这种情况下,教育思潮要转化为教育实践,就有更多的障碍需要克服。比如,20世纪初,在进步主义的大旗下分化出了"社会改造主义"、"要素主义"等教育思潮①。这些思潮虽然也包含着非常明确的教育实践要求,如课程要求、办学形式的要求等等,但由于这些思潮产生的最初动因更多地与个人的认识、价值观念以及哲学观念相关,因此,它们要在实践中以物化的形式体现出来,就有很多的困难。一些思潮出现以后,往往首先会面临反对者的争论,这种争论又常常是旷日持久的,因而就相对较少运用到实践中。

当代教育思潮从产生到发展,其过程与历史上的教育思潮都存在着一定的差异,其中最明显的表现就在于:当代教育思潮大都基于一定的社会背景与社会发展的需求,因而,这种教育思潮一经产生,其操作性的内容很快就会在教育实践领域里付诸实施。以中国素质教育思潮为例,改革开放以后,教育发展中出现了一种极端的应试教育的倾向。这种倾向对提高民族教育的质量、提高公民素质有着很大的危害。1993年开始,政府部门、研究人员开始关心这样一个普遍的社会问题,很快,对素质教育的重视成了中国教育发展在当前时期的主要特征。有人甚至批评说,中国的素质教育是在没有做好充分的理论论证的基础上进行的,是不成熟的。这种批评固然有一方面的道理,但它也从一个侧面说明了这样一个问题:当代教育思潮从它的产生到付诸实践,周期在大大地缩短,这不能不说是我们社会的成熟与进步的一种标志。

第二节 当代教育思潮对我国教育改革的启示

观念能支配人们的行为。当一种带有普遍性的思想倾向成为一个国家教育中的一种现象的时候,这个国家的教育就不能不受这种倾向的影响。当代出现的各种教育思潮,伴随着中国教育改革事业的深入,悄悄地但不可

---

① 陆有铨:《躁动的百年》,济南:山东教育出版社,1997年,第1章。

阻挡地进入了我们的教育生活。同时，我们自身的教育改革实践也丰富了这些思想的潮流。中国今后的教育改革以至于社会发展的方向不应该无视这些潮流，也不可能无视这些潮流。

一、坚持走"科教兴国"之路，教育在社会发展中应该扮演更加重要的角色

从邓小平同志将"教育和科技工作"作为党和国家各项工作的重点和"关键"，到关于教育"三个面向"的重要指示，到习近平同志在党的十九大报告中又明确提出"优先发展教育事业"，把建设教育强国作为中华民族伟大复兴的基础工程。我国党和政府"科教兴国"的发展战略思路越来越清晰，信心也越来越坚定。坚持走科教兴国之路，是我国党和政府为中国社会与教育所选择的正确的发展道路。

（一）中国是一个人口大国，必须解决好教育问题

教育思潮的突现，使世界发展越来越朝着重视教育、振兴教育的方向发展。教育，对于中国这样一个人口大国来说，更是具有举足轻重的影响，解决好教育问题，民族素质才能得到提高，社会发展才会走向全面、深入。2014年9月9日习近平同志在同北京师范大学师生代表座谈时明确指出"教育是提高人民综合素质，促进人的全面发展的重要途径，是民族振兴、社会进步的重要基石，是对中华民族伟大复兴具有决定性意义的事业。"这里要注意的一个问题是，中国的传统文化中，对教育功能的理解往往侧重于"人才"的培养，并且，这里的人才往往是指社会中的少部分人。当代教育思潮特别是全民教育思潮、终身教育思潮、素质教育思潮要求我们在发展的过程中克服传统观念，将"发展"理解为整个社会的发展，整个民族的发展，将发展当作是与每一个社会成员都紧密相关的事情。"均衡发展"的战略观念对于中国社会来说具有更加现实的意义。中国社会结构庞大，差异也很大。城市与农村之间、东西部之间、沿海开放城市与内地之间、不同民族之间，不论是经济状况还是人口素质，差异都十分明显。如果我们不注意通过教育缩小这种差异，中国社会在今后的发展就会有"掣肘"之虞。中国社会的发展不能像彗星的轨迹一样，彗星远远地走在前面，而彗尾还被抛在后面，巨大的彗尾对于整个星体的运动终究会产生阻碍和拖累。社会发展的差异重要的原因还是在于人口素质的差异。通过教育提高全民族的素质、通过人的素质的提高缩小中国社会现存的差距，从而使社会朝着协调、均衡的方向发展，这是中国社会应该采取的明智的选择。现在党的十九大报告把原来设想在21世纪中叶基本实现国家现代化的目标提早到2035年，并对21世

纪中叶提出了全面建成社会主义现代化强国的更高目标。这就意味着教育优先发展地位更要牢固树立,教育现代化更要超前实现,教育强国建设分阶段目标任务也将尽快确立和完成。

(二) 通过教育,体现"人的意义的实现是社会发展的目的"

2018年12月18日,习近平同志在庆祝改革开放40周年大会上的讲话中指出,"必须坚持以人民为中心,不断实现人民对美好生活的向往。""必须以最广大人民根本利益为我们一切工作的根本出发点和落脚点,坚持把人民拥护不拥护、赞成不赞成、高兴不高兴作为制定政策的依据,顺应民心、尊重民意、关注民情、致力民生。"

改革开放40年来的探索要求我们确立起以"人"为本的发展思想。对于相当数量的发展中国家来说,社会发展往往是从经济起步开始的。包括中国在内,发展中国家在社会发展的最初时间里,常常会出现"物质化膨胀"的现象。这尽管只会是一种暂时的现象,但如果我们不注意及时地加以控制,就会产生许多有害的结果。这种有害的结果常常集中地体现为人类环境的恶化、人口素质的下降,等等。但如果社会在发展的最初阶段里,就确立起以"人"为中心、以"人"为本的发展理念,社会进步就会更加平稳、更加快速。在这一方面,日本、韩国、新加坡等一些国家在二战以后的发展战略应该值得我们借鉴和学习。也许是受特殊的地理位置、资源特点的影响,战后的日本等一些国家从一开始就确立起了通过人的因素加强国力的策略。几十年之后,他们得到了很好的报偿。当然,在当代社会条件下,我们应该认识到,重视人的因素,不仅仅是出于一种社会功利的目的,以人为本的发展思想,核心就是强调"发展是为了弘扬人生的意义"。前面我们已经说到,不论有关教育的观念多么丰富、多么复杂,有两条主线还是非常突出的,其一是科学倾向,其二是人本倾向。就是说,教育发展也是关系到物质文明建设和精神文明建设两个方面的问题。强调教育发展的人本倾向,就是要从个性化、人格化的角度来规划我们的教育结构,规划我们的教育过程,使民族教育变得更加地富于人性、人道。只有这样做才符合我们民族发展的需求,才能将人的发展的理念与社会发展的需求结合来。

(三) 加强教育民主化建设,体现教育中的主动精神

不同的国家、民族和地区对当代教育思想宝库可能有不同的贡献,但各个国家在教育事业发展的过程中却表现出了一个共同的主题,这就是加强教育的民主化建设。最近几十年里,不同国家在教育民主化建设方面的探索和努力,可以说是殊途同归。加强教育的民主化建设,就是要在教育的过程中,体现师生的民主与平等,让学生有机会参与教育教学的过程,努力地发挥受教育者的主动精神,真正把教育变成教师和学生共同的主体需要。增加教育中主动性成分,对于当前我们国家的教育来说具有特殊重要的意义。

只有增强了主动性,受教育者才会表现出无限的创造力。这些年,我们对我国的教育进行了不断的反思,并形成了一些共同的认识。教育领域存在的问题,不在于对知识与文化基础的掌握,而在于学生缺乏主动探索的精神。在第29届国际中学生物理奥林匹克赛中,中国队5名参赛选手全部获得金牌,但在赛后举行的专家报告会上,外国选手纷纷提问,力争与大师对话,而我们的金牌选手却没有一个人提出问题。① 我们的教育中存在的弊端暴露得非常清楚。

只有发展了主动性,才会最终养成人的个性。当前,跨世纪民族教育振兴工程的核心内涵之一就在于强调对学生进行个性化的教育。未来学家托夫勒也认为,上一个时代即工业化社会,人的典型特征是标准化;而当前人类所处的信息化时代,人的典型特征应该是个性化和多样化。一个民族要养育个性,不能靠口号,也不能靠决心,而应该以教育的民主化建设为土壤,从人的主动性发挥入手,改变我们传统的内部体制,改变某些不良的教育文化与行为习惯。

从某种意义上说,通过民主化建设增强人的主动精神,最终培养出能适应21世纪的个性丰满的新人,是一项比物质领域的现代化建设更加艰巨的工程。

(四) 加强道德教育,实现立德树人的目标

当代教育思潮给我们带来的基本启示就是:伦理道德的人本建设不能落后于物质环境的建设。在新世纪里,价值观念的教育、道德规范与文化传统的教育将会受到各国政府的普遍重视,并成为一个国家教育在人本建设方面的核心之一。在20世纪的上半叶,人们担心世界的发展将培养出"科学的巨人和伦理的侏儒"。这样的情况虽然没有最终发生,但人文道德相对落后科技发展的现实却依然较为普遍地存在着,并成为困扰各个国家的共同的问题。

由于科技的发展和自身的膨胀,当代社会面临着一个普遍的问题,这就是道德伦理的逐渐丧失和犯罪、堕落现象的增加。为了保证社会平衡的、可

---

① 《金牌选手为什么不会提问》,《中国教育报》,1999年1月20日。

持续的发展,创造人类共同的美好的明天,各国政府和组织都不约而同地试图通过伦理道德和价值教育建设一种新型的人文环境。很多国家在价值观的养成、文化传统教育、公民教育、宗教教育方面采取了不同的选择,但目的都只有一个。我国党和政府、教育部门在公民道德和价值文化的养成方面也已经做出了许多有效的努力,但我们仍然有大量的问题需要解决。习近平同志在庆祝改革开放40周年大会上的讲话中指出,要"始终坚持发展社会主义先进文化,加强社会主义精神文明建设,培育和践行社会主义核心价值观,传承和弘扬中华优秀传统文化,坚持以科学理论引路指向,以正确舆论凝心聚力,以先进文化塑造灵魂。"

二、坚持改革,建立有中国特色的社会主义教育体制

当代教育,思潮迭起,它标志着世界发展的步伐在普遍地加快。尤其是信息技术成为我们这个社会的典型特征的时候,这种发展更是日新月异。面对这样一种不断变革的世界,我们必须认识到,民族教育的唯一出路就在于改革,在于发展。就正如邓小平同志所说,"发展才是硬道理"。但教育的发展不是出于一种冲动,而应当是整个国家的理性选择。习近平同志在庆祝改革开放40周年大会上的讲话中指出,"改革开放是我们党的一次伟大觉醒,正是这个伟大觉醒孕育了我们党从理论到实践的伟大创造。改革开放是中国人民和中华民族发展史上一次伟大革命,正是这个伟大革命,推动了中国特色社会主义事业的伟大飞跃!"

(一)民族教育改革与发展要坚持本土化与国际化的结合

当代教育思潮是在世界向着多极化、一体化方向发展的过程中产生的。在第二次世界大战以后,特别是20世纪80年代以来,教育的国际化趋势日益明显,发达国家、中等发达国家、发展中国家包括一些落后国家,在教育领域里的相互学习、相互借鉴的现象已经变得非常普遍。在国际教育领域里,由于政府部门、各种非政府组织、特别是无数个人进行着大量的国际交流与合作,一个地方的教育观念和教育实践经验很快会在世界任何一个地方表现出来,因此,不同国家对每一种教育变革的反应速度几乎是相同的。在教育观念、对教育的各种理解方面,国际社会之间的差异远远不像在工业制造业和科学技术领域那样明显。对于教育而言,再也不存在一部分国家对另一部分国家的依附问题,不论在教育理论领域还是在教育实践领域,情况都已经发生了根本的变化。我们完全可以清楚地看出,和世界将成为"地球村"一样,整个世界教育也将成为"一盘棋",成为一个整体。

在这样日趋明显的国际化趋势下,我国教育事业的建设与发展应该走一条什么样的道路呢?这就是:立足于本土化,以适应国际化的形势。我国教育变革要坚持国际化与本土化的结合,这是当代教育各种复杂的理念里包含的共同命题。"教育国际化的趋势并没有出现国际贸易、经济活动中的同国际接轨的现象。恰恰相反,教育国际化带来的是各国教育本土化趋势的加强。这里所说的本土化指各国在建立适合本国国情和文化传统的教育体制方面所做的努力……欧洲的新教育、美国的进步主义教育在20世纪初可以造成席卷全球之势,然而,到20世纪80年代,任何国家的教育改革的模式则难以再现如此巨大的魔力,这是各国教育进步和成熟的表现。"①

在教育的本土化建设方面,我国的实践经验应该是值得称赞的。建设中国特色,并不是闭关自守,而是要在对外开放的同时发挥自身的价值,注重本土化、民族化的发展方向和目标。1978年改革开放40年来,我们坚持解放思想,实事求是,与时俱进,求真务实,推动理论创新,实践创新,制度创新,文化创新以及各方面创新,形成中国特色社会主义道路,理论、制度、文化,同时也形成了中国特色社会主义教育体系。

(二)以体制改革为突破口,通过教育法制化和制度化建设实现教育社会化和社会教育化

在当代教育思潮中,我们可强烈地感受到"社会"与"个人"两个主旋律。从社会的角度说,更应该重视教育的法制化、制度化、现代化和规范化建设;从个人的角度说,更应该重视教育的人文化、终身化建设。面对复杂的教育价值理念,我们要做的事情也许就是在社会与个人之间找到某种平衡。

教育的制度化建设与以人为本的人文化建设并不矛盾。事实上,教育的法制化、制度化建设保证了教育的"效率"。综观百年来中国教育发展的历史,制度化教育建设的程度与非制度化建设的程度始终存在着一种变动与徘徊,"在中国人民教育的历史上,确实积累了不少破除'制度化教育',创造'终身教育'、'学习化社会'的经验。从1927年开辟革命根据地以来,在半个多世纪里,人民教育事业几经反复,一直处在变动的状态。单就教育制度本身来说,这种变动的一个鲜明的特征是在制度化教育与非制度化教育之间徘徊"②。

全民教育、终身教育、社会化学习的教育思潮更多地强调社会实践非制

---

① 陆有铨:《躁动的百年》,济南:山东教育出版社,1997年,第918页。
② 陈桂生:《教育原理》,上海:华东师大出版社,1993年,第82页。

度化的教育,但这与教育现代化建设、教育法制化建设等教育思想的要求实质上并不矛盾。中国教育在过去产生许多低效甚至荒唐的现象,是不是与上面的这种"徘徊"有关呢?反过来说,如果我们坚持教育的制度化、法制化,同时,更多地发展教育的人本精神,着眼于个性的发挥,着眼于人的一生的发展,我国的教育事业从"效率"上是不是会得到一定程度的提高呢?当代教育思潮林立的现实向我们提供的答案应该是肯定的。

改革开放以来,我国以体制改革为突破口,在教育的制度化建设方面已经做出了很大的成绩。1985公布的《中共中央关于教育体制改革的决定》,是在改革开放以后,第一次以国家政策的形式要求对现有的教育体制进行改造。在这以后,党和国家多次召开教育工作会议,而每一次教育工作会议的主题几乎都是"体制的改革"。这样的政策环境对于我国建立富有自己特色的教育体系,无疑起到最为强大的推动作用。但同时我们还应该看到,由于历史的原因,我们的教育体制在责、权、利方面存在着很多混乱的现象。我们的教育中还存在许多落后的地方、低效的地方、少慢差费的地方。这一切的根源,还是在于我们教育的体制,尤其是教育的管理体制。一个国家要实现教育的全民化、终身化、现代化,最终使我们的社会步入教育化的时代,首先必须以现代化的教育体系作保障。在落后的教育体系之下,我们很难想象会有全民化和个性化的人本之花开放。以教育体制改革为核心,全面发挥教育的潜能,是我国教育真正融入国际大舞台的基础所在。

(三) 从基础教育入手,造就一个学习型的社会

改革发展 40 年来,中国教育取得了令世人瞩目的成就,但中国教育中存在的问题仍然是有目共睹的。在新的世纪里,我们将逐步进入全民教育、终身教育的新的历史时期,但从现实出发到高度学习化社会的真正形成还有很大的距离。1972 年的《富尔报告》提出了两个相互关联的概念——学习型社会和终身教育。1996 年,《德洛尔报告》提出了建立在这两个重要概念基础上综合教育构想:终身学习和学习的四大支柱——学会求知、学会做事、学会共处、学会做人。2015 年联合国教科文组织的《反思教育:向"全球共同利益"的理念转变》的报告又进一步强调了非正式学习、非正式教育。当代教育理念给我们提供了灿烂的发展图景,但我们在行动上却必须一切从实际出发,从最基础的工作做起。促进我国教育的进步和社会的学习化、教育的全民化、终身化,应该从基础教育的改革与发展入手。

历史上的无数实践都证明,基础教育是一个国家教育的根本所在。整个国家教育体系就像一座巨大的金字塔,处于塔底部分的无疑是基础教育

事业。我国教育中存在的许多问题其实都源于基础教育阶段,不论是在办学模式方面、管理机制方面还是在具体的教学内容、教学方法方面都是这样。以我们社会现有的条件来衡量,只有充分发展基础教育,才能真正实现教育的全民化,推动我国进入学习化的时代。任何急功近利的做法都可能给教育带来混乱和倒退。

(四)教育的改革和发展应该进入过程与操作领域

在我们现有的教育实践领域里,存在着这样一种令人尴尬的现象:理论与实践脱离、观念与行动脱离。结果就是,在很多有关教育问题的观念与认识方面,我们并不落后,我们能很快地了解并接受一些国际化的教育理念,但这些观念与认识并没有引起我们行动的改变,我们实际的教育工作中仍有许多甚至是非常落后与陈腐的东西。

比如说,我们对当代教育思潮中有关"人本精神"的内容已经有了相当普遍的理解与接受,但是,我们的教育中有违背这种教育精神的地方却又同时普遍存在。教育中的师生关系、课堂里的教育模式相当程度地保留着非人本的东西。以指令性和专制为特征的师生关系在很多学校里仍然构成了人与人之间关系的主流形式;以简单灌输和机械照搬为特征的课堂教学在很多地方仍然构成了教学活动的基本内涵。再比如说,我们已经理解了科学主义的倾向和教育现代化倾向对教育过程、课堂教学的效率方面的要求,对知识的新颖性和创新性、探索性的要求,但我们的实际教学中,仍然存在着许多内容陈旧、手段落后、效率低下、形式封闭的现象。

对当代教育思潮作宏观考察,目的是要引起我们的微观的、日常行为方式的变化。以此来衡量,在教育观念与体制发生变化的基础上,我们的教育过程与具体的操作方式也应该出现与新世纪相适应的变化。也许,这才代表着教育的真正繁荣。

三、加强教育科研,构建有中国特色的社会主义教育理论体系

当今世界,教育改革与教育科研的关系日益密切。教育改革以教育科研为依托和支撑,而教育科研则以服务教育改革为目标。教育改革愈来愈需要教育科研参与,需要发挥教育科研的理性导向作用。理论是行动的先导。要发挥理论的先导作用,必须构建科学的教育理论体系。这是时代的要求,是教育改革赋予的历史责任。

构建科学的教育理论体系,一个重要方面,就是要以"面向现代化、面向世界、面向未来"的视角,正确处理好批判与继承、借鉴与创新的关系,审视

历史和当今的各种教育思潮,吸收和借鉴古今中外一切优秀教育文明成果,博采众长,古为今用,洋为中用。同时又要勇于实践,勇于创新,走自己的路,构建有中国特色的社会主义教育理论体系。

第三节 当代教育思潮的未来发展趋势

对未来做出预测是困难的事情,对未来有关思想与理念方面的东西做出预测是更加困难的事情。当代教育思潮即使是用现在的眼光看,也已经是一种相当复杂的现象了,对它的未来发展趋势进行哪怕是简单的思考,就已经超出了我们想象力与判断力的范围。当代教育思潮之所以缤纷复杂,一是因为时间的跨度太长(长得几乎占据了整整一个世纪的历程);二是因为背景太过复杂(全球政治、环境人口、文化传统与科学技术因素都必然地对它产生错综复杂的影响)。但不论怎样复杂,有一点是不需要预测的,这就是,教育一定会向前发展,并依靠这种发展所提供的动力推动整个人类社会的进步。基于这种信心,我们仍然有必要关心一下人类教育理念今后的"愿景"和取向。当然,这与其说是预测,还不如说是愿望。

一、从分离到融合

如前所说,当代教育思潮表现出一个明显的特征,就是科学精神与人本精神贯穿于各种观念与现象之中。虽然我们的教育家、道德家和每一个关心社会的人们都试图弥合科学与人本之间的距离,但都会感觉到其中的困难。这是时代与历史的特征决定的东西。"科学主义和人本主义作为科技工业文明兴起以来的两大社会思潮,对现代教育发展有着极为深刻的影响,可谓是世界教育改革与发展中的两道暗流,它们彼消此长,交替震荡,主宰了世界教育的发展。"[①]

当科学的巨人迅速成长的时候,人们心中原有的道德理念与价值体系受到了从未有过的伤害,于是,人们哀叹:"上帝死了!"但世界发展到20世纪70年代特别是90年代以后,人们越来越感觉到对人类的发展应该进行更完善的规划、设计与控制。在20世纪70年代以后,人们陆续地形成了"人与自然和谐发展"、"人类的可持续发展"、"重塑科学理想与道德理想"等

---

① 王坦:《现代教育改革引论》,青岛:青岛海洋大学出版社,1997年,第44页。

理念。"今天的人类撕毁了将其与宇宙结为一体的协约"①,在未来的社会里,人类一定会重新签下这样的协约。

当科学与人本的因素融合在教育当中的时候,教育就会成为每一个人的基本需要,而不是一种异己的力量;学习就会成为一个高效的过程,同时人们不会感觉到自己的主观意志受到强制;学校就会成为人与人交流与协作的场所,而不是为国家生产劳动力的作坊。复杂的教育思潮向一个目标融合,意味着人类的生活变得更加和谐,更加美好。

二、从单一文化的教育到跨文化教育

教育思潮总是建立在一定的文化基础之上,是与特定的民族文化联系在一起的。按照民族特性,教育思潮可划分为单一文化教育思潮和跨文化(或多文化、异文化)教育思潮。以往的教育思潮是建立在单一文化基础之上的,具有单一的民族特性。随着当代科学技术突飞猛进、知识经济迅猛发展,世界各国、各民族文化日益广泛交流、渗透与融合,出现了以多种文化为背景和基础的教育思潮,即跨文化教育思潮。这种思潮实际上是在不同的文化背景中人们通过教育信息的传达、沟通、相互作用而形成的。例如教育现代化思潮,已从过去的现代化就是西方化的倾向,转变为国际化与民族化相结合的教育思潮。一些发展中国家推进教育现代化,既吸取、借鉴发达国家的先进经验,又从本国、本民族文化出发,寻求具有自身特色的现代化模式。

三、从组织影响到个人选择

在当代社会里,政府组织和国家机器在教育思潮的形成与强化方面起到了很大的作用。比如我国素质教育行动的发起与深入,政府的作用就起到了决定性的作用。国家教育部门用政策的形式及时地反映了教育中新的发展方向。可以说,跨世纪素质教育行动是一种自上而下的政府行为。这里当然不是否定公民对素质教育观念的认同,而是说,个人意识还需要得到来自群体的外力的支持。

国际社会里教育思潮的兴起也表现出了这样的规律。20世纪90年代以后,我们可以清楚地看到,各种教育思想和价值理念受到了前所未有的广

---

① S.拉塞克等:《教育内容发展的全球展望》,马胜利等译,北京:教育科学出版社,1996年,第99页。

泛的关心与传播,这和联合国教科文组织等许多组织与部门所做的大力宣传、广泛发动的工作是分不开的。

未来的社会是个人意识充分觉醒的社会,是个性不断得到弘扬、得到健康发展的社会。在这样的社会里,人们对于教育的价值追求将是一种发自内心的倾向,而不是主要表现为社会舆论。我们把未来社会称之为"学习化社会",在学习化社会里,全民教育、终身教育、教育民主化与教育机会均等一系列的教育理想将得以实现。

四、从理想到现实

我们关于教育的很多观念,在现在看来还是人类的普遍理想。国际化的教育思潮必然造成教育实践领域的变革。到那时,再将两个世纪的"教育"概念做比较的时候,我们就会感慨地发现,20世纪人类的理念,到了21世纪已经成了普遍的行为;20世纪人类的教育理想,到了21世纪已经成为普遍的现实。当然,实现这种理想还会有一个漫长的过程。我们有许多事情要做。

——普及教育。公民的义务教育在得到基本保证的同时,教育年限将不断得到增加。

——消除差异。国际间的差异、民族内部的差异现在还相当显著。在教育水平上存在巨大差异的社会不是我们理想的充分发展的社会。

——加强基础。虽然我们知道通过教育可以消除社会增长过程中出现的各种负面的灾难现象,但发展教育本身又需要一定的基础。对于绝大多数的发展中国家而言。教育基础薄弱的问题更加突出。从这个意义上说,未来的社会是"教育与灾难的赛跑"。

——克服阻力。我们所期望实现的是一种"学习化的社会"、"教育化的社会",但现有的社会模式还远远没有达到这样的要求,需要我们坚持不懈地努力。

> 思考题

1. 当代教育思潮具有什么样的特点?
2. 当代教育思潮对我国的教育改革与发展具有哪些启发?
3. 当代教育思潮呈现什么样的发展趋势?

第十三章 当代教育思潮与我国教育改革

> **拓展性阅读导航**

1. 杨汉青主编《比较教育学》,北京:人民教育出版社,2015年。
2. 冯增俊、陈时见、向贤明:《当代比较教育学》,北京:人民教育出版社,2015年。
3. [挪威]波·林达:《理论与战略:国际视野中的学校发展》,范国睿主译,北京:教育科学出版社,2001年。
4. [加]大卫·杰佛里.史密斯:《全球化与后现代教育学》,郭洋生译,北京:教育科学出版社,2000年。
5. 联合国教科文组织编《反思教育:向"全球共同利益"的理念转变》,联合国教科文组织总部中文科译,北京:教育科学出版社,2017年。

再版后记

修订再版《现代教育思潮》，是一件有意义的工作。1999年，根据原江苏省教委的统一安排，组织编写了一套江苏省高等学校小学教育专业的专用教材，我负责主持编写的《现代教育思潮》是其中的一本。该书出版后产生了一定影响，不仅小学教育专业的师范生使用，全省各地还把它作为中小学教师继续教育的教材。当时参加编写工作的有李克军、诸子平、王一军、董洪亮、张义兵、蒋文贵、张华、杨旺杰、张雪林、蒋树山等同志。责任编辑是胡豪同志。为了更好地体现与时俱进、精益求精的精神，进一步满足广大中小学教师学习的需求，我们对1999年出版的《现代教育思潮》进行认真修订。修订的主要内容包括：一是对部分章节内容进行了调整和更新，使之更具有时代性、先进性和科学性；二是增加"生活教育思潮"一章，使其贴近当代教育改革的实际，体现针对性的特点；三是对每章思考题做了适当的修改，引导读者结合实际思考；四是每章增加了"拓展性阅读导航"的内容。

1999年版作者分工如下：

第一章　李克军　王铁军
第二章　诸子平
第三章　李克军　杨旺杰
第四章　王一军
第五章　季银泉　王铁军
第六章　董洪亮
第七章　蒋文贵
第八章　王铁军
第九章　张义兵
第十章　李克军
第十一章　张　华　张雪林
第十二章　蒋树山

修订版作者分工如下：

第一章　王铁军

第二章　诸东涛

第三章　邬春芹

第四章　王铁军　郑中原

第五章　邬春芹

第六章　诸东涛

第七章　邬春芹

第八章　诸东涛

第九章　王铁军　郑中原

第十章　张义兵

第十一章　汪振山

第十二章　王　凯　王铁军

第十三章　王铁军　郑中原

参加修订工作的作者，来自南京师范大学、江苏第二师范学院、南京特殊教育师范学院等院校。诸东涛、邬春芹二位是比较教育专业的硕士、博士、副教授，多年从事比较教育专业的教学与研究，特邀请他们二位，做本书的副主编。第七章"生活教育思潮"是新增加的一章，由邬春芹撰写。

一分耕耘，一分收获。《现代教育思潮》的编写、出版，凝聚了各位作者的心血。此时此刻，我衷心感谢各位新老作者所付出的辛劳，感谢南京大学出版社，感谢胡豪责任编辑，没有他们的支持和指导，我们是难以完成修订工作的。

王铁军

2019 年 5 月

江苏第二师范学院教授工作室